Dietmar Friedmann, Klaus Fritz:
Wer bin ich, wer bist du?

Mehr Erfolg durch bessere Menschenkenntnis

Mit einem Fragebogen zur Persönlichkeitsanalyse

W0058195

Deutscher
Taschenbuch
Verlag

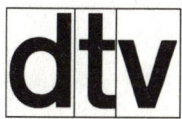

Originalausgabe
Februar 1996
© 1996 Deutscher Taschenbuch Verlag GmbH & Co. KG, München
Umschlaggestaltung: Costanza Puglisi, Klaus Meyer
Umschlagfotos: Simon Sims/Mauritius
Gesamtherstellung: C. H. Beck'sche Buchdruckerei, Nördlingen
Printed in Germany · ISBN 3-423-36530-2

Das Buch

Schießen Sie gern übers Ziel hinaus? Dann sind Sie ein Beziehungstyp. Grübeln Sie lieber, statt zu handeln? Ganz klar, Sie sind ein Sachtyp. Oder lieben Sie das »Häuslebauen«? Dann gehören Sie zur Spezies der umtriebigen Handlungstypen. Zugegeben, ganz so einfach ist es nicht – deshalb ist dieses Buch entstanden. Aber auch wenn sie nicht immer so leicht zu erkennen sind, es gibt sie tatsächlich, diese drei Typen! Und wir möchten Sie einladen, selbst zum Entdecker zu werden. Ein ausführlicher Fragebogen sowie detaillierte Ausführungen zu den drei Persönlichkeitstypen machen diesen »Psycho-Guide der 90er Jahre« zu einem unverzichtbaren Buch für jedermann.

Die Autoren

Dr. phil. Dietmar Friedmann, geboren 1937, initiiert die integrierte Kurztherapie, er ist Dozent für Psychotherapie und bildet Therapeuten in Persönlichkeits- und lösungsorientierter Psychologie aus. Verschiedene Veröffentlichungen, zuletzt: ›Laß dir nichts vormachen!‹ (1993).
Dr. phil. Klaus Fritz, geboren 1946, ist Diplom-Soziologe und promovierter Philosoph. Seit 1991 arbeitet er als freier Journalist, und seit 1993 ist er Mitarbeiter von Dietmar Friedmann.

Inhalt

Psychographie – was ist das?

Die Idee zu diesem Buch stammt von meinem Mitarbeiter Klaus Fritz, der es »phantastisch und toll« fände, wenn ich für einen neuen Typ von Leser schriebe, der aus der Praxis kommt, viel Lebenserfahrung mitbringt und nicht nur daran interessiert ist, sein Wissen zu konkretisieren, sondern auch ganz neue Qualitäten der Selbstverwirklichung erleben möchte. Das sind oft Frauen, die ihr Leben selbst in die Hand nehmen. »Wer bin ich, und mit wem habe ich es zu tun?« Diese Fragen haben für sie einen hohen Stellenwert.

»Das revolutionär Neue an der Psychographie«, so meinte Klaus Fritz weiter, »ist nicht nur die verblüffende Exaktheit der Typbeschreibung« (damit würde sie sich von der bisherigen Charakterkunde nicht grundsätzlich unterscheiden), »sondern die Psychographie zeigt bisher unbekannte Wege zur persönlichen Weiterentwicklung auf.« Er schlug mir vor: »Das Buch sollte ein griffiger und gut umsetzbarer Ratgeber für den alltäglichen Gebrauch werden.« – Geschrieben haben wir es dann gemeinsam.

»Phantastisch, toll, revolutionär« – ist Ihnen die überschwengliche Ausdrucksweise aufgefallen? Mich überrascht sie nicht, denn ich weiß: So spricht der **Beziehungstyp**. Dieser Begriff sagt Ihnen noch wenig, aber sicher kennen Sie in Ihrer Familie und in Ihrem Freundeskreis Menschen, die besonders gefühlvoll und spontan sind. Sie könnten – von der Persönlichkeitsstruktur her – **Beziehungstyp** sein. Wenn Ihnen so ein liebenswerter Mensch überschwenglich sagt: »Du schaust ja super aus!« oder vielleicht auch mal mit trüber Miene meint: »Mir geht's ganz entsetzlich schlecht!«, dann werden Sie davon gleich die Hälfte abziehen, denn Sie wissen, daß das immer noch reicht, um die Situation oder Befindlichkeit realistisch wiederzugeben.

Der Umgang mit Menschen ist ein heikles und sensibles Thema, und wohl nichts braucht so viel von unserer Energie, Mühe und Geduld wie eine stimmige Beziehung: eine Freundschaft, eine Partnerschaft oder eine kollegiale Teamarbeit. Und ein großer Teil unserer Lebenserfahrungen wird bestimmt durch fortwährende Variationen zu dem Thema, daß Menschen sich uns gegenüber anders verhalten, als wir es von ihnen erwarten.

Sie kennen vielleicht den Film ›Der Rosenkrieg‹, eine ziemlich schwarze Filmkomödie: Zwei Eheleute leben sich auseinander. Es kommt zu Konflikten und schließlich zu einem regelrechten Ehekrieg. Beide stürzen ab in Haß und gegenseitiger Verachtung, zunächst im übertragenen, schließlich im wortwörtlichen Sinne. Was haben sie falsch gemacht? Nun: Jeder schließt stur immer wieder von sich auf den Partner, interpretiert das Verhalten des anderen immer nur aus der eigenen Sicht. Keiner versteht den Partner aus dessen Erleben, Fühlen und Wollen heraus. So reiht sich Mißverständnis an Mißverständnis – unerbittlich bis zum bitteren Ende!

Aus den immer wieder neuen, oft schmerzlichen Erlebnissen, daß andere anders sind als wir, entsteht aber so lange keine praktikable Menschenkenntnis, bis wir wissen, wie der andere anders oder worin er uns eben ähnlich ist. Damit wir aus Erfahrungen lernen, brauchen wir ein genaues Wissen, das uns diese Erfahrungen verstehbar macht. Und wir brauchen dieses Wissen besonders dann, wenn es darum geht, mit Menschen beruflich oder privat umzugehen. Wir brauchen es, um sie zu verstehen, sie zu erreichen und überzeugen zu können. »Kompetenz« im Umgang mit Menschen heißt, daß wir die Wesensart des anderen – auch wenn sie uns wesensfremd ist – bewußt in unser Denken und Handeln einbeziehen.

Und dieses Wissen macht uns auch klar, daß wir den anderen in seiner Andersartigkeit gar nicht wirklich verstehen können – und auch nicht zu verstehen brauchen. Das ist ungeheuer erleichternd. Wir können ihn (im positivsten Sinne) loslassen, ihn machen lassen, denn er hat ja seine eigene Lebenserfahrung, und er braucht unsere (oft besserwisserischen) Ratschläge gar nicht so dringend, wie wir das bisher immer angenommen haben.

Wer andere Menschen überzeugen, anerkennen und motivieren möchte, darf nicht einfach von sich auf andere schließen. Er muß vor allem das andere, das fremde Wertesystem kennen. Denn unsere Wertesysteme sind die geheimen Quellen unserer Motivation und unserer Zielsetzungen. Wenn wir sie kennen, erscheint manches von dem, was uns bisher merkwürdig, vielleicht sogar störend bei anderen vorkam, plötzlich klar und verständlich.

Das Modell der Psychographie geht von folgenden Beobachtungen aus: Jeder Mensch hat sich von Kindheit an entweder auf die Bereiche des Fühlens, des Denkens oder des Handelns spezialisiert. Einen dieser drei Bereiche – Beziehungsgefühl beim **Beziehungstyp**, Verstand beim **Sachtyp** oder Willenskraft beim **Handlungstyp** – hat jeder unbewußt zu seinem ganz persönlich dominanten Lebenskonzept gemacht.

Manche Teilnehmer in unseren Seminaren zeigen sich durch diese Typisierung »persönlich« betroffen, ja reagieren fast beleidigt und äußern, daß sie sich selbst als so ausgewogen empfinden, daß ihnen die Psychographie wie eine etikettenhafte Reduzierung ihrer Persönlichkeit vorkommt, und sie der Überzeugung sind, ebensoviel Gefühl wie Verstand und Willenskraft zu besitzen. Sie würden sich lieber als Mischtyp bezeichnen.

Grundsätzlich gilt wohl: Wenn man die Begriffe Gefühl, Verstand und Willenskraft nicht zu eng faßt, kann man darin jede Form menschlichen Lebens und Erlebens wiederfinden, gleichgültig, ob es sich um romantische Gefühle, wissenschaftliches Forschen oder praktische Tätigkeiten handelt – und so gesehen sind wir selbstverständlich alle Mischtypen!

Der **Beziehungstyp** ist nicht nur ein Gefühlsmensch, hat nicht mehr Gefühl, sondern einfach eine anders gefärbte Gefühlswelt als der **Handlungstyp** oder der **Sachtyp**. Typisch für ihn ist, daß er spontan von seinem Beziehungsgefühl ausgeht, während der **Sachtyp** erst einmal nachdenkt und der **Handlungstyp** sofort mit Handlungsimpulsen auf eine Situation reagiert.

Diese grundlegende Erfahrung der Persönlichkeit läßt sich nur aus der Selbsterfahrung heraus begreifen und zugleich bewahrheiten: Derjenige, der sich in seinem Erleben und seinen Lebensäußerungen als **Beziehungstyp**, **Sachtyp** oder **Handlungstyp** erkennt, indem er sich in der Typbeschreibung wiederfindet, bestätigt damit die Charakteristik der Psychographie.

Folgende drei Lebensbereiche bilden das Psychographie-Dreieck:

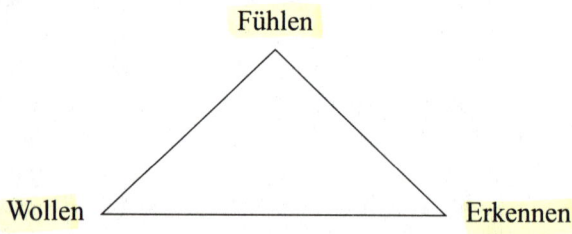

Fühlen

Wollen   Erkennen

Wir können von der sich immer wieder bestätigenden Erfahrung ausgehen, daß jeder Mensch sich nur in einem dieser Bereiche besonders gut auskennt, sich vertraut und sicher fühlt und von diesem Ausgangspunkt aus alle Situationen meistern will. Das klappt nur, wenn dazu auch die Situation paßt: Der gewinnende **Beziehungstyp** kann im persönlich vertrauten Umgang sein Talent nutzen, der rationale und denkakzentuierte **Sachtyp** bei der Lösung theoretischer Probleme und der kraftvolle **Handlungstyp** bei praktischen Aufgaben.

Wo aber die Situation und der Persönlichkeitstyp nicht mehr übereinstimmen, sind alle drei – besonders in existentiellen Streßsituationen – überfordert: Ist klare Distanz, Sachlichkeit und Verstand am Platz, tut sich der **Beziehungstyp** schwer; bei praktischen Handlungen zeigt der **Sachtyp** Schwächen; und der **Handlungstyp** übergeht oft seine Gefühle und Bedürfnisse.

Das Neue an der Psychographie ist, daß sie den Weg zur persönlichen Weiterentwicklung der drei Grundtypen aufzeigt: Der **Beziehungstyp** wird sich nur weiterentwickeln, wenn er seine Beobachtungsgabe, seinen Intellekt, seine Konzentrationsfähigkeit – also seinen Verstand – ausbaut; der **Sachtyp** wird nur weiterkommen, wenn er seine Willensstärke und Tatkraft, seine Fähigkeit zur Entscheidung forciert und sein Leben aktiv und selbstverantwortlich gestaltet; der **Handlungstyp** wird sich nur entfalten, wenn er sein Herz sprechen läßt, Spontaneität entwickelt, seinem Gefühl folgt und Sympathie und Freude am Leben erfährt.

Das sind die psychischen und physischen Kräfte, die jeder Persönlichkeitstyp zunächst vernachlässigt, obwohl gerade hier seine größten Entwicklungspotentiale liegen. Diese Kräfte nennen wir die »Schlüsselenergien« der Persönlichkeitstypen. Sie bringen den entscheidenden Zuwachs an Kompetenz und teilen sich auch anderen mit. Sie dürften das sein, was man »Ausstrahlung« nennt. Sie sind also die Schlüssel für unsere Persönlichkeitsentwicklung, für mehr Arbeits- und Lebensqualität.

Das bedeutet in der Praxis: Der unentwickelte **Beziehungstyp** redet und handelt unüberlegt, dramatisiert seine Gefühle, stellt sich in den Mittelpunkt, verwendet unnötig viel Aufmerksamkeit darauf, vor den anderen gut dazustehen. Er wird, wenn er seine Persönlichkeit mit Hilfe seiner Schlüsselenergien weiterentwickelt hat, »leiser« auftreten und trotzdem präsenter sein. Er wird besser zuhören und gerade dadurch mehr überzeugen. Der **Beziehungstyp** wird realitätsbezogener denken, statt emotional auszuflippen, und schwierige Situationen mit Köpfchen meistern. Es wird ihm klar, daß er die Welt und sich selbst nicht »retten« muß, daß er sich nicht ständig besser zu machen braucht, als er ist.

Der wenig entwickelte **Sachtyp** bringt sich und andere immer wieder in problematische Situationen, weil er sich unentschlossen, nachlässig und verantwortungsscheu verhält. Wenn er in seine Schlüsselenergien hineinwächst, wird er entschlossener handeln (und damit erfolgreicher sein) und nicht nur denken oder grübeln, wenn Action angesagt ist. Für den **Sachtyp** ist es wichtig, zu wissen und zu sagen, was er will, die Verantwortung für sich zu übernehmen und seine Ziele und Vorhaben konsequent zu verfolgen. Das fällt ihm nicht leicht, und er muß sich selbst dazu immer wieder motivieren.

Der noch wenig entwickelte **Handlungstyp** kennt fast nur Arbeit und Pflichterfüllung. Er merkt lange Zeit gar nicht, daß er sich völlig übernimmt. Wenn er seine Schlüsselenergien entdeckt, dann wird er, der unermüdliche Macher und immer Hilfsbereite, sich erlauben, sein Leben zu genießen, und überrascht sein zu erfahren, daß Sympathie und Liebe die lohnenden Alternativen sind zu Pflicht, Moral und Sicherheitsdenken.

Gerade in Beziehungen führt die Verschiedenheit der Partner immer wieder zu quälenden Mißverständnissen. Zwar werden in der Euphorie zu Anfang einer Beziehung Gegensätze oft als Ergänzung und Gemeinsamkeiten als Selbstbestätigung empfunden. Doch später können die typischen Verschiedenheiten nicht nur in Konflikten zu Fehlinterpretationen und Kränkungen führen: Wenn sich der **Beziehungstyp** zurückzieht, um wieder zu sich selbst zu finden, kann das der **Sachtyp** als mangelndes Interesse (an sich) interpretieren. Dem **Sachtyp** wird sein Bedürfnis nach Anerkennung vielleicht als Wichtigtuerei ausgelegt. Und der **Beziehungstyp** kann das ordnende Verhalten des **Handlungstyps** als sanften Terror empfinden.

Bedenken wir doch: Statistisch gesehen, sind uns zwei Drittel der Menschen, mit denen wir es zu tun haben, vom Strukturtyp her fremd. Dabei haben wir noch nicht berücksichtigt, daß sich jeder Grundtyp weiter in einen mehr »ichbezogenen« **Typ 1** und in einen »ich-vergessenen« **Typ 2** differenziert. Erklärt diese Tatsache nicht plausibel den täglichen Kleinkrieg in Partnerschaft und Familie, am Arbeitsplatz oder wo auch immer sonst?

Die Psychographie soll aber nicht nur die Impulse zu einem vollständigeren Leben und deutlichen Anstieg an fühlbarer Qualität geben, sondern auch zu einer stabileren Gesundheit verhelfen. Denn die Kräfte der Schlüsselenergien richten sich, wenn sie nicht gelebt, nicht praktisch verwirklicht werden, zerstörerisch gegen die eigene Psyche und den Körper:

Baut der **Beziehungstyp** seine Verstandesenergie nicht aus, so ist er innerlich von ständiger Unruhe erfüllt und anfällig für alle vegetativ verursachten Krankheiten.

Aktiviert der **Sachtyp** nicht seine Handlungsenergie, so leidet er unter sogenannten »vagabundierenden Beschwerden«, verursacht durch Antriebsschwäche und zu wenig Vitalität, die häufig mit Depressionen einhergehen.

Und der pflichtbewußte, ordentliche und zu zwanghaftem Tun neigende **Handlungstyp** sollte seine Liebesenergien wecken, um nicht psychische und emotionale Blockaden aufzubauen und in Gefühls- und Sinnentleerung zu enden. Er, der sein ganzes Leben nie krank war, ist stark herzinfarkt- und krebsgefährdet, wenn er zu lange seine emotionalen Bedürfnisse mißachtet.

Die Psychographie will kein Allheilmittel sein. Eine ganz besondere Stärke ist ihre integrative Funktion. Sie zeigt die wirksamsten Ansatzpunkte für Veränderungen in festgefahrenen oder auch pathologisch verkrusteten Situationen und läßt sich hervorragend mit den modernen und hochwirksamen Psychotherapiemethoden wie NLP, lösungsorientierte und Systemische Therapie verbinden.

Die Porträts der homöopathischen Konstitutionstypen von Catherine R. Coulter sind eine wertvolle Anregung und interessante Bestätigung unserer Persönlichkeitstypen aus medizinischer Sicht.

Noch kurz zum folgenden Text: Machen Sie vielleicht zuerst den Persönlichkeitstest und lesen dann gezielt über Ihren Typ nach. Textstellen, die Ihnen noch unverständlich sind, übergehen Sie ruhig, die Zusammenhänge werden Ihnen im Lauf der Lektüre klar. Lassen Sie sich von dem überraschen, was Ihnen zuerst bei sich oder anderen klar wird!

Und noch eines: Wenn wir im folgenden Text meist in der männlichen Form vom **Beziehungstyp, Sachtyp** oder **Handlungstyp** sprechen, so hat das stilistisch vereinfachende Gründe. Weil aber niemand darin aufgeht, ein Struktur- oder Persönlichkeitstyp zu sein, ist es zutreffender, von einem Menschen mit der Struktur eines **Beziehungstyps, Sachtyps** oder **Handlungstyps** zu sprechen. Machen Sie bitte beim Lesen in Gedanken immer wieder diese kleinen Korrekturen und Ergänzungen.

1. Wer bin ich denn eigentlich? Fragebogen zur Selbstanalyse

Mit dem folgenden Test ermitteln Sie Ihren Persönlichkeitstyp. Zu jeder Frage sind Ihnen drei Antworten vorgegeben. Sie können pro Frage maximal 3 Punkte vergeben. Versuchen Sie, möglichst einer Antwort alle 3 Punkte zu geben, dann wird die Typbestimmung präziser. Ein Beispiel:
• Was kann Sie fesseln?

interessante Gespräche (3)

die Natur (0)

abenteuerliche Geschichten (0)

Wenn jedoch zwei Antworten auf Sie zutreffen, geben Sie der mehr zutreffenden Antwort 2 Punkte, der weniger zutreffenden 1 Punkt. In unserem Beispiel:
• Was kann Sie fesseln?

interessante Gespräche (2)

die Natur (0)

abenteuerliche Geschichten (1)

Falls Sie im Moment keine Antwort wissen, lassen Sie die Frage aus und beantworten sie später. Wenn Sie sich nicht entscheiden können, dann hilft es, wenn Sie die Frage aus der Sicht einer Freundin oder eines Freundes beantworten. Wenn Sie früher anders waren oder reagiert haben als heute, wählen Sie bitte die früheren Eigenschaften (also gehen Sie eventuell zurück von b nach a, von c nach b oder von a nach c). Und noch eines: Denken Sie bei der Antwort mehr an Ihr Verhalten im Privatleben – und weniger an Ihr Verhalten im Beruf.

- Wie gehen Sie?

beschwingt und dynamisch (1) a

langsam und selbstvergessen (2) b

energisch und zielbewußt ( ) c

- Wer Sie gut kennt, der sagt von Ihnen, Sie seien

entschlossen und aktiv ( ) c

gefühlvoll und sensibel (3) a

abwartend und nachdenklich ( ) b

- Wie sind Ihre Bewegungen?

ruhig und gelassen (3) b

kraftvoll und energisch ( ) c

lebhaft und lebendig ( ) a

- Was kann Sie fesseln?

interessante Gespräche (3) a

die Natur ( ) c

abenteuerliche Geschichten ( ) b

- Wie sprechen Sie?

klar und lebendig ( ) a

weich und gleichmäßig (3) b

kräftig, manchmal bestimmend ( ) c

- Worin liegen zum Beispiel Ihre Stärken?

in Ihrer Geduld ( ) b

in Ihrer Gewissenhaftigkeit (3) c

in Ihrer gewinnenden Art ( ) a

- Wie ist Ihr Gesichtsausdruck, wenn es Ihnen gutgeht?

gewinnend (2) a

herzlich ( ) c

still vergnügt (1) b

- Wie ist Ihr Gesichtsausdruck, wenn es Ihnen schlechtgeht?

kritisch und angespannt ( ) a

unfreundlich und ernst ( ) c

niedergeschlagen und vorwurfsvoll (2) b

- Wenn es anderen schlechtgeht, wie reagieren Sie im ersten Moment?

Sie zeigen Mitgefühl (1) a
Sie geben praktische Tips ( ) c
Sie denken über Lösungen nach (2) b

10 • Womit kann man Sie amüsieren?

mit lieben Witzen ( ) c
mit trockenem Humor (1) b
mit komischen Situationen (2) a

- Wie reagieren Sie auf fremde Menschen

zurückhaltend und neutral (1) b
korrekt und regelgerecht ( ) c
Sie beobachten sich und die anderen (2) a

- Man macht Ihnen Komplimente und sagt, Sie seien herzlich, intelligent, tüchtig. Welches Wort freut Sie besonders?

herzlich (3) c
intelligent ( ) a
tüchtig ( ) b

- Wie sollte Ihr Wunschauto sein?

bequem ( ) b
qualitativ hochwertig ( ) c
etwas Besonderes (3) a

- Welches Wort spricht Sie positiv an?

interessant ( ) a
gemütlich (3) c
erfolgreich ( ) b

15 • Was für Menschen faszinieren Sie?

kraftvolle ( ) b
herzliche (3) c
gescheite ( ) a

- Sie tragen gerne

gute Sachen (3) c
neue Sachen ( ) a
bequeme Sachen ( ) b

17

- Wenn Sie Gäste haben, wie ist Ihr Tisch gedeckt?

romantisch (3) a

zweckmäßig ( ) b

gediegen ( ) c

- Sie leiden

dramatisch (3) a

dumpf ( ) b

verbittert ( ) c

- Wie richten Sie Ihre Wohnung ein?

so, daß auch andere sich wohlfühlen ( ) c

so, daß hauptsächlich Sie sich wohlfühlen (5) b

so, daß andere Sie bewundern ( ) a

20 - Gelegentlich sagt man Ihnen, Sie seien

zu genau, zu perfekt ( ) c

zu impulsiv, zu emotional (3) a

zu ruhig, zu nachgiebig ( ) b

- Wie reagieren Sie auf einen faulen oder unfähigen Kollegen? Sie sind nicht nur sauer, sondern auch

unruhig und nervös ( ) a

deprimiert und cholerisch ( ) b

menschlich enttäuscht (3) c

- Ihr Partner stöhnt, Sie seien

anstrengend ( ) a

pingelig ( ) c

schwierig (3) b

- Wie verhalten Sie sich in einem Konflikt?

emotional (3) a

kompromißbereit ( ) b

deutlich in der Sache ( ) c

- Es trifft Sie besonders, wenn andere Sie

für dumm halten ( ) a

menschlich enttäuschen (3) c

benachteiligen ( ) b

25 • Was kommt in Ihrem Leben zu kurz?

Konsequenz ( ) b
Faulenzen ( ) c
Gelassenheit (1) a

• Was ist Ihnen mehr vertraut?

Fühlen (1) a
Nachdenken (2) b
Tätigsein ( ) c

• Von welchen Impulsen lassen Sie sich in Auseinandersetzungen mehr leiten?

sachlichen ( ) b
moralischen (1) c
gefühlsmäßigen (2) a

• Wie wollen Sie sich im Kollegenkreis fühlen?

geschätzt (2) c
anerkannt ( ) b
beliebt ( ) a

21 • Wie lachen Sie?

laut (3) c
melodisch ( ) a
verschmitzt ( ) b

Auswertung:
Addieren Sie alle Punkte in (3) a → **Beziehungstyp**
in (2) b → **Sachtyp**
in (0) c → **Handlungstyp**
Die höchste Punktzahl ergibt Ihren Persönlichkeitstyp.

2. Der Beziehungstyp – der Mensch mit (Beziehungs-)Gefühl und Esprit

Prominente dieses Typs:
NAPOLEON, GOETHE und MOZART, THOMAS GOTT-SCHALK, LADY DI, JAMES DEAN, OSKAR LAFON-TAINE, DAVID COPPERFIELD, DAGMAR BERGHOFF, HUMPHREY BOGART, MICHAEL JACKSON, CLAUDIA SCHIFFER.

Haben Sie schon einmal versucht, durch ein Fernglas zu schauen, wenn dauernd an der Schärfeeinstellung gedreht wird? Dann ist das Bild vor Ihren Augen mal klar und gleich darauf wieder verschwommen. Genau so kann es Ihnen in vielen Situationen mit dem **Beziehungstyp** gehen, weil er immer ein wenig anders auf Sie wirken wird. Und wenn Sie bei ihm in der Typbestimmung unsicher sind, wird er als mehr ich-bezogener **Typ 1** vielleicht argumentieren, daß er von solchen Einteilungen eh nichts hält (er befürchtet, man könnte ihn mit solchem Wissen über ihn kontrollieren), oder er wird als mehr ich-vergessener **Typ 2** behaupten, daß er sich in allen drei Portraits wiederfindet. Das hängt mit seinem Einfühlungsvermögen, seiner Schauspielernatur und seiner Abneigung gegen verbindliche Festlegungen zusammen.

Ist der **Handlungstyp** in seinem Auftreten konventionell, der **Sachtyp** freundlich-distanziert, so reicht die Palette beim **Beziehungstyp** von überschwenglich bis frostig, von herzlich bis zurückhaltend, von einladend bis abweisend. Das Verhalten kann beim **Typ 2** übertrieben oder beim **Typ 1** fein und kontrolliert sein. Das hängt damit zusammen, daß seine Persönlichkeit (mehr als beim **Handlungstyp** oder **Sachtyp**) stark von weiblichen und männlichen Rollen beeinflußt wird.

So sind Frauen deutlich offener, liebenswürdiger (oder auch überspannter), Männer dagegen wesentlich distanzierter und kühler.

Diese Überlagerung wirkt beim weiblichen **Beziehungstyp 1** und beim männlichen **Typ 2** ausgleichend, das heißt, der weibliche **Typ 1** ist äußerst liebenswürdig, und der männliche **Typ 2** forciert mehr das Denken. Beim männlichen **Typ 1** und beim weibliche **Typ 2** dagegen verstärken die Geschlechterrollen das introvertierte beziehungsweise extravertierte Verhalten, und wir haben den coolen Macho oder die strahlende Schönheit vor uns.

Typ 1 ist leicht zu erkennen: Er ist schlank, dynamisch, in seinen Bewegungen und im Gesichtsausdruck kontrolliert. Er lächelt zurückhaltend, bewegt sich elegant, achtet auf seine Wirkung und legt Wert auf sein Äußeres, als stünde er auf einem imaginären Laufsteg oder vor einem unsichtbaren Spiegel.

Beziehungstypen können tatsächlich aus ihrer Selbstverliebtheit heraus einen Tick für Spiegel entwickeln. Eine Freundin von mir (K. F.) hatte die penetrante Angewohnheit, sich beim Stadtbummel in jeder Schaufensterscheibe sekundenschnell zu betrachten und ihr Äußeres kritisch zu kommentieren. Sie wollte es partout nicht lassen. Wozu auch? Sie bekam doch ihre Streicheleinheiten durch meinen liebevollen Widerspruch.

Geht es dem **Beziehungstyp** schlecht, ist nichts mehr übrig von seinem gewinnenden Verhalten: Er zeigt sich angespannt, ehrgeizig, kühl und kontrolliert. Er legt an sich und andere dann noch höhere Maßstäbe, konkurriert mit ihnen, macht abfällige Bemerkungen und bewertet jede Situation negativ. Er wirkt dann egozentrisch bis abgehoben. Fühlt er sich aber wieder wohl, so scheint er wie ausgewechselt zu sein. Dann ist er charmant, von ansteckendem Enthusiasmus, und er akzeptiert Menschen und Situationen (beinahe) so, wie sie sind.

Der emotionalere **Beziehungstyp 2** ist die im doppelten Sinne »rundere« Persönlichkeit und zeigt sich meist von seiner liebenswürdigen Seite. Rein äußerlich betrachtet, ist er wohlproportioniert, und er muß aufpassen, daß er nicht zu üppig wird. Das hängt damit zusammen, daß dem **Typ 2** das Neinsagen schwerfällt, was auch für das Essen gilt. Der weibliche **Beziehungstyp 2** ist immer eine Spur zu verführerisch, der männliche immer eine Idee zu charmant.

Das Flair dieses Menschentyps bekommt eine besondere Note, wenn er seine künstlerische Veranlagung auch praktisch umsetzt. Dann spüren wir die umwerfend charmante, weibliche Ausstrahlung der Sopranistin Montserrat Caballé als **Beziehungstyp 2** oder die aristokratische Kühle einer Maria Callas als **Typ 1**.

Typ 1 und **2** frisieren ihre Gefühle: Der **Typ 1** blockt seine Bedürfnisse und Gefühle ab, hat sich »im Griff« (wenn er es will oder die Situation es verlangt), der **Typ 2** spielt seine Emotionen hoch und dramatisiert sie. Einmal, um sich in seinen eigenen Gefühlen zu baden und damit wichtig zu machen, zum anderen, um sein »Publikum« zu emotionalisieren. So kann er zum Beispiel unangenehme, doch alltägliche Begebenheiten zu mittleren Katastrophen aufblasen und schlimmere Ereignisse dramatisch in »Weltuntergänge« umformulieren. Wie schon im Vorwort gesagt: Man tut gut daran, wenn man von den Superlativen, in denen der **Beziehungstyp** spricht, gleich die Hälfte abzieht. – Das gilt auch für die Komplimente, die er macht.

Nicht vergessen: Der **Beziehungstyp** setzt sich gern wirkungsvoll in Szene. Auch wenn die Selbstdarstellung manchmal überzogen oder allzu glitzernd ist, sie ist selten langweilig. Der **Beziehungstyp** schafft es, abzuräumen oder auf sich aufmerksam zu machen, und setzt, um bei anderen anzukommen, Stimme, Mimik und Gestik ein. So kann sein Lächeln gewinnend, liebenswürdig oder verführerisch sein. Wenn er in einer kritisch abwertenden Stimmung ist, kann es auch berechnend sein, überlegen, verächtlich, kalt oder zynisch.

Das seltene Lächeln des **Sachtyps** ist eher unkontrolliert, gutmütig, verlegen, verschmitzt oder lieb, das Lachen des **Handlungstyps** verrät meist deutlich sein Engagement oder seine Betroffenheit. Die Miene des **Beziehungstyps 1** wirkt in einer ihm wenig vertrauten Umgebung angespannt, ernst und verschlossen, der Gesichtsausdruck des **Typs 2** ist hingegen besonders freundlich.

Der nicht selten überschäumende **Beziehungstyp 2**, ein oft auch an Ideen reicher Mensch, hat starke Gefühle, und was er empfindet und zum Ausdruck bringt, ist echt und wahrhaftig – jedenfalls in diesem Augenblick. Doch es fehlt ihm an emotionaler Konstanz. Seine Gefühle können sich von einem Moment zum anderen total verändern. Besonders in Streßsituationen werden sie schnell und unvermittelt umschlagen. Dann reagiert der **Typ 2** ebenso kalt, abweisend und verletzend wie der **Typ 1**. Geht es ihm aber gut, ist er besonders lebenssprühend und spricht mit melodischer Stimme. Seine gute Laune unterstreicht er effektvoll mit lebendigen und einladenden Gesten.

Hat der **Beziehungstyp** in einer euphorischen Phase wieder einmal zu dick aufgetragen, versteht er es, von einer Sekunde zur anderen die Situation – vielleicht durch ein Augenzwinkern oder ein Lächeln – zu entschärfen oder zu korrigieren, das, von anderen gesagt, zu intim, zu oberflächlich, beleidigend oder gar verletzend klingen würde. Daß er auch über sich selbst lachen kann, macht ihn nicht nur sympathisch, sondern nimmt ihm auch vieles von seiner Eitelkeit weg.

Da **Beziehungstyp 1** und **2** keine grundsätzlich verschiedenen, sondern verwandte Persönlichkeitstypen sind, sind ihnen die Merkmale des anderen Typen vertraut, und sie pendeln zwischen beiden Typen – trotz Bevorzugung einer Seite – hin und her.

Die Kontraste, die überhaupt eine Unterscheidung in zwei verwandte Typen möglich machen, werden besonders in Streßsituationen deutlich: Der **Typ 1** reißt sich dann besonders zusammen und wird zurückhaltend auftreten, sich stark und auf sich selbst bezogen geben. Der **Typ 2** wird versuchen, durch Liebenswürdigkeit die Situation zu beeinflussen. Und weil er sich mehr auf die Bedürfnisse und Gefühle der anderen einstellt, vergißt er sich selbst.

Da der **Typ 2** im Vergleich zum **Typ 1** emotionaler, mitfühlender, kontakt- und beziehungsfreudiger ist, läßt er, wenn Not am Mann ist, sofort alles stehen und liegen und ist als erster da, um zu helfen. So kann eine überfürsorgliche Mutter ihre komplette Familie zum Arzt schleppen und deren leichtes Unwohlsein dort beträchtlich dramatisieren. Das kann sehr übertriebene Formen des Rettens (und Wichtigmachens) annehmen wie bei der Schauspielerin Liz Taylor. Diese Variante des **Beziehungstyps** scheint das prickelnde Gefühl zu genießen, das in ihm hochsteigt, wenn er kleine und größere zwischenmenschliche Katastrophen hautnah miterleben und dementsprechend aufbauschen kann.

Der **Typ 1** drückt sich mehr über die Körpersprache aus. Diese Art der Kommunikation und sein Retterverhalten sich selbst gegenüber lassen ihn verschlossen und introvertiert wirken. Die vom **Typ 2** bevorzugte Kommunikation über die Sprache und sein Retterverhalten anderen gegenüber lassen ihn dagegen extravertiert erscheinen. Und so reicht – je nach Geschmack und individueller Begabung – die Palette beim **Typ 1** von der gefälligen Pose bis zum künstlerischen Ausdruck und beim **Typ 2** vom klischeehaften Lächeln bis zur tief empfundenen Einfühlung. Der **Beziehungstyp 1** ist darum häufig in Berufen tätig, wo dieser direkte Ausdruck unentbehrlich ist. Er arbeitet zum Beispiel als Model, Pantomime, Ballettänzer, Körpertherapeut oder in Pflegeberufen.

Der eloquente **Typ 2** wird andere durch sein Temperament mitreißen und begeistern. Er vermittelt auf den ersten Blick Charme, Herzlichkeit, Wärme und Zuneigung. Das kann echt empfunden oder auch manipuliert sein – oft weiß er das selbst nicht so ganz genau. Kaufleute, Schauspieler und Künstler sind oft **Beziehungstyp 2**.

Was das Retterverhalten beider Typen anbelangt, so verhält es sich wie mit den beiden Seiten einer Münze: Auch der **Typ 1** rettet gern andere, und der **Typ 2** greift spätestens dann zur Notbremse und rettet sich selbst, wenn er wieder einmal zu viel versprochen hat und es nicht halten kann.

Beide **Beziehungstypen** sind modebewußt, ziehen sich mit viel Geschmack und manchmal recht auffallend an. Der **Typ 1** kleidet sich extravagant. Er möchte sich abgrenzen und abheben. Der **Typ 2** will nicht so exponiert, sondern gefälliger wirken. Er legt daher auch mehr Wert auf breitere Zustimmung und bevorzugt eine Moderichtung, die bei vielen ankommt.

In der Brillenmode wird sich der **Beziehungstyp** Modelle aussuchen, die modisch und intelligent wirken, der **Sachtyp** wird Modelle in sportlichem und dynamischem Stil bevorzugen, und der **Handlungstyp** Modelle von solider Qualität und mit einem Touch zum Freundlichen und Spielerischen.

Ähnliches gilt auch für die Einrichtung seiner Wohnung. Der **Beziehungstyp 1** wählt (Designer-)Möbel, die intelligent, kühl, ästhetisch und funktionell konstruiert sind. Der **Beziehungstyp 2** dagegen richtet sich verspielt ein, stattet seine Wohnung geschmackvoll mit vielen hübschen Details aus: Blumen, Bildern, Trockenblumensträußchen, Obstschalen etc. Da viele dieser Dinge mit Erinnerungen verbunden sind und es ihm deshalb schwerfällt, sich von ihnen zu trennen, kann die Wohnung (für andere freilich) ziemlich kitschig und überladen wirken.

Auch mit dem Auto will der **Typ 1** seine persönliche Note unterstreichen und hat darum ein Faible für Sportwagen oder sportliche Fahrzeuge; der **Typ 2** für »sympathische« Autos wie einen Käfer, 2 CV, ein Cabrio oder einen Oldtimer. Auch darin kann er auffallen. Tendiert der **Beziehungstyp** zu einem als besonders sicher geltenden Fahrzeug, zum Beispiel zu einem Volvo, mag Überfürsorglichkeit als Motiv dahinterstecken.

Zum Vergleich: Der **Sachtyp** wird seine Wohnung funktionell und bequem einrichten und auch einen praktischen, bequemen und geräumigen Wagen fahren. Der **Handlungstyp** mag konservative und solide Möbel und Autos, die einen qualitativ hochwertigen und wertbeständigen Eindruck machen.

Mit der Persönlichkeitsfindung ändert sich jedoch einiges bei solchen Vorlieben. Der entwickelte **Beziehungstyp** wird sich vernunftbestimmter entscheiden. Er wird sich überlegen, ob ein Sportwagen überhaupt angemessen ist. Er wird auch darauf achten, daß die Kosten für ein Auto in einem sinnvollen Verhältnis zu seinem Einkommen und seinen sonstigen Bedürfnissen stehen, und er wird auch gesundheitliche und ökologische Faktoren in sein Kalkül mit einbeziehen. – Doch achten Sie auf den leisen Schmerz in seinen Augen, wenn sein Blick versonnen seinem Traumwagen folgt.

Der Arbeitsstil des **Beziehungstyps** ist dynamisch, rasch und beweglich – Handeln ist für ihn kein großes Problem. Doch er ist dabei auch wieder von seinen Gefühlen abhängig, und er wird seine Arbeit entsprechend ihrer Attraktivität für ihn gern oder weniger gern machen. Der **Beziehungstyp** arbeitet gerne im Team und ist bereit, einiges für eine lockere und freundschaftliche Atmosphäre beizutragen. Schwierig kann es für seine Kollegen jedoch dann werden, wenn er schlecht gelaunt ist. Dann wirkt er völlig demotiviert, reagiert gereizt und macht abwertende Bemerkungen. Und es besteht bei ihm immer die Gefahr, daß seine innere Unruhe, seine nervöse Sensibilität zur Hektik führen und er seine Arbeitskollegen damit reizt oder ansteckt. Der entwickelte **Beziehungstyp**, der entspannter und gelassener geworden ist, schafft es immer wieder, daß er gedanklich innehält, Prioritäten setzt und strategisch überlegt und so Ruhe in seinen Arbeitsablauf bringt.

Anecken kann der **Beziehungstyp 1** im Beruf, wenn er sich zu ehrgeizig, zu dominierend oder kritisch abwertend verhält; der **Typ 2**, wenn er zu viel verspricht, andere retten will oder gefühlsmäßig voreingenommen (beziehungsweise manipulierend) und konkurrierend mit seinen Kollegen umspringt. Manche **Beziehungstypen** begnügen sich nicht damit, sich selbst in den Mittelpunkt zu rücken, sondern setzen ihre Konkurrenten (auch in der Liebe) herab und/oder bringen sie in ein schlechtes Licht. Der entwickelte **Typ 1** dagegen verhält sich zunehmend kooperativ, realitätsbezogen, locker und begeisterungsfähig; der entwickelte **Typ 2** kollegial, klug, konzentriert und heiter.

Das wechselhafte und schwer kalkulierbare Verhalten des **Beziehungstyps** wirkt auf andere selbstverständlich verwirrend. Wenn man ihn nicht versteht, so meint man, daß er sich verstellt oder schauspielert. So oberflächlich ist er aber nicht. Er hat eine Flut von wechselnden Impressionen in seinem Kopf. Und er sieht diese Bilder ständig in einem anderen Licht: Sie können düster oder hell sein, in Farbe oder Schwarzweiß, gestochen scharf oder weichgezeichnet. Und synchron mit der Bilderfolge und der Bildqualität gehen seine Emotionen und sein Verhalten einher. Das läßt ihn auf andere Menschen so sprunghaft wirken.

Geht es ihm schlecht, dann ist das Gros seiner Bilder aufgrund seiner Selbstkritik und Selbstzweifel ohnehin düster und schwarzweiß. Ist es da nicht verständlich, daß er nachhilft und sie ein bißchen koloriert oder bunte noch farbiger macht, nur um etwas mehr Freude an ihnen zu haben? (Der **Handlungstyp** würde so eine »Korrektur« strikt ablehnen. Er könnte das nicht mit seinem Gewissen vereinbaren und sich nicht so »verbiegen« – wie es ein **Handlungstyp** einmal ausdrückte.)

Der **Beziehungstyp** verkauft sich exzellent samt seinen Emotionen, einzig mit dem Ziel, den für ihn typischen »Beziehungsfaden« zum anderen zu knüpfen: Er braucht diese Art von sprachlichem und nichtsprachlichem Dialog und lebendigem, herzlichem Kontakt. Doch **Typ 1** und **2** gehen dabei unterschiedlich spielerisch mit Distanz und Nähe um. Der **Typ 1** wird sich erst distanziert geben und dann, wenn er Vertrauen gefunden hat, sich auf Nähe einlassen. Der **Typ 2** wird sofort Nähe signalisieren, doch – wenn das zu wörtlich genommen wird – auf spürbare Distanz gehen.

Beide laden ihre Mitmenschen mit viel Gespür für ihr Gegenüber zum Dialog ein (besonders der **Typ 2**). Sie werben um ungeteiltes Interesse und vollkommene Aufmerksamkeit, kommunizieren mit ihrer ganzen Ausstrahlung und ihrem ganzen Körper, mit Augen, Gesten, Sprache, Tonfall. Sie geben ihrer Stimme vielleicht etwas Suggestives oder legen ihre Hand (wie unabsichtlich) auf den Arm des anderen und finden instinktiv die richtigen Komplimente oder Worte, die man gerade hören will. Man fragt sich oft: Wie weiß der **Beziehungstyp** das nur?

Viele Menschen mögen sich vom Übernatürlichen oder Übersinnlichen angezogen fühlen. Der ohnehin sehr intuitive und zum Metaphysischen neigende **Beziehungstyp** ist jedoch auf diesem Gebiet besonders begabt und empfänglich – vorausgesetzt, er interessiert sich überhaupt dafür. Er kann in die tiefsten, geheimsten Winkel der Seele anderer Menschen dringen – zumindest erscheint es ihm so, und er wird mit großer Intuition und tiefem Verständnis auch sensibel mit ihren Gefühlen umgehen.

Der **Typ 1** wird aber nicht so direkt auf die Probleme und Sorgen anderer reagieren wie **Typ 2**, sondern aus einer gewissen Distanz heraus versuchen, ihnen zu helfen und ihre Probleme mehr rational zu lösen – zum Beispiel durch ein weltanschauliches Alternativmodell. Außerdem kann er sich selbst besser davor beschützen, zuviel seelische Kraft an andere abzugeben.

Man muß den entwickelten **Beziehungstyp** etwas genauer kennen, um zu wissen, daß er klar denkt und daß sein Denken mehr Realität und Gewicht für ihn hat, als sein freundliches und einladendes Verhalten nach außen signalisiert. Lassen Sie sich nicht täuschen: Wenn der **Beziehungstyp** (vorerst) kritische Gedanken zurückhält und/oder Verzeihung mimt, dann nur, damit der emotionale »Beziehungsfaden« zum anderen – jedenfalls für diesen entscheidenden Augenblick oder auch für längere Zeit – nicht abreißt.

Freilich, der **Beziehungstyp** hört Komplimente sehr gern, doch sie können ihn auch mißtrauisch machen. Er deutet vielleicht irgendeine Absicht hinein, oder er fühlt sich auf den Arm genommen. Es kommt darauf an, ob ein Vertrauensverhältnis zu dem besteht, der ihm die Komplimente macht. Existiert diese Basis, dann kann man nach Herzenslust übertreiben. Er nimmt sie nicht wörtlich. Daß er charmant, liebenswert, meistens auch noch gutaussehend ist, weiß er. Doch er kann auch darunter leiden, weil er den Zwang empfindet, immer gewinnend sein zu müssen.

Sie liegen – beim männlichen und weiblichen **Beziehungstyp** – immer richtig, wenn Sie vorsichtig seinen Entwicklungsbereich Erkennen ansprechen, also vielleicht sein Nachdenken, seine Einsicht in Zusammenhänge, seine Weltanschauung. Andeuten ist immer besser als aussprechen, weil er sich eventuell in seinen Schlüsselenergien noch nicht allzu sicher ist!

Anders dagegen im Persönlichkeitsbereich. Seien Sie hier sein Publikum, applaudieren Sie ihm, und er wird daraus unerschöpfliche Energie tanken. Aber nehmen Sie (als **Sachtyp** oder **Handlungstyp**) sein »verführerisches« Spiel nicht zu ernst! Jetzt spielt er diese Rolle, und wenig später spielt er vielleicht eine andere. Wenn Sie dem **Beziehungstyp** das geben, wonach er am meisten verlangt, nämlich ständige Bewunderung, dann bleibt er Ihnen ein Leben lang treu – vielleicht. Auch die anderen Persönlichkeitstypen lieben Bewunderung, doch anders als der **Beziehungstyp** nehmen sie diese nicht so wichtig. Der **Sachtyp** zieht Interesse und der **Handlungstyp** Wertschätzung vor.

Die Begabung des **Beziehungstyps 1** für körpersprachlichen, des **Typs 2** für verbalen Ausdruck ist entwicklungspsychologisch begründet. Der **Typs 1** ist in der vorsprachlichen Zeit der ersten Lebensmonate geprägt. Daher werden Störungen im Beziehungsverhalten von ihm eher nichtsprachlich ausgedrückt. Distanz zu seinen Mitmenschen verschafft er sich als Erwachsener durch einen kühlen, abweisenden Gesichts- und/oder Körperausdruck oder auch durch Krankheiten, die Rücksicht und Abstand erfordern. Allergische Hauterkrankungen und Bronchialasthma sind für ihn typische Erkrankungen. Doch er kann ebenso unter Appetitlosigkeit (oft aus seiner inneren Unruhe heraus) bis hin zur Magersucht leiden, oder er hat Probleme mit den Bandscheiben – um nur einige spezifische Beschwerden zu nennen.

Die Struktur des **Beziehungstyps 2** wird im vier- bis sechsjährigen Kind angelegt, also in der Zeit, in der kleine Mädchen mit ihrem Vater und kleine Buben mit ihrer Mutter flirten. Prägend ist vor allem das Beziehungsverhalten über die Sprache mit all ihren Ambivalenzen von Hoffnungwecken und Enttäuschen, Einladen und Bedauern. Dieses Verliebtsein bringt das Kind in eine Konkurrenzsituation zum gleichgeschlechtlichen Teil. Der Konflikt löst sich normalerweise dadurch, daß das Kind darauf verzichtet, die »heimliche« Geliebte des Vaters oder der kleine Liebhaber der Mutter zu werden.

Mißlingt diese Ablösung, etwa weil der gegengeschlechtliche Elternteil zu abweisend oder zu verführend und der gleichgeschlechtliche zu aggressiv oder zu harmonisierend ist, so bleibt das Kind in dieser Konfliktsituation stecken. Die kleine Geliebte des Vaters, der kleine Liebhaber der Mutter zu sein ist zugleich eine Auszeichnung und eine Überforderung, auch wenn sich das alles nur in der Phantasie des Kindes abspielt.

Solche Menschen haben auch später ein feines Gespür dafür, wie man verführt beziehungsweise wie verführerisch sie sind – oder sein können. Doch dieses Gefühl ist zugleich auch mit Unzulänglichkeit behaftet, denn der **Beziehungstyp** kann es als sehr belastend erleben, permanent andere von sich überzeugen zu müssen und keine andere Rolle in seinem Repertoire zu haben.

Das schmerzliche und immer wieder auftauchende zentrale Lebensthema des **Beziehungstyps** ist, daß er die Welt von Anfang an als wenig einladend, ihm wenig Liebe und Geborgenheit gebend erlebt hat. Er kann sich vor der Realität und allem Unbekannten so sehr fürchten, daß er sich damit begnügt, ein eingeschränktes Leben zu führen, und/oder in einer erträumten besseren Welt lebt.

Um die frühe Weisung: »Sei nicht!« immer wieder von sich abzuwehren, verwendet der **Typ 1** viel Energie darauf,

auf andere zuzugehen, um sie von sich durch ein besonders gewinnendes, attraktives Äußeres, durch interessante Gespräche und/oder durch brillante Leistungen zu überzeugen und für sich einzunehmen. Sein Handikap ist, daß er die Liebe, die man ihm entgegenbringt, nur schwer annehmen kann. Das Andere-für-sich-gewinnen-Müssen hat bei ihm Auswirkungen bis ins Körperliche, und so gibt es unter diesem Persönlichkeitstyp ungewöhnlich viele attraktive Menschen. – Wenn es richtig sein sollte, daß sich der Geist den Körper baut, dann ist der **Beziehungstyp** ein gutes Beispiel dafür.

Je tiefer die (frühen) Verletzungen, um so größer ist wohl sein Wunsch, sich »wärmere«, bessere Welten zu schaffen – real oder in der Phantasie. Das können die abstrakten Welten der Mathematik, Physik, Religion, Musik, politischen Utopie, die Welt des Sports oder private Traumwelten (wie zum Beispiel eine intensive, aber platonische Liebesbeziehung) sein. Hat der **Beziehungstyp** seinen Traum – oder auch seine Traumfrau oder seinen Märchenprinzen – gefunden, so wird er lange daran festhalten, auch wenn die Gegebenheiten – für die anderen freilich – ganz anders aussehen mögen.

Der **Beziehungstyp 1** ersetzt sein mangelhaftes In-der-Realität-Sein durch ein Wissen über die Realität. Dieses (oft sogar recht umfangreiche) Wissen kann der Wirklichkeit nah oder fern sein: So gibt es den realitätsnahen **Typ 1**, der sehr clever und trendy ist, bestens Bescheid weiß über aktuelle Mode, Essen, Wohnen, Freizeitbeschäftigung und auch die »richtige« weltanschauliche und politische Meinung vertritt. Da er »in« sein will, ist er stets unter denen, die auf der neuesten Welle schwimmen. – Doch es gibt unter dem **Typ 1** auch Sonderlinge, religiöse und politische Extremisten und Spinner, die sehr weit weg sind von der gesellschaftlichen Wirklichkeit.

Doch selbst das exakteste Wissen über die Realität kann den unmittelbaren Bezug zu ihr nicht ersetzen; es fehlt das Einmalige, Unverwechselbare, das überraschend Neue. Das Wissen über die Realität mag glanzvoller, beeindruckender erscheinen als die Realität selbst, es mag intelligent sein, doch es ist nicht wirklich zutreffend.

Wird aber die sinnenhafte und intuitiv erkennende Verknüpfung zur Realität vernachlässigt, so geht damit auch der Bezug zum eigenen Ich verloren. Und darum ist der **Beziehungstyp** meist sich selbst fremd und fühlt sich bei sich selbst nicht »zu Hause«. Er ist unstet, hektisch und nervös, auch wenn er eine besondere Begabung dafür hat, durch Hoffnung und Vertrauen das zu ersetzen, was ihm an Wissen und Erfahrung fehlt.

Oder der **Beziehungstyp** vertraut auf sein oft ein Leben lang ausgebreitetes »Fangnetz« aus Intuition und Inspiration, wenn er hoch unter der Zirkuskuppel des Lebens – chronisch ungenügend vorbereitet und ohne entsprechende Planung freilich – seine Kapriolen schlägt. Er hat nämlich keinesfalls die **handlungstypische** Gabe, vorsorgend in die Zukunft zu schauen.

Und er wird sich selbst noch eine andere Art Fangnetz aus »Beziehungsfäden« zu lieben Freunden geknüpft haben, das er gut pflegt. Denn es soll ihn in Situationen, in denen es ihm schlechtgeht, auffangen, damit er aus Enttäuschung und Schmerz nicht ins Bodenlose seines zerstörerischen, überkritischen Denkens und seiner überzogenen negativen Gefühle (sich selbst und der Welt gegenüber) stürzt.

Der **Beziehungstyp** lebt und liebt in der Gegenwart und ist viel intensiver verstrickt in unterschiedlich starke Beziehungsgefühle als die anderen Persönlichkeitstypen. Wenn er (frisch) verliebt ist, kann er sich an seine früheren Liebschaften nur dunkel erinnern, und er sieht sie auch – beim Blick zurück – nur noch verschwommen und nicht besonders positiv. Ist das nicht wunderbar für die neue »große« Liebe? Und der **Beziehungstyp** glaubt allen Ernstes, noch nie in seinem Leben so geliebt zu haben wie gerade jetzt.

Der **Beziehungstyp** will die Spannung seines Verliebtseins, die Leidenschaft seiner Gefühle (oder auch das Trugbild seiner Imagination) in Hochform halten – auch wenn er dabei mit seiner blühenden Phantasie die Realität kräftig schönt. Das hat schon manches welke Mauerblümchen in eine frische Rose und manchen Frosch in einen feschen Prinzen verwandelt. Ist er irgendwann von seiner »großen Liebe« enttäuscht (das kann sehr schnell passieren), dann geht die Rückverwandlung genauso flott vonstatten.

In Beziehungen möchte sich der **Typ 1** frei und unabhängig fühlen. Er braucht überhaupt Zeit, um seine Distanz und Schüchternheit zu überwinden und sich vertrauensvoll auf den anderen einzulassen. Ist er aber einmal eine Verbindung eingegangen, so mag er sich daraus nicht wieder lösen – man sollte ihn deshalb an der langen Leine lassen. Sein sensibles Gespür für feinste Signale läßt ihn Beziehungsprobleme früher als der Partner erkennen und darauf reagieren. Doch in Beziehungen ist es oft nicht leicht, Ursache und Wirkung eines Konflikts auseinanderzuhalten, und der **Beziehungstyp** wird es mehr als einmal erleben, daß man ihm den Schwarzen Peter zuschiebt.

Da sich der **Beziehungstyp** aus seinem Urtrauma heraus leicht isoliert und fremd fühlt, liebt er Gruppen, Gemeinschaften oder auch Großfamilien. Die Akzeptanz, die er dort findet, gibt ihm die notwendige Sicherheit und die ungezwungene Situation die Freiheit, je nach Stimmung mal mehr oder mal weniger mit verschiedenen Personen nacheinander den »Beziehungsfaden« aufzunehmen.

Die Erfahrung des Ungeliebtseins oder ihm entgegen-
schlagender Gefühlskälte kann der **Beziehungstyp** auf zwei
Arten kompensieren: Die eine ist, sich zusammenzureißen
und »stark« zu sein, sich unabhängig zu machen oder sich
selbst zu retten. Und genau das macht der **Typ 1** in prekären
Situationen. Die andere Möglichkeit ist, besonders lieb zu
sein, es anderen recht zu tun, sie von sich abhängig und sich
selbst unentbehrlich zu machen. Dazu projiziert der **Typ 2** die
eigene (und inzwischen unbewußt gewordene) existentielle
Gefährdung auf andere, um sie dann (an seiner Statt) zu retten.

Der **Typ 2** vermeidet schroffe Zurückweisungen. Will er
sich vor etwas drücken, zieht er es vor, entschuldigend zu sagen, daß »leider was dazwischengekommen ist!« oder »die
Umstände sich anders entwickelt haben als angenommen!«
Oder etwas ähnliches. Selbst wenn er auf Distanz geht, tut er
es möglichst auf eine freundliche, liebenswürdige und nicht
verletzende Art. Sein typischer Antreiber ist weniger das »Sei
stark!« des **Typ 1**, sondern das »Mach's den anderen recht!«

Es gibt zwei Möglichkeiten, den **Beziehungstyp** tief zu
treffen. Erstens: Man vermittelt ihm direkt oder indirekt, er
sei dumm. Denn das verletzt ihn abgrundtief. Zweitens: Man
schneidet den »Beziehungsfaden« zu ihm ab.

Freilich, der unentwickelte **Beziehungstyp** fordert einen
förmlich dazu heraus, ihm mangelnde Intelligenz zu beschei-
nigen. Seine ständige Angst, für dumm gehalten zu werden,
läßt ihn adäquate Gedanken nicht aussprechen, oder seine
Spontaneität verleitet ihn zu vorschnellen, wenig durchdach-
ten Bemerkungen. Doch er gleicht den Mangel an geistigem
Tiefgang oft durch seine gewinnende Emotionalität und
natürliche Offenheit wieder aus.

Um Mißverständnisse oder Überreaktionen bei ihm zu
vermeiden, ist es empfehlenswert, gleich durchblicken zu las-

sen, daß man seine Intelligenz und seinen Sachverstand schätzt. Also geben Sie ihm unbedingt – wenn Ihnen daran liegt – einen deutlichen Vorschuß an Vertrauen in seine Liebenswürdigkeit und Klugheit.

Wenn Sie aber den »Beziehungsfaden« zu ihm durchschneiden, ist das für den **Beziehungstyp** wesentlich schmerzlicher. Ein Beispiel: Eine jahrelange Freundschaft zwischen zwei Freundinnen, einem **Sachtyp** und einem **Beziehungstyp**, fand ein abruptes Ende. Vermutlich ging es der **Beziehungstyp**-Freundin schlecht, denn sie fragte (naiv, aber typisch) ihre **Sachtyp**-Freundin: »Du brauchst mich doch, ja?« Die antwortete darauf (für sie ebenso typisch wie ehrlich): »Nein!« Das gab dem **Beziehungstyp** den seelischen Rest.

Durch seinen Frust in der Kindheit hat der **Beziehungstyp** oft auch eine geringe Meinung vom anderen Geschlecht und hält – ohne deshalb gleichgeschlechtliche Neigungen zu haben – Freundschaften mit dem eigenen für verläßlicher. Aus diesem Grund inszeniert er gern Psycho-Spiele mit seinem Partner und findet Dreiecksbeziehungen nicht uninteressant.

Auch intellektuell touchiert der wenig entwickelte **Beziehungstyp** leicht und flink wie ein Florettfechter mal da ein Thema, mal hier ein Thema. Er bringt es nicht so leicht fertig, sich tief und gründlich einem Gebiet geistig zu widmen, weil sein anfängliches Strohfeuer der Begeisterung und des Engagements meist schnell nachläßt. Er liebt zu sehr die Abwechslung. Im Vergleich zum **Sachtyp** mit seinem geistigen Tiefgang oder dem **Handlungstyp** mit seinem hartnäckigen Verstand ist der unentwickelte **Beziehungstyp** ein intellektuelles Leichtgewicht.

Der entwickelte **Beziehungstyp 1** denkt gelassener und realitätsbezogener. Neue Erkenntnisse zu gewinnen, das ist für ihn etwas, das ihn ein Leben lang begeistern kann. Bedenklich wird es, wenn er sich zu sehr mit seinen Gedanken und Ideen identifiziert. Dann wird er ideologisch abheben, denn er verwechselt Idee mit Wirklichkeit, was bei ihm dazu führen kann, daß er sich von der Realität verabschiedet und in seiner Traumwelt etabliert.

Seine Persönlichkeitsentwicklung zeigt sich daran, daß er sich für Konkretes interessiert: Er kümmert sich um die richtige Ernährung, treibt Sport, atmet tiefer in den Bauch hinein (und nicht nur im oberen Lungenbereich), betätigt sich handwerklich oder künstlerisch, genießt es, im Urlaub Wind und Sonne auf der Haut zu spüren, Natur- oder Kunstschönheit lange und konzentriert zu betrachten. Bei all diesen (neu gewonnenen) Fähigkeiten geht es um den intensiven Kontakt mit der Realität, entspannt, sinnenhaft und hingebungsvoll.

Der entwickelte **Typ 2** denkt konkreter und realistischer. Seine Schwäche war, in vereinzelten Situationen zu denken und Konsequenzen und Zusammenhänge zu negieren – dann aber sieht er sein Leben aus vielen kleinen Bausteinen bestehen, die jedoch nicht zusammenpassen und im Ganzen einen chaotischen mosaikartigen Eindruck machen. Jetzt erkennt er deutlicher den großen Bogen, denkt in Zusammenhängen und zieht praktische Konsequenzen aus seinen Erkenntnissen. Damit bringt er Ruhe, Gelassenheit und Klarheit in sein Leben. Seine Persönlichkeitsentwicklung zeigt sich auch darin, daß er Verantwortung für politische Aufgaben, Umweltschutz oder Soziales übernimmt. In allen seinen Lebensbereichen wird nunmehr deutlich, daß er in größeren Zusammenhängen denkt und daß er dieses Denken konsequent in maßvolles Handeln umsetzt.

Es gibt von jedem Persönlichkeitstyp besonders eindeutige Vertreter, die man leicht und sofort erkennt, und man lernt Persönlichkeitsdiagnostik am besten dadurch, daß man von diesen charakteristischen Vertretern im eigenen Bekannten-, Freundes- oder Familienkreis ausgeht und sie studiert. Doch dann trifft man auf Menschen, die untypisch erscheinen: etwa einen **Beziehungstyp**, der blaß, kontaktscheu, still und intellektuell wirkt, einen aufgedrehten, herzlichen, fröhlich lärmenden **Sachtyp** oder einen weich und warmherzig wirkenden **Handlungstyp**.

Kennt man sich in der Psychographie schon besser aus, wird man solche Beispiele typisch finden: Auch das kontaktscheue Verhalten eines **Beziehungstyps** ist schließlich ein Beziehungsverhalten, auch ein kommunikativer **Sachtyp** verhält sich typischerweise wenig kontrolliert, nämlich sinnenhaft aufgedreht, und die warmherzige Art eines **Handlungstyps** resultiert aus seiner fortgeschrittenen Persönlichkeitsentwicklung, denn er hat zum Gefühl gefunden. Die jeweilige Beschreibung zeichnet den Entwicklungsprozeß nach, den die Persönlichkeit macht: Beim **Beziehungstyp** geht er vom Beziehungsverhalten (kontaktscheu) zum Erkennen (still und intellektuell), beim **Sachtyp** vom Sinnenhaften (aufgedreht) zum Energetischen (fröhlich, lärmend) und beim **Handlungstyp** vom Handeln zum Gefühl (warmherzig).

Die entwickelte, mehrschichtige Persönlichkeit des **Beziehungstyps**, die zugleich klug, interessiert und nachdenklich ist, könnte man vielleicht auf den ersten Blick für einen **Sachtyp** halten, wenn man die geistigen Energien des **Beziehungstyps** nicht als Ergebnisse seiner gelungenen Persönlichkeitsentwicklung erkennt. Doch auch der entwickelte **Beziehungstyp** unterscheidet sich vom **Sachtyp**: Zum einen bleiben ihm sein Gespür und seine Begabung für Kontakt und Beziehung erhalten, zum anderen verläuft der Prozeß bei ihm vom Fühlen über das Denken zum Handeln, das heißt, er wird immer vom Gefühl ausgehen, doch sein Denken wird das Handeln stärker als früher bestimmen.

In der Zusammenfassung ergibt sich für den **Beziehungstyp** folgendes Profil:

Gesicht:
lebendig, attraktiv, große Augen, straffe, fein geschnittene Gesichtszüge, lächelt gewinnend

Haltung:
aufrecht, gestreckt, steht beweglich, dekorativ, ein wenig hochgezogene Schultern

Gang:
gewandt, elegant, rasch, beschwingt

Gesten:
kontrolliert, erklärend, anmutig

Kleidung:
modisch, geschmackvoll

Sprache:
akzentuiert, gefühlsbetont, übertreibend, phantasievoll

Stimme:
hell, klar, melodisch, anziehend

Verhalten in Konflikten:
konfliktfreudig, dramatisierend

Verhalten in Beziehungen:
emotional, verführerisch, kommunikativ

Gesamteindruck:

Typ 1: körperlich schmal, dynamisch, dominierend, kämpferisch, mitreißend

Typ 2: körperlich ausgeprägt, liebenswürdig, lebendig, mitfühlend, sich aufopfernd

Seine sicheren Grundfähigkeiten liegen im Bereich Beziehung.

Seine verborgenen Qualitäten liegen im Bereich Erkennen (= sinnenhaftes Genießen, Interesse, Scharfsinn, Klugheit, intuitives und folgerichtiges Denken).

Antreiber:

»Sei stark! Sei kontrolliert!« (**Typ 1**)

»Mach's anderen recht!« (**Typ 2**)

Spiele:

Macht-Spiele (**Typ 1**).

Retter-Spiele (**Typ 2**).

Selbstbestimmung:

Er lernt, im Zielbereich Handeln eigene und fremde Bedürfnisse in Einklang zu bringen.

Kontaktverhalten:

(berücksichtigt nicht die Persönlichkeitsentwicklung, dann größere Bandbreite im Mittelfeld)

1	2	3	4	5	6
extrem liebens-würdig	herzlich	freund-lich	zurück-haltend	kühl	extrem distan-ziert

1 ══════ 2 ══════ 3 ══════ 4   5   6

weiblicher Typ 2

1   2 ══════ 3 ══════ 4 ══════ 5   6

weiblicher Typ 1

1   2 ══════ 3 ══════ 4 ══════ 5   6

männlicher Typ 2

1   2   3 ══════ 4 ══════ 5 ══════ 6

männlicher Typ 1

3. Der Sachtyp – der Mensch mit Köpfchen und Souveränität

Prominente dieses Typs:
SHAKESPEARE und J. S. BACH, EMIL STEINBERGER, BORIS BECKER, HEINZ RÜHMANN, WOODY ALLEN, SASCHA HEHN, FRANZ BECKENBAUER, UTA RANKE-HEINEMANN, CHRISTIANE HERZOG, HEINZ EHRHARDT, HELMUT KOHL

Worin unterscheidet sich der **Sachtyp** von den anderen Persönlichkeitstypen? Er ist nicht so gewandt im Beziehungsverhalten wie der **Beziehungstyp**, und er ist nicht so geschickt im Handeln wie der **Handlungstyp**. Darum tut er sich schwer und macht es sich schwer, ja, es kann manchmal richtig weh-tun, wenn man sieht, wie sich ein **Sachtyp** »daneben« verhält. Auf der anderen Seite ist es erstaunlich zu erleben, wie er, unbeeindruckt von Konventionen, Neues schafft. Er ist der eigentlich schöpferische Persönlichkeitstyp. So hätte man dieses Kapitel auch überschreiben können: »Über die Schwierigkeit, mit einem Genie kleine Brötchen zu backen!«

Der **Sachtyp** hat dieses intellektuelle Flair, weil in ihm, selbstvergessen, ständig die Gedanken kreisen. Bei dieser Überproduktion bleibt nicht nur sein Ich samt gefühlsmäßiger Subjektivität auf der Strecke, er verursacht auch nicht selten tragikomische Situationen, wenn er etwa im heißesten Liebesspiel noch sachlich bleibt, weil ihm plötzlich ein wichtiger Gedanke einfällt – denken Sie nur an Liebesszenen der **Sachtypen** Heinz Rühmann oder Woody Allen. Schlimm für einen **Beziehungstyp** als Partner, der mit seiner Sensibilität sofort spürt, daß etwas mit dem anderen nicht stimmt, und es gleich auf sich bezieht.

Sachtypen wollen, daß man sich für sie interessiert. Aber um andere in ihren Bann zu ziehen, fehlt ihnen manchmal der entsprechende Elan. Spüren sie Desinteresse, dann geht ihr Selbstbewußtsein baden. Der meist recht kompakte **Typ 1** hat die Tendenz, sich wichtig zu nehmen und in Situationen, in denen er sich bedroht fühlt, gleich (und auch prophylaktisch) loszupoltern. Wenn er sich wohlfühlt, macht er einen gemütlichen und etwas verschmitzten Eindruck und kann dann schlagfertig und witzig sein. Er ist ein ausgesprochener Pragmatiker mit der besonderen Begabung, andere für sich arbeiten zu lassen.

Der meist größere und schlankere **Typ 2** wirkt unauffällig, zurückgenommen und ein wenig gedankenabwesend. Würde man ihn karikieren, so gäbe der männliche **Typ 2** nicht selten das Bild vom »zerstreuten Professor« ab. Er ist weicher, vernünftiger und ruhiger als der **Typ 1** und mag den trockenen, tiefschwarzen Humor. In Auseinandersetzungen ist er bestrebt, zu harmonisieren. Er explodiert erst, wenn keiner mehr damit rechnet.

Der **Sachtyp** kann sein betont vernünftiges und objektives Sprechen und sein distanziertes Verhalten (taktisch) dafür einsetzen, daß er unverbindlich bleiben kann, nicht zur Sache kommen, nicht handeln und auch keine Verantwortung übernehmen muß. – Schattenhafte Ehemänner (und Ehefrauen) sind häufig **Typ 2**. Sie sind angepaßt und anhänglich, harmoniebedürftig und deshalb manchmal auch ziemlich langweilig.

Nicht nur der **Beziehungstyp** ist vom oft regungslosen Gesicht des **Sachtyps** irritiert. Man weiß im Gespräch über lange Zeit nicht, wie man mit ihm dran ist und was sich – an Gedanken, Empfindungen oder Gefühlen – wirklich in ihm abspielt. Seine Gesichtszüge sind eher weich, sein Blick ist ernst, beobachtend oder nachdenklich. Wenn er lächelt, dann lieb, verschmitzt, gutmütig, manchmal auch etwas schüchtern, wenn er lacht (was eher selten vorkommt), so lacht er laut und wiehernd.

Im direkten Zweiergespräch überfordert er sein Gegenüber meist mit seiner penetranten Sachlichkeit oder differenzierten Fragen und Überlegungen. Mal kann der **Sachtyp** blitzschnell das Thema wechseln oder auch fast gleichzeitig auf mehreren Spuren fahren, dann plötzlich hält er inne und wird seinen Gesprächspartner sofort (und ein wenig belehrend) darauf aufmerksam machen, daß er sich »jetzt auf etwas konzentrieren will und muß«!

Während sich der **Handlungstyp** eher wohlfühlt, wenn viel zu tun ist und unterschiedliche Anforderungen an ihn gestellt werden, fühlt sich der **Sachtyp** belastet und reagiert übellaunig. Er beklagt sich dann, macht nichtanwesenden Personen Vorwürfe, schimpft und bruttelt. Doch im Grunde ist das nur halb so ernst gemeint. Ein wenig Anerkennung, und schon ist er wieder motiviert. Der **Beziehungstyp** will auch in turbulenten Situationen seinen hohen Maßstäben gerecht werden. Er wird sich zusammenreißen und nicht (schnell) aufgeben, und er wird es sich auch nicht eingestehen, wenn er intellektuell überfordert ist. In einer Unterhaltung, die seinen Horizont übersteigt, wird er versuchen mitzuschwimmen, um ja nicht dumm dazustehen.

Befindet sich der **Sachtyp** in seiner Gedankenwelt, dann wirkt er kühl und distanziert. Er schaut vielleicht sogar zur Seite (wenn er überlegt), als interessierten ihn sein Gegenüber, die Situation, das Gespräch oder die geschilderten Probleme nicht. Er wirkt jedenfalls oft wie hinter einer Glasscheibe. Doch das täuscht: Alles in ihm schwingt mit, betrifft ihn, und er nimmt sich sehr zu Herzen, was man ihm erzählt.

Alles, was zurückhaltend, gefühlvoll, innig oder edelmütig ist, spricht ihn an, fällt in die Tiefen seines melancholischen Lebensgefühls und kann ihn in Rührung versetzen. Er wird dieses Gefühl sofort in sich unterdrücken, doch seine Rede stockt für einen kurzen Moment, und es steigt ihm das Wasser in die Augen. Man kann mit ihm warmwerden, herzlich sein, doch wenn zum Beispiel der **Beziehungstyp** mit dieser **sachtypischen** Nüchternheit nicht klarkommt, wird ihm der **Sachtyp** geheimnisvoll entrückt und immer und ewig unerreichbar erscheinen.

Wenn dem **Sachtyp** etwas gefällt oder auch einfällt, reagiert er sehr spontan, platzt damit heraus, zeigt plötzlich seinen Witz und seine komödiantische Veranlagung, unterstreicht sie mit skurrilen Gesten oder Bewegungen. Beim weiblichen **Sachtyp** wirkt das oft herzerfrischend lustig und natürlich, beim männlichen umwerfend komisch. Dann leuchten seine Augen, das etwas blasse Gesicht bekommt plötzlich Farbe (wenn es Falten hat, so verschwinden sie), und die ganze Person ist für diesen Moment schlagartig voll sprühender Lebendigkeit.

Mit dieser sinnenhaften und gedanklichen Spontaneität handelt sich der **Sachtyp** aber auch gelegentlich Ärger ein, wenn er etwa zu wenig Distanz, zu wenig Sensibilität oder diplomatische Klugheit zeigt. Das ist meist dann der Fall, wenn er sich – ohne es vielleicht selbst zu merken – unwohl fühlt oder eben in Gedanken ganz woanders ist und den Bezug zum anderen verloren hat. So kann er sich beispielsweise bei einem Einkaufsbummmel mit seiner Ehefrau gedankenverloren nach einer hübschen Passantin umdrehen.

Gerade der **Sachtyp** bringt es fertig, andere in die Pfanne zu hauen, sich wie ein Elefant im Porzellanladen aufzuführen, seine Mitmenschen zu langweilen, vor den Kopf zu stoßen oder (bei Desinteresse) sich abrupt von ihnen abzuwenden. Schade, denn er verspielt für diesen Moment seine eigentlichen Qualitäten, nämlich seine Natürlichkeit, seine geistige Flexibilität und Klarheit.

Denkt der **Beziehungstyp** in Bildern, der **Handlungstyp** in Selbstgesprächen, so geht das Denken beim **Sachtyp** mit Körperempfindungen einher. Aus diesem Grund sind seine Reaktionen vergleichsweise langsamer. Sein Wesen hat etwas Erdhaftes und Kreatürliches. Er spricht auch bedächtiger und tiefer als die anderen Typen, benutzt häufiger Urlaute, indem er seufzt oder stöhnt. Klingt die Stimme eines **Beziehungstyps** wie eine Konzertgeige, die eines **Handlungstyps** wie eine Trompete, so mutet die des **Sachtyps** wie das Saxophon eines Jazzmusikers an.

Im Körperlichen kann es ihm an Leichtigkeit, Gewandtheit und Anmut fehlen. Seine nicht selten gebeugte Haltung und sein Gang sind typisch für ihn und unterscheiden sich deutlich von den anderen Persönlichkeitstypen: Geht der **Beziehungstyp** beschwingt und leichtfüßig, der **Handlungstyp** kräftig und geradlinig, so schlurft der **Sachtyp** daher, wippt oder watschelt, schwankt leicht auf eine oder beide Seiten oder schreitet mit durchgedrücktem Kreuz und rudernden Armbewegungen in großer Wichtigkeit voran und zeigt sich dabei weitgehend unbeeindruckt von konventionellen Bewegungsabläufen. Genau genommen bewegt er sich so, als habe er den aufrechten Gang gerade erst erfunden.

Grundsätzlich möchte sich der **Sachtyp** im Leben behaglich fühlen, seinem Hang zur Bequemlichkeit genüßlich nachgehen und sich von seinen Mitmenschen verwöhnen lassen. Das kann beim männlichen **Typ 1** extreme Züge annehmen: Seine Meinung, daß Frauen nur dazu da sind, um sich für ihn abzurackern, erscheint ihm zunächst einmal selbstverständlich. So ein egomanisches Mannsbild bürdet seiner Frau sämtliche Arbeiten in Haus, Garten und bei Einladungen auf (wo er sich dann vor den Gästen wichtig machen kann) und rührt selbst nicht einen Finger. Er kann zwar auch – wie alle **Sach-**

typen – sehr kritisch anderen gegenüber sein, geht aber mit sich selbst niemals hart ins Gericht.

Es soll hier nicht der Eindruck entstehen, daß der **Sachtyp** nicht dazulernen könnte oder möchte. Doch er muß das lernen, was den anderen Persönlichkeitstypen fast selbstverständlich ist, nämlich etwas für andere zu tun. Zwar ist auch bei den beiden anderen nicht immer alles Gold, was glänzt: Der **Beziehungstyp** zeigt nicht selten ein eher oberflächliches Beziehungsverhalten, und der **Handlungstyp** begnügt sich mit konventionellem Handeln.

Der **Sachtyp** muß beides lernen. Wenn er sich Zeit läßt und konsequent am Ball bleibt, kann er irgendwann beide übertreffen: den **Beziehungstyp** im Zwischenmenschlichen und den **Handlungstyp** in seiner Tüchtigkeit. So gibt es den entwickelten und überaus positiven, altruistischen, wohlwollenden und spontan großzügigen **Sachtyp**, der eine beziehungstypische Freundlichkeit ausstrahlt, doch dessen Domäne weiterhin das Erkennen ist.

Ob der **Sachtyp** nun Arbeiter oder leitender Angestellter, Künstler oder Arzt ist, stets hat er einen Hang dazu, abstrakt zu denken, zu theoretisieren, zu systematisieren oder wissenschaftliche Studien zu betreiben. Seine Empfindsamkeit und Feinheit kann er nur durch Distanz, Herbheit und Undurchsichtigkeit schützen. Doch ist diese Art von Schutz und Verteidigung nicht eine zwingend logische Konsequenz aus seiner empfindsamen Persönlichkeitsstruktur?

Der wenig entwickelte **Sachtyp** besitzt eine Schlaraffenland-Mentalität und findet keinen realistischen Ausgleich zwischen Geben und Nehmen. Er ist ein Mensch, der bewundert werden will, ohne im geringsten das Bedürfnis zu verspüren, dafür auch etwas zu tun. Er wartet darauf, daß ihm die gebratenen Tauben in den Mund fliegen oder daß ein Wohltäter, der seine genialen Talente entdeckt, ihn auf der Stelle weltberühmt macht. Der **Sachtyp** geht ziemlich dickfellig und unsensibel darin vor, andere zu kränken und zu ärgern, doch er reagiert überaus mimosenhaft auf deren Gegenreaktion. Hat er sich geärgert, dann hält er zäh an seinem Ärger fest und konserviert ihn dauerhaft.

Der **Sachtyp 2** unterschätzt seine Stärke, seinen Einfluß und überschätzt seine Abhängigkeit von anderen. Deshalb gibt er zu schnell nach oder schließt Kompromisse, die freilich auf seine Kosten gehen. Oder er resigniert, gibt schließlich ganz auf und zieht sich zurück. Entsprechend groß sind dann seine Enttäuschung, Unzufriedenheit und sein Frust über das Leben und die anderen Menschen.

Der **Sachtyp** hat eine eigene Beziehung zur Vergangenheit. Während für die anderen Persönlichkeitstypen über einen längeren Zeitraum hin die Erinnerung verblaßt und schmerzliche Erlebnisse wohltuend an Intensität verlieren, scheint der **Sachtyp** ganz anders zu empfinden. Wie gesagt: Auf Mißachtung reagiert er äußerst rachsüchtig, und er kann seinen Groll jahre- oder jahrzehntelang in sich schüren.

Der **Sachtyp** ist häufig Langschläfer, und ähnlich dem **Beziehungstyp 2** braucht er morgens eine geraume Anlaufzeit, um in Schwung zu kommen. Seine Kleidung ist unkonventionell, bequem, sportlich, selten modisch und häufig vom Schnäppchenmarkt. Er mag Naturmaterialien. Ist der **Sachtyp** teuer und elegant angezogen, dann wird es – trotz des aufwendigen Outfits – immer etwas an ihm geben, das nicht stimmt: Vielleicht sind seine Schuhe nur oberflächlich oder gar nicht geputzt oder zu sportlich, die Absätze sind vielleicht schief, oder die Socken und die Krawatte passen nicht zum ganzen Erscheinungsbild. – Kommt der **Sachtyp**-Ehemann von einer Einladung nach Hause, dann sind sicher Flecken auf seiner Jacke vom Gerangel am kalten Büffet. Die hat er versucht, mit viel Wasser auf der Toilette zu entfernen. Nicht, daß sie ihn stören würden, er möchte nur die kritischen Bemerkungen seiner Frau im Vorfeld verhindern.

Der **Sachtyp 1** – in der gutmütigen, aber sturen Variante – kommt zu einer Einladung als letzter und geht auch als letzter. Will er sich verabschieden, so steht er in seiner »Zeitlosigkeit« noch eine Stunde mit dem Gastgeber auf dem Flur und quasselt auf ihn ein. Bei einer anderen Gelegenheit wird er sich nicht verabschieden, weil er es vergißt oder es wichtig und eilig hat; oder – wie bei **Typ 2** – weil er sich so unbeholfen und/oder verlegen fühlt.

Der **Handlungstyp** wird sich förmlicher verhalten und überpünktlich oder zumindest pünktlich da sein. Der weibliche **Beziehungstyp 2** wird sicher – wegen des großen Auftritts – wirkungsvoll später kommen, der **Beziehungstyp 1** in der gleichen Absicht etwas früher gehen oder, wenn er seinen »Beziehungsfaden« nirgends knüpfen kann, plötzlich und lautlos, aber ziemlich sauer verschwunden sein.

Der männliche **Sachtyp 1** kann viel Alkohol trinken – und dann auch, wenn er sich provoziert fühlt, dementsprechend ausrasten. Ein winziger Anlaß, und seine ganze angestaute Wut entleert sich. Ist er gut »drauf«, merkt man aber nicht, daß er ganz schön »getankt« hat – außer, daß er näher und geselliger wirkt und vielleicht ein bißchen zuviel (von sich) redet. Er hat einen anspruchsvollen Gaumen, liebt gut gewürzte, pikante oder außergewöhnliche Speisen.

Männliche und weibliche **Sachtypen** können beim Kochen einfallsreich und experimentierfreudig sein, und beide stellen das Essen in unkonventionellen Kombinationen zusammen. Daß es auf ihrem Teller immer etwas chaotisch ausschaut – wen stört es? Ein weiblicher **Sachtyp** bemerkte nach einem Essen in einem Restaurant, während sie die Speisereste auf ihrem Teller ansah: »Es sieht aus wie in einem Schweinetrog!« Dann blickte sie fragend in die Runde. Auf ein trockenes »Ja« eines anderen **Sachtyps** hin brach sie in fröhliches Gelächter aus.

A propos: Besonders die **Sachtyp**-Frau hat anderes im Kopf als modischen Firlefanz. Sie ist selten passend angezogen, entweder zu elegant oder – was viel häufiger vorkommt – zu leger, meist aber ist sie recht bequem gekleidet. Hier spiegelt sich auch ihre **sachtypische** Abneigung gegen körperliches Eingeengtsein wider. Sie mag nichts, was zwickt, drückt oder einzwängt, und kauft sich alle Kleidungsstücke gleich eine Nummer größer. Modetrends sind ihr relativ unwichtig. Sie schminkt sich, wenn überhaupt, eher dezent und ist auch nicht so zuckrig wie der weibliche **Beziehungstyp 2**, sondern im Umgang frisch und locker, selten schwül oder penetrant.

Aus ihren wachen Augen spricht ihre Intelligenz und innere Schönheit. Sie ist anspruchsvoll und kann sehr schnell das Interesse an ihrem Gegenüber verlieren. Wenn sie uninteressiert oder auch müde ist, wird sie eine fast arktische Gleichgültigkeit ausstrahlen. Doch ihr verletzliches Lächeln verwandelt ihr ruhiges Gesicht, und auch eine unscheinbare Frau wird plötzlich bezaubernd.

In Beziehungen ist der **Sachtyp** recht widersprüchlich: Einerseits bringt er es fertig, Menschen – genauso wie seine Gedanken – mühelos hin- und herzuschieben; andererseits geht er oft symbiotische Liaisons ein, hängt sich wie eine Klette an den Partner und liefert sich ihm – sich selbst vergessend – mit Haut und Haaren aus. Weil es ihm als Kind nicht erlaubt wurde, »er selbst« zu sein, sich klar und deutlich abzugrenzen und eine autonome Persönlichkeit zu werden, tendiert der **Sachtyp** in intimen Beziehungen immer wieder zu diesem Verhalten. Er möchte den Partner ganz für sich haben und reagiert auf dessen Versuche, Eigenständigkeit zu erlangen, hilflos und gekränkt, was unvermeidlich zu Konflikten führt. – Auch wenn ihn seine eigene Reaktion dann belastet, er schafft es doch recht gut, Privatleben und Beruf (eben gedanklich) auseinanderzuhalten.

Der **Sachtyp**, der schon in Freundschaften und (familiären) Beziehungen so leicht verletzbar ist, kann unter einer romantischen Liebe mehr leiden als die anderen Persönlichkeitstypen. Auch hier scheint er den Schmerz auf sich zu ziehen, wenn er sein Herz dem oder der Falschen schenkt oder hartnäckig an einer unerwiderten Liebe festhält. Vielleicht steckt hinter seiner unglücklichen Wahl auch der unbewußte Wunsch, sich nicht binden zu müssen. Das Scheitern einer Beziehung wirft ihn auf sich selbst zurück, kann ihm aber auch klarmachen, daß er unabhängiger und stärker ist, als er es je von sich gedacht hat. Und es gibt ihm den entscheidenden Anstoß, endlich die Dinge zu tun, die er in der Beziehung aufgeschoben oder vernachlässigt hat.

Während der **Beziehungstyp** in seiner Leichtigkeit viele zärtliche Beziehungen genießt, der **Handlungstyp** auch im verliebten Zustand noch »er selbst« ist und sich nicht so sehr verliert, sondern gelassen distanziert reagiert, ist »die Liebe« für den **Sachtyp** immer ein quälendes, komplexes Empfinden und Fühlen – und sehr oft auch mit ein Grund für seine tiefe und verborgene Melancholie. Er hat schon so große Probleme überhaupt damit, seine Liebe zu offenbaren. Wenn er nämlich seine Gefühle ausdrücken soll, bringt er meistens keinen Ton heraus. Oder er macht seinem Flirt, der nicht so ganz seiner Vorstellung von der Traumpartnerin entspricht, eine Liebeserklärung und gesteht ihr, daß sie eigentlich »nicht so ganz sein Typ« sei. Er versteht das freilich als Kompliment und will damit ausdrücken, daß seine Zuneigung zu ihr so groß ist, daß er über kleine Unstimmigkeiten hinwegsehen kann.

Sonst redet und spricht der **Sachtyp** mit einer bewundernswerten Leichtigkeit. Doch wenn es um seine eigenen Gefühle

und Bedürfnisse geht, lähmt ihn eine Mischung aus Zurückhaltung und Befangenheit. Und dieses Unvermögen deprimiert ihn wiederum oder macht ihn wütend. Wenn er sich
nach einer liebevollen Umarmung sehnt, wird er vielleicht
zum anderen sagen: »Du, ich gehe ein bißchen an die frische
Luft.« Und er ist dann tief enttäuscht, wenn ihm der andere
selbstverständlich zustimmt. Wie soll der auch erahnen, was
ihn bewegt. Und er denkt dann enttäuscht: »Mich versteht ja
doch niemand.«

Dem **Sachtyp** (im Gegensatz zum **Beziehungstyp**) hilft es
wenig, wenn man mit ihm über seine Probleme spricht. Das
bewirkt lediglich, daß sie für ihn noch deutlicher und be-
schwerlicher werden. Seine Zurückhaltung und seine Distanz
sind daher auch gesunde Abwehrmechanismen. Gibt er sie
auf und breitet seine Probleme aus, geht es ihm hinterher oft
noch schlechter als zuvor. Den **Sachtyp** baut es auf, wenn
man mit ihm über seine Ziele, Talente und seine verborgenen
Qualitäten spricht und sie entsprechend positiv herausstellt.

Wenn sich der **Sachtyp** wehrt, dann wehrt sich der **Typ 1**
vorbeugend und schafft damit erst richtig Ärger. Der **Typ 2**
aber wehrt sich dann, wenn niemand mehr damit rechnet. Er
hat gesammelt und geschluckt, wieder gesammelt und wieder
geschluckt. Und dann genügt ihm ein (für Außenstehende)
nichtiger Anlaß, und er macht den anderen belehrend, kühl
und unnachsichtig mit seiner treffsicheren Kritik nieder.

Der **Sachtyp** weint nicht leicht. Er hat sich im Griff, reißt
sich zusammen, will und kann sich nicht gehenlassen (eher
zeigt er sich trotzig). Wenn er weint, dann allein in seinem
Zimmer, aber kaum jemals vor anderen. Seinen Kummer und
seine Verzweiflung versteckt er auch vor sich selbst. Er meint
tatsächlich, »es« mache ihm nichts aus, was immer »es« auch
ist. Er wird eher dann noch flapsige Sprüche von sich geben,
wenn andere schon zusammenbrechen. – Ein Onkel von mir

(K. F.) entgegnete dem behandelnden Arzt, nachdem der ihm die Diagnose »Krebs« gestellt hatte: »Schauen Sie mich doch nicht so belämmert an! Haben jetzt Sie Krebs – oder ich?«

Überfordern Sie den **Sachtyp** bloß nicht mit Gefühlen. Das wird ihn verwirren. Wenn Sie versuchen, ihn zu trösten, dann bitte sehr behutsam. Es ist so gut wie sicher, daß sich sein Kummer oder seine Sorgen durch Zuspruch noch verschlimmern. Und seien Sie auch nicht erstaunt: Er wird sich nämlich zurückziehen, weil er tief in sich weiß, daß nur er allein sich helfen kann.

Erwarten Sie umgekehrt auch keinen Trost von ihm, denn Ihr Leid wird ihn linkisch und unbeholfen machen. Wenn er schließlich doch etwas Tröstliches sagt, dann vermutlich mit den falschen Worten. Legen Sie diese aber nicht auf die Goldwaage, sehen Sie seine gute Absicht, bedenken Sie auch, daß es ihm vielleicht schlechter geht als Ihnen. Und ganz sicher werden Sie über Ihre Probleme längst hinweg sein, während er über seine Malaise weiter grübeln wird.

Der **Sachtyp** erwartet mit einer (für andere schwer nachvollziehbaren) Selbstverständlichkeit, daß man ihm sehr wohlwollend begegnet und freundlich entgegenkommt. Wird diese Erwartung enttäuscht, dann reagiert er gekränkt und verletzt – auch wenn er es nach außen hin nicht (gleich) zeigt. Dafür sieht der **Sachtyp** im Gegenzug auch mehr das Positive in seinen Mitmenschen (besonders der **Sachtyp 2**) und schätzt gerade die Qualitäten an ihnen, die ihm selbst fehlen – am **Beziehungstyp** das Lebendige, am **Handlungstyp** die Power. Er bringt ihnen großes Interesse entgegen, doch er neigt auch dazu, Gefahren im Umgang mit anderen völlig zu ignorieren oder bewußt herunterzuspielen.

Lassen Sie sich nicht täuschen: Der **Sachtyp** registriert Feinheiten und ist seinen Mitmenschen gegenüber äußerst anspruchsvoll. Er stellt hohe Erwartungen (ähnlich wie der **Be-**

ziehungstyp), aber er wird nach Enttäuschungen sein Miß-
fallen nicht äußern, sondern es – je nach Grad der Persönlichkeitsentwicklung – ganz oder für längere Zeit unterdrük-
ken.

Typisch für den **Sachtyp 1**: Alles, was ihm gehört, ist in
seinen Augen bewundernswert. So wird er auch seine Kinder
überaus nachsichtig und positiv beurteilen und manche ihrer
Schwächen und charakterlichen Fehler geflissentlich unter
den Teppich kehren. Zum Beispiel wird er seinen Sprößling,
der nach fünfzehn Semestern an der Universität immer noch
keinen Abschluß hat, als jemand bezeichnen, der sich vielsei-
tig und gründlich ausbildet. Natürlich ist jeder stolz auf seine
Kinder, aber diese Eigenart des **Sachtyps 1** ist schon bemerkenswert.

Der **Sachtyp 2** neigt eher zum anderen Extrem. Wenn er
über seine Kinder spricht, dann klingt das wie ein trockenes,
wissenschaftliches Statement: unbestechlich, objektiv und
äußerst vernünftig.

Der **Sachtyp** will einfach »nur« – so, wie er ist, also zu seinen Konditionen wohlgemerkt – anerkannt werden! Und er ist
auch wirklich ein liebenswerter, klarer und integerer Mensch,
ein treuer und aufmerksamer Freund, der stets bereit ist, lange, ernsthafte Gespräche zu führen. Komplimente, die seinen
Persönlichkeitsbereich Erkennen betreffen, kommen bei ihm
immer an, also Komplimente über seine schnelle Auffassungsgabe, sein ästhetisches Empfinden, seine geistige Unbestech-
lichkeit, sein flexibles Denken, seinen Witz und trockenen
Humor. Und man kann herrlich mit ihm lästern.

Dem **Sachtyp** tut es nicht gut, wenn er in eine passive Rolle gedrängt wird, obwohl er andere meist dazu einlädt. Doch
er braucht gelegentlich ein wohlwollendes und aufmunterndes
Schulterklopfen nach dem Motto: »Ich weiß, du schaffst das
schon, wenn du erst mal richtig loslegst!« – Das alles hängt

mit seiner Schwäche im Entwicklungsbereich Handeln – in den aktiven Fähigkeiten allgemein – zusammen. Wie eine immer höher werdende Bugwelle schiebt der **Sachtyp** Dinge, die dringend erledigt werden müßten, vor sich her. Dann fühlt er sich immer mehr belastet und immer weniger motiviert – bis er sich endlich entschließt, die Sachen anzupacken. Zu seinem Erstaunen macht es ihm dann sogar oft Spaß.

Er kann sich einfach nicht recht durchsetzen, sich selbst wenig schützen, kaum zu den eigenen Bedürfnissen, Erkenntnissen und Handlungen stehen und sich schwer gegen (unzumutbare) Ansprüche oder Kritik wehren. Und deshalb wählt er oft Partnerinnen oder Partner, die Ellbogen haben oder Haare auf den Zähnen. Zu spät merkt er, was er sich damit eingebrockt hat. Wenn er sich schließlich wehrt, dann meist aufbrausend, cholerisch und völlig überzogen, mit dem Ergebnis, daß er sich dadurch noch mehr ins Unrecht setzt. Folglich hat er eine Zeitlang ein schlechtes Gewissen und spielt den Verständnisvollen (»Liebling, wenn ich wütend bin, dann brauchst du doch nichts darauf geben!«) und Gutmütigen – jedoch nur bis zur nächsten Explosion.

Dagegen sind seine Energien, die im Entwicklungsbereich Handeln liegen, ziemlich unterentwickelt. Sprechen Sie sie vorsichtig an, da er sich in ihnen oft noch nicht sicher fühlt. Gemeint sind seine Aktivität, seine Energie, sein Durchsetzungsvermögen, seine planerische Weitsicht etc. Sie werden vielleicht keine Reaktion in seinem Gesicht sehen, und er wird sachlich und unbeirrt im Gespräch fortfahren, doch seien Sie versichert: Die sanften Anstöße kommen bei ihm an!

Der **Sachtyp** hat ein feines Gespür für Ungerechtigkeit und Benachteiligung. Er reagiert empfindlich auf Kritik, auch wenn sie berechtigt ist, und kann dann gegenüber denen, die ihn verletzt haben, sehr nachtragend oder auch rachsüchtig sein. Sein Stolz ist höchst verletzbar. Einen Irrtum zuzugeben bedeutet für ihn eine Erniedrigung, und sich zu entschuldigen fällt ihm ungeheuer schwer und meistens auch gar nicht ein.

Der **Sachtyp** kann sehr eitel hinsichtlich seiner Arbeit und seines fachlichen Könnens sein. Wird er darin kritisiert, trifft ihn das ungeheuer und lähmt auf Wochen seine Energie. Will man den **Sachtyp** überhaupt korrigieren, dann mit viel Lob, vorsichtigen Verbesserungsvorschlägen – und nochmals: bloß keine Kritik!

Einige der tiefsten und vielseitigsten Denker der Weltgeschichte sind **Sachtypen**. Sie sind an geistiger Vitalität, Ausdauer und Produktivität nicht zu übertreffen. Um so mehr, da sie häufig eine Art Sendungsbewußtsein besitzen und schon von klein auf spüren, daß sie zu Großem berufen sind. Selten sind sie laute, fanatische Verkünder von »frohen Botschaften« – das wird mehr der abgehobene **Beziehungstyp** sein. Es ist eine stille, aber um so stärkere Kraft, die den **Sachtyp** vorantreibt.

Der **Sachtyp** arbeitet gern selbständig und eigenverantwortlich und – mit zunehmender Persönlichkeitsentwicklung – auch mit Power, zielorientiert und erfolgreich. Er kann Stunden, ja Tage allein in seinem Zimmer verbringen, dort Musik hörend arbeiten, studieren, lesen und dabei die Welt vollkommen vergessen. Man muß ihn richtig wieder »ins Leben« zurückholen.

In der Teamarbeit ist der **Sachtyp** mehr als die anderen Persönlichkeitstypen von der Wertschätzung seiner Kollegen abhängig. Wenn sie ihn anerkennen und wichtig nehmen, macht ihm seine Arbeit großen Spaß. Der entwickelte **Sachtyp** wird als Vorgesetzter seine Mitarbeiter durch verantwortungsvolle Aufgaben motivieren, ihnen nicht im Weg stehen, sondern sie auf vielen Gebieten fördern und menschlich anerkennen. – Der unentwickelte **Sachtyp** hat die Tendenz zu einem laschen Führungsstil, verläßt sich blind auf seine Mitarbeiter und/oder steht nicht genug für sie ein. Er neigt dazu, seine Position (eher harmlos) zu mißbrauchen, um sein Selbstwertgefühl aufzubauen – etwa indem er an seine Mitarbeiter hinschwätzt.

Der **Sachtyp** liebt Schönheit, Sprache, Witz und trockenen Humor, er ist empfänglich für jede Art von Kunst, hört gern klassische Musik oder Jazz und liebt anspruchsvolle Literatur. Alles freilich in einer Umgebung, die für manchen Geschmack zu wünschen übrigläßt. Wenn niemand da ist, der Ordnung schafft oder mal aufräumt, bleibt seine Wohnung eben so, wie sie ist. Jedenfalls wird er sich konstant weigern, Zeit zu investieren, nur um sie aufzuräumen oder gar zu verschönern. Er empfindet Unordnung und Durcheinander oder auch die Kargheit seiner Behausung keineswegs störend, im Gegenteil, sie inspiriert ihn. (Nur ein **Sachtyp** kann jahrelang in einer fast möbellosen Wohnung hausen: Seine Frau hat ihn verlassen und fast alles mitgenommen. Er will sich schon seit Jahren eine Couchgarnitur anschaffen. Ausgemessen hat er bereits.)

Der **Sachtyp** ist kreativ und schöpferisch, hat aber einen fast masochistischen Zug zum Grüblerischen, das sich dann – vor lauter Hin und Her, Für-und-Wider-Abwägen – selbst verunklart und vernebelt. Ist er in diesem Stadium, so ist das ein warnendes Zeichen dafür, daß er seine analytischen Fähigkeiten mit Aufgaben überfrachtet, die durch sein Handlungs-Ich oder Beziehungs-Ich gelöst werden müßten. Wird er in diesem Zustand auch noch mit Streß und Konflikten eingedeckt, fühlt er sich völlig überfordert. Dann reagiert er meist hilflos, patzig, aggressiv, oder er beklagt sich.

Dem so hintersinnenden **Sachtyp** passiert es dann, daß er sich wiederholt, in diffusen Ausführungen verliert, ungenau ausdrückt oder langatmige Monologe hält, abschweift, zu großzügig oder zu nachlässig ist, irgend etwas übersieht oder auch vergißt. Gerade in stressigen Situationen, zum Beispiel unter autoritärem Druck oder mißgünstiger Kontrolle durch einen Vorgesetzten, können sich diese typischen Aussetzer bei ihm häufen, und noch dazu, wenn zu Störungen im Wahrnehmen, Denken und Wollen sich außerdem die Mißachtung eines Bedürfnisses nach Wichtigsein und Zuwendung hinzugesellt. Dann macht er sich – entgegen seiner bewußten Absicht – zu allem Übel auch noch zum »Opfer«, und potentielle Gegner haben leichtes Spiel mit ihm.

Dabei finden sich gerade unter den **Sachtypen** – wie gesagt – viele überdurchschnittlich kreative Menschen, die selbstverantwortlich und eigenständig arbeiten. Doch die meisten stellen ihr Licht – eben aus jener typischen Ich-Schwäche – weit unter den Scheffel. Werden aber ihre Begabungen erkannt und anerkannt, sind sie zu herausragenden Leistungen fähig.

Es fällt auf, daß **Sachtypen** häufig Spätentwickler sind. Wenn sie ihre Schlüsselenergien nach der längeren »Aufwärmphase« nutzen und ins kraftvolle Wollen gehen, können sie ihre Leistungen und Qualitäten bis ins hohe Alter auf beeindruckende Weise steigern. Wenn es um »die Sache« selbst geht, ist der **Sachtyp** nämlich in seinem Element und unschlagbar. Er kann den Dingen wirklich auf den Grund gehen, läßt sich dabei durch nichts beirren, weder von Emotionen, Konventionen noch von Untertanengeist, sieht die Realität unvoreingenommen und objektiv, eben sachlich – so, wie sie ist. Viele Tüftler, Ingenieure, Erfinder, Schriftsteller, Filmemacher, Architekten, Redakteure, Ärzte, Wissenschaftler sind **Sachtypen**, der berühmteste ist wohl Albert Einstein.

Dem **Sachtyp** fällt es schwer, seine Bedürfnisse und Wünsche klar auszusprechen. Das hängt mit seiner objektiven Haltung zusammen, die zwar dem Denken, nicht jedoch dem

Fühlen oder Handeln entspricht. Sie läßt den **Sachtyp** so schwer Farbe bekennen und Verantwortung übernehmen. Statt aus gesundem Egoismus heraus selbst zu fordern, läßt er sich überfordern, statt selbst zu wollen, paßt er sich an. Das führt dann zu einer brisanten Gegensätzlichkeit zwischen äußerer Ruhe und innerer Unruhe, äußerer Gelassenheit und innerem Verletztsein, äußerlicher Kompromißbereitschaft und innerlicher Rebellion. Über diesen Zwiespalt täuscht sich der **Sachtyp** eine Zeitlang selbst hinweg, indem er ihn einfach nicht wahrnimmt, nicht registriert – bis »das Faß überläuft« und er entweder plötzlich und scheinbar grundlos explodiert oder ihn vernichtende Gefühle der Enttäuschung und Niedergeschlagenheit überfallen.

Auch beim **Sachtyp** begegnen uns unterschiedliche Ausprägungen: Neben dem verständnisvoll-fürsorglichen findet man den gutmütig-aktiven, den gemütlich-pragmatischen, den ausgelassen-lebhaften, den konzentriert-konstruktiven **Sachtyp**. – Als negative Variante sind der cholerische, rebellische, der schüchterne und der schattenhafte **Sachtyp** zu nennen.

Den aktiven (und auch den wichtigtuerischen) **Sachtyp** könnte man leicht mit einem **Handlungstyp** verwechseln. Doch er unterscheidet sich vom **Handlungstyp** dadurch, daß er viel beweglicher im Denken ist, sich unkonventioneller verhält und daß seine Energie weniger geformt, diszipliniert und an Regeln gebunden ist. Freilich gibt es auch **Sachtypen** mit konservativen Tendenzen, die sich betont ordentlich und zurückhaltend kleiden, Traditionen schätzen, Altes lieben und sich damit oder darin wohlfühlen, zum Beispiel in alten Städten, Häusern, Möbeln, mit alten Büchern, Uhren, Autos etc. Doch das ist etwas, das sie bewußt und im einzelnen kultivieren, und es ist meist nicht ihr durchgängiger Lebensstil, sondern sie schaffen sich Inseln einer heilen, einer guten, alten festgefügten Welt. – Beim **Hand-**

lungstyp ist das ganz anders. Er kommt aus dieser Welt und hat oft umgekehrt gerade das Bedürfnis, sich von ihr frei-zumachen, den Konventionen und Einschränkungen zu ent-fliehen.

Der depressive **Sachtyp** richtet seine Aggression gegen sich selbst und entwertet das Leben, wie der Fuchs, dem die Trauben zu hoch hängen. Die Welt wird für ihn so reizlos und grau, daß er lehrbuchmäßig die Symptome der klassischen Depression zeigt. Eine lange Serie von permanenten emotio-nalen Verletzungen, die zwar oberflächlich überwunden scheinen, doch innerlich nie aufgearbeitet wurden, führen dann eventuell auch zum Zusammenbruch.

Der ausgelassen-lebhafte **Sachtyp** wird häufig mit dem **Beziehungstyp 2** verwechselt, doch er ist in seinem Verhalten viel weniger kontrolliert. Der weibliche **Sachtyp** achtet ver-gleichsweise weniger auf sein Äußeres, auf seine Wirkung und ob er eine gute Figur macht, und er hat auch eine lässige-re (bis laszive) Körperhaltung.

Auch das ist typisch: Eine Teilnehmerin aus einem Semi-nar war schon von weitem an ihrem unbekümmerten und lauten Lachen zu erkennen; eine Dozentin führte während ihres Vortrags immer wieder Selbstgespräche: »Wo bin ich stehengeblieben? – Wo habe ich das jetzt?« Das kann nur der **Sachtyp** fertigbringen! Während der **Beziehungstyp** ständig einen unsichtbaren Spiegel mit sich herumträgt, in dem er permanent den Effekt seines Verhaltens überprüft, ist der **Sachtyp** dagegen gedankenverloren und reflektiert weit weni-ger seine Wirkung auf die anderen – sie ist ihm eigentlich auch ziemlich gleichgültig.

Der cholerische **Sachtyp** (häufig **Typ 2**) schluckt seine Enttäuschungen hinunter, macht geraume Zeit perfekt gute Miene zum bösen Spiel, bis ihm schließlich der Kragen platzt und er blindwütig um sich schlägt.

Der rebellische **Sachtyp 1** macht alle möglichen Autoritätspersonen dafür verantwortlich, daß er selbst zu kurz kommt, so als hätten die anderen ihm um Ruhm, Erfolg und Lebensfreude betrogen. Er streitet auch gerne und findet in diesen Auseinandersetzungen ein Ventil, um gründlich Dampf abzulassen. Es geht ihm nicht um die Sache selbst, sondern um das Wortgefecht, das er auch gerne provoziert, indem er zuerst den Partner »anschießt«. Er übersteht die Auseinandersetzung glänzend, weil er innerlich auf der intellektuellen Ebene bleibt und sich emotional keineswegs richtig einläßt, auch wenn er sich momentan sehr aufregt.

Die Passion des **Sachtyps 1** zum Streiten – als sein spezifisches mentales Training, als Austausch von Ideen oder einfach zum Dampfablassen – hinterläßt bei ihm keine seelischen Blessuren – im Gegensatz zum **Sachtyp 2**, der als Opfer sehr verletzt reagiert. Auch der **Beziehungstyp** (als Kontrahent) ist emotional engagiert und kann auf diese Art der »Anerkennung« (wie sie der **Sachtyp** tatsächlich daraus zieht) verzichten. Er wird den Disput – dem er nicht ausweicht – je nach Schärfe mehr oder weniger »persönlich« nehmen und auf Verletzungen beleidigt, aggressiv oder betroffen reagieren und sich zurückziehen. Für den **Handlungstyp** ist der Ausgang eine Frage von Zugewinn oder Verlust an Prestige.

Ein Beispiel aus einem Seminar: Ein Teilnehmer – wie sich später herausstellt, **Sachtyp 1** – hört sich in der ersten Stunde die Ausführungen des Referenten schweigend an und sitzt da, als sei er überhaupt nicht geistig anwesend. Dann jedoch meldet er sich zu Wort, greift den Vortragenden an, setzt ihm mit schnellen Fragen zu und »mischt« die anschließende Diskussionsrunde mit spitzen Bemerkungen auf. Das gemeinsam eingenommene Mittagessen schmeckt ihm hervorragend. Er strahlt sichtlich Zufriedenheit aus und plauscht jovial mit den anderen Teilnehmern. Am frühen Nachmittag nickt er mitten in der Gesprächsrunde ein. Man merkt es kaum, er hält den Stift zwischen den Fingern – doch er schläft. Plötzlich meldet er sich zu Wort, hat wieder kritische Einwände, droht vorzeitig wegzugehen, bleibt dann doch bis zum Ende des Vortrags und noch ein Stück hinaus, verabschiedet sich schließlich wortreich und hinterläßt ein Gefühl der Befremdung. Später versichert er telefonisch, daß er von der Veranstaltung sehr positiv beeindruckt war.

In der Zusammenfassung ergibt sich für den **Sachtyp** folgendes Profil:
Gesicht:
ernst, indifferent, weiche Gesichtszüge, lächelt verschmitzt, kindlich bis lieb
Haltung:
locker, entspannt, hängende Schultern, steht unruhig
Gang:
schlendernd, nachlässig, langsam
Gesten:
lasch, unkontrolliert, veranschaulichend
Kleidung:
bequem, praktisch bis qualitätsbewußt, selten modisch gestylt
Sprache:
undeutlich, weitschweifig, sachlich, anschaulich
Stimme:
tief, leise, monoton
Verhalten in Konflikten:
konfliktscheu, verharmlosend, manchmal cholerisch
Verhalten in Beziehungen:
ausgleichend, harmonisch, manchmal rebellisch und egoistisch

Gesamteindruck:

Typ 1: körperlich kompakter, gemütlich, wichtig, rebellisch, praktisch

Typ 2: ruhig, weich, zerstreut, vernünftig

Seine sicheren Grundfähigkeiten liegen im Bereich Erkennen.

Seine verborgenen Qualitäten liegen im Bereich Handeln (= Willensstärke, Tatkraft, Verantwortung, Engagement, Zusammenarbeit). Als besonders wertvoll erlebt der **Sachtyp** Wollen, Entscheiden, Handeln und Erfolg.

Antreiber:

»Streng dich an!« (**Typ 1**)

»Sei vorsichtig!« (**Typ 2**)

Spiele:

Zuwendungs-Spiele (**Typ 1**)

Opfer-Spiele (**Typ 2**)

Selbstbestimmung:

Autonomie statt Rebellion und Depression im Zielbereich Beziehung

Selbstbewußtsein:

(berücksichtigt nicht die Persönlichkeitsentwicklung, dann größere Bandbreite, weniger extrem)

1	2	3	4	5	6
extrem stark	stark	ordent- lich	ausrei- chend	gering	extrem gering

1   2   3 ═══ 4 ═══ 5 ═══ 6

weiblicher Typ 2

1   2 ═══ 3 ═══ 4 ═══ 5   6

männlicher Typ 2

1   2 ═══ 3 ═══ 4 ═══ 5   6

weiblicher Typ 1

1 ═══ 2 ═══ 3 ═══ 4   5   6

männlicher Typ 1

4. Der Handlungstyp – der Mensch mit Energie und Herz

Prominente dieses Typs:
SOPHOKLES, BEETHOVEN und KLEIST, ROMAN HER-
ZOG, ULRICH WICKERT, HANNELORE KOHL, USCHI
GLAS, RITA SÜSSMUTH, THEO WAIGEL, HEIDI KA-
BEL, CAROLIN REIBER, FRANZ JOSEF STRAUSS

Wenn sich **Beziehungstypen** gehenlassen, dann unterhalten
sie sich; **Sachtypen** schauen sich die Gegend an oder verlieren sich im Nachdenken – **Handlungstypen** arbeiten. Ohne
Einschränkung kann man sagen: Der **Handlungstyp** ist sehr
aktiv und tüchtig, liebt Ordnung und Sauberkeit, zeigt mehr
als die anderen Persönlichkeitstypen Energie, Tatkraft, Verantwortungsbewußtsein, Fürsorglichkeit, Treue und eine
natürliche Autorität.

Meist ohne es genau zu registrieren, ist der **Handlungstyp**
hart zu sich selbst (und kann auch zu anderen hart sein). Dabei möchte er als liebenswert und menschlich gelten, doch
sein eher sprödes, kantiges und autoritäres Wesen verwehrt
den Einblick in seine gefühlsmäßige Sensibilität. Seine Art,
seine Haltung und seine Selbstsicherheit flößen Respekt ein.

Der **Typ 1** orientiert sich stärker an Personen – der **Typ 2**
mehr an Vorschriften, Normen und Regeln – und kann auch
recht autoritär sein. Da er weiß, wie wichtig sein Auftreten,
also eine solide äußere Erscheinung, ist, legt er großen Wert
auf ordentliches Outfit und gute Manieren. Doch dabei zeigt
er manchmal wenig Einfühlung und Rücksicht. – Ein weiblicher **Handlungstyp** kann bei einem Kaffeekränzchen zu
ihrem molligen Gegenüber in einem Gespräch über das Thema Abnehmen so laut sagen, daß es alle hören: »Wenn du aus

dem Klimakterium raus bist, verlierst du deine Pfunde von allein!« – Aber wenn man den **Handlungstyp** zurückpfeift, besinnt er sich sofort auf sein diplomatisches Geschick.

Der **Typ 2** verliert sich mehr in einer Art Pflichterfüllung. Im Gegenzug erwartet er dieses selbstlose Engagement freilich auch von anderen. Er ist der reizbarere, aber sinnenfrohere Typ, der auch hart arbeitet, hart im Nehmen, aber auch nicht zimperlich im Austeilen ist. Ihm fehlt der feine, kühle, diplomatische Zug des **Typ 1**. Seine Reizbarkeit, seine versteckten Aggressionen, seine Sensibilität lassen ihn ähnlich cholerisch reagieren wie den **Sachtyp 1**. Auch der kann flegelhaft, aggressiv seinen Gesprächspartner niederbrüllen, doch sein Tonfall wird weniger gehässig sein.

Verglichen mit dem **Beziehungstyp** gibt sich der **Handlungstyp 1** »lauter«, der **Typ 2** »leiser«, das heißt konservativer und bescheidener. Er hat die besondere Fähigkeit oder das diplomatische Geschick, sich beliebt zu machen und gleichzeitig auch Respekt zu verschaffen. Er ist im Vergleich zum **Sachtyp** kraftvoller, ordentlicher, aber leider auch weniger flexibel. Was nicht heißen soll, daß er sich nicht an wechselnde Schauplätze und unterschiedliche Umstände anpassen kann. Im Gegenteil, recht gut sogar. Doch er selbst bleibt in seiner Identität seltsam unverändert. Er drückt jeder Situation seinen Stempel auf, während sich die anderen Persönlichkeitstypen (mehr oder weniger) den Situationen anpassen.

Der **Handlungstyp** ist kein Machtmensch, er strebt nicht nach Überlegenheit um ihrer selbst willen (das gilt eher für den **Beziehungstyp 1**). Er nimmt seine Autorität her, um das durchzusetzen, was er für richtig hält. Freilich stehen hinter seinen Wertvorstellungen und Argumenten manchmal Allgemeinplätze und oft unbewußte Zwänge, die ihn und andere einschränken, verbietend wirken und im Extrem sogar lebensfeindlich sind.

Der **Handlungstyp** redet meist deutlich und mit kräftiger und, im Unterschied zu den anderen Typen, wenig melodischer Stimme. Sie vermittelt unmißverständlich, daß er etwas (Richtiges und Wichtiges) zu sagen hat und daß dem besser nicht zu widersprechen ist. Denn das, was er sagt, stützt sich nicht nur auf persönliche Erfahrungen, sondern auf durchweg anerkannte Werte, Normen, Vorschriften und leider auch auf solide Vorurteile.

Der **Handlungstyp** spricht mit einem sichtbar (oder unsichtbar) erhobenen Zeigefinger und kraftvollen, etwas mechanisch wirkenden, meist beidseitig synchronen Hand- oder Armbewegungen. Er sitzt oder steht ganz leicht nach vorne gebeugt und hält dabei den Oberkörper unbeweglich – allzeit »handlungsbereit«. Und oft spricht er mit einem Lächeln, das gute Laune verbreiten soll und hinter dem er seine wahren Gedanken und Gefühle verstecken kann. Oder er reißt Witze und will damit Stimmung machen. Mancher **Handlungstyp** schmückt sich mit geistreichen Sprüchen, um intellektuell zu wirken und damit emotionalen Abstand aufzubauen. Statt Nähe zuzulassen, verbreitet er Stimmung. Er legt so auf verschiedene Arten Distanz zwischen sich und die anderen (und ihre Probleme) und baut klug vor, so daß sie ihn nicht direkt betreffen können.

Der weibliche **Handlungstyp** ist (im Gegensatz zum weiblichen **Beziehungstyp**) von der Natur weniger mit Schönheit verwöhnt. Die **Handlungstyp**-Frau hat etwas herbere Gesichtszüge und manchmal einen kräftigeren Körperbau. Doch das scheint sie wenig zu bekümmern. Sie ist humorvoll, hat einen zurückhaltenden Charme und kann sehr warmherzig sein. Sie gibt sich keinesfalls so überschwenglich oder auch so überkontrolliert wie die **Beziehungstyp**-Frau. Ihre Stimme ist auch nicht so melodisch, eher gepreßt, und das ist im Zweifelsfall ein entscheidender Hinweis zur Typ-Identifikation.

Der unentwickelte **Handlungstyp** braucht einen entsprechenden institutionellen Rahmen im Beruf, in der Partnerschaft, selbst in der Freizeit. Anders als der **Beziehungstyp**, der Institutionen oft als seelenlos erlebt oder sie zu seinen Zwecken (miß)braucht, und anders als der **Sachtyp**, der die damit verbundene Abhängigkeit als bedrückend empfindet und sich am liebsten selbständig machen würde, fühlt sich der **Handlungstyp** in ihnen recht wohl. Sie geben ihm vor allem die Sicherheit, »das Richtige« zu tun. Die Forderungen, die Institutionen in puncto Loyalität, Einsatz und Ausdauer an ihn stellen, sind ja Eigenschaften, die ihm sehr liegen.

Der **Handlungstyp** ist durch und durch Realist. Er will gleichzeitig gemocht und als Autorität respektiert werden. Diese Gegensätze bringt er besser unter einen Hut als der **Beziehungstyp**. Der **Handlungstyp** hat in der Tat alle Voraussetzungen, um ein vertrauensvoller Geschäftsmann, guter Politiker oder Diplomat zu werden. Man findet ihn daher häufig in Führungspositionen, an der Spitze von politischen und sozialen Institutionen, Behörden, Gerichten, Schulen und Universitäten. Er weckt Vertrauen und erfährt Anerkennung, und er besitzt die notwendigen Qualitäten für diese angesehenen Stellungen. Freilich ist er oft mehr Verwalter als Initiator.

Der **Handlungstyp** verwechselt leicht »Identifikation« mit »Identität«, das heißt, er identifiziert sich weitgehend mit vorgegebenen Rollen wie: »Ich bin Beamter«, »Ich bin ein richtiger Mann« oder »Ich bin eine gute Hausfrau und Mutter« etc. Dieses Aufgehen in einer Rolle führt leicht zur Ausbildung einer Pseudo-Identität, die sein wirkliches Ich als Persönlichkeit – gewollt oder ungewollt – verwischt. Er verliert so die Sensibilität für sich, ist aber auch einer Selbstbestimmung oder »Definition seiner eigenen Person« zum großen Teil enthoben.

Daß das Selbst etwas Immaterielles ist, beängstigt ihn und führt zu einer Angst vor dieser psychischen »Leere« (das heißt vor diesem Nur-ich-selbst-sein-Müssen). Und das ist spätestens dann der Fall, wenn ihn die übernommene Rolle aus irgendwelchen Gründen nicht mehr trägt und er im Begriff ist, seine soziale Identität zu verlieren. Das kann beispielsweise der Fall sein, wenn die Kinder erwachsen werden, aus dem Haus gehen und die Mutter nicht mehr gefragt ist; oder wenn jemand seine berufliche Position aufgeben muß, weil er pleite ist, arbeitslos wird oder in Rente beziehungsweise Pension geht. – Wenn sich der **Handlungstyp** ausschließlich mit seiner beruflichen Rolle identifiziert, ist er leider der typische Kandidat für den Pensionstod.

Andererseits spürt der **Handlungstyp** die Unfreiheit, die mit dieser Über-Identifikation zusammenhängt, weil sie ihm wenig kreative Handlungsmöglichkeit und menschliches Erleben läßt, denn sie beinhaltet an Rollen gebundene Vorschriften wie: »Als Beamter muß ich ...« oder »Ein rechter Mann muß ... .« – Wenn ihn sein Pflichtbewußtsein nicht daran hindert, seine unter Konventionen verborgenen Liebesenergien zu aktivieren, kann er eine echte, tragfähige und auf dem eigenen Gefühl aufbauende Persönlichkeit werden. Wenn nicht, wird er in Sinnentleerung und Rollenerfüllung enden.

Der **Handlungstyp 1** liebt rustikale Formen der Entspannung und Enthemmung. Da er gern Alkohol trinkt – oft aus dem gängig anerkannten Motto heraus: »Ein Mann muß was vertragen können!« –, kann dieses gewohnheitsmäßige Entspannungstrinken bei ihm ganz allmählich zum Alkoholismus führen. Nicht zuletzt deshalb, weil er größere Mengen durch seine körperliche Robustheit auch ganz gut zu vertragen scheint.

Der **Handlungstyp 2** ist der reizbarere, aber auch sinnenfrohere Typ, der ebenfalls hart schuftet, viel einstecken, aber auch rüde austeilen kann. Er hat nicht den taktisch energischen, autoritären Zug des **Typs 1**. Er ist mehr pflichtbewußt und regelgeleitet, hat sich aber weniger im Griff. Ihn kann an manchen Tagen »die Fliege an der Wand« stören. Er fühlt sich schnell mißverstanden, und wenn andere (egal, ob Familienmitglieder oder Arbeitskollegen) nicht seinem Wunsch gemäß parieren, bringt ihn das in Harnisch. Geht es ihm gut, ist er großzügig, ja charmant, und würde man ihn nicht genauer kennen, man hielte diesen Menschen für ein Muster an Hilfsbereitschaft und Liebenswürdigkeit. Doch urplötzlich kann er beinhart und unnachsichtig werden.

Ich (K. F.) hatte mit diesem Typ über Jahre hinaus beruflich zu tun, und es war fürchterlich, in seine Schußlinie zu geraten. Er nahm keine Rücksicht auf sich und seine Mitmenschen – außer er war von ihnen (beruflich) abhängig –, und er arbeitete buchstäblich wie ein Pferd. Um der Hektik und immensen Arbeitsbelastung in seinem Job als Kameramann für die aktuelle Berichterstattung etwas entgegenzusetzen, suchte er Entspannung im reichhaltigen Essen, Trinken, Rauchen und Kaffeegenuß. Je ausgepumpter er war, desto größer schien mir seine Gier. Auch wenn er keine Anzeichen von Abhängigkeit zeigte, war sein Arbeitstag erst rund nach dem abendlichen Kneipenbesuch mit Arbeitskollegen. Er war von unwahrscheinlicher Härte zu sich selbst, arbeitete selbst mit hohem Fieber. Doch die andere, positive Seite seiner Persönlichkeit waren seine Hilfsbereitschaft und ein nahezu rührendes Einfühlungsvermögen. Probleme von anderen konnten ihn sichtlich betroffen machen.

Der weibliche **Handlunstyp** ist die Frau »auf den zweiten Blick« oder, wie mich (D. F.) eine Kollegin dieses Typs sofort verbessert hat, »auf den dritten oder vierten«. Als Partnerinnen sind weibliche **Handlungstypen** viel gefühlvoller und leidenschaftlicher, als der etwas herbe erste Eindruck vermuten läßt. Dazu sind sie »gefühlsechter« als der **Beziehungstyp**, der seine Gefühle gerne ein wenig schönt, oder der **Sachtyp**, der sich gefühlsmäßig anpaßt.

Auch dann, wenn sie von ihren Partnern nicht gerade verwöhnt werden, sind **Handlungstyp**-Frauen oft jahrzehntelang treu. Wenden sich jedoch ihre lange vernachlässigten Gefühle schließlich einem anderen zu, so mit der Wucht eines Naturereignisses. Abgesehen davon, daß sie ganz selbstverständlich davon ausgehen, daß sie mit ihrer Meinung recht haben und sich kaum davon abbringen lassen, sind sie fair im Umgang mit anderen und äußerst einfühlsam.

Sie ertragen es nur schwer, andere leiden zu sehen, und geben deshalb gerne spontan Ratschläge und Hilfestellungen. Und völlig unerträglich ist es für sie, wenn dieses Leiden Kinder und Tiere betrifft.

Handlungstypen, besonders die Frauen, sind die großen und – wie es in der romantischen Liebe oft der Fall ist – unglücklich Liebenden. Dabei sind ihre Gefühle tief, echt und über Jahre beständig.

Beziehungstypen mögen ihre Gefühle dramatischer äußern, **Sachtypen** einen mitleiderregenden Eindruck machen, wenn Sie unglücklich verliebt sind, doch beide haben sich längst anderweitig getröstet, wenn der **Handlunstyp** noch immer still und tapfer liegt und leidet.

Dabei ist der **Handlungstyp** jemand, der Menschen eigentlich so akzeptiert, wie sie sind, ohne so überzogen kritisch (oder begeistert) eingestellt zu sein, wie es der **Beziehungstyp** ist, oder sich so leicht enttäuschen zu lassen wie der **Sachtyp**. Deshalb fühlt man sich in Gegenwart des entwickelten **Handlungstyps** überaus wohl, weil er einem das Gefühl geben kann, daß er einen so nimmt und schätzt, wie man eben ist.

Wird der **Handlungstyp** älter, wird er meist auch stattlicher – **Handlungstyp**-Männer haben markante und klar umrissene Gesichtszüge. Doch sein größeres Gewicht macht ihn nicht dicker wie den **Beziehungstyp** oder rundlich weicher wie den **Sachtyp**, sondern eher respektvoller, würdevoller und stabiler. Wenn er aber an Gewicht verliert, dann zeigt sein Gesicht tief eingegrabene Falten. Man sieht deutlich, daß er ein Leben lang ohne Rücksicht auf sich und seine Gesundheit hart gearbeitet und intensiv gelebt hat.

Wohl keiner ist so engagiert in seiner Arbeit, Firma oder in dem Unternehmen, für das er tätig ist, so einsatzfreudig für seine Arbeitsziele, Kollegen und Mitarbeiter wie der **Handlungstyp**. Er ist so fleißig und beständig wie der sprichwörtliche Schwabe und ebenso unerschütterlich konservativ in puncto Konventionen und Normen. Er gehorcht seinem überstarken Pflichtbewußtsein, übergeht dabei eigene Gefühle des Unwohlseins und nimmt wenig oder gar keine Rücksicht auf seine Schwachstellen. Er verzeiht sich und anderen keinen Schlendrian. Wichtig für ihn ist, daß er schaffen kann, daß er Entscheidungen entschlossen trifft und anpackt, auch wenn er aus seiner Ungeduld und Getriebenheit heraus manchmal übereilt entscheidet und handelt und sich nach negativen Ergebnissen hinterher Vorwürfe macht.

Auf meinen Feund Danny (K. F.) trifft das genau zu: Werktags in einer Sportwagen-»Schmiede« als Meister tätig, repariert und restauriert er in seiner Freizeit alte Autos, Motorräder und antike Möbelstücke, baut an seinem »Häusle«, sammelt Uhren, formt aus edlem Autoschrott kleine Kunstobjekte und ist an vielen Wochenenden im Jahr noch »Schrauber« bei internationalen Autorennen. Länger als eine Viertelstunde kann Danny nicht stillsitzen. (K)ein Wunder, daß er an seiner Seite einen verständnisvollen und ruhigen Sachtyp hat. Die beiden ergänzen sich großartig.

Der männliche (und oft auch der weibliche) **Handlungstyp** hat handwerkliches Geschick, und es macht ihm Freude, daß er selbst vieles reparieren oder anfertigen kann. Selbstverständlich sind Wohnung, Haus, Garten, Auto etc. in einem Top-Zustand. Der **Sachtyp** sieht das alles nicht so eng. Autopflege und Wartung zum Beispiel sind ihm weniger wichtig – entsprechend ist dann der Zustand des »guten Stücks«. Er wird auf eine große, unübersehbare Rostblase einen bunten Sticker kleben – und die Sache ist o.k. Wo sind nur wieder Verbandskasten und Warndreieck? Der **Beziehungstyp** dagegen hat nicht selten ein fast erotisches Verhältnis zu seinem Gefährt, das er mit ausgesprochener Hingabe pflegt.

Apropos Auto, Fahrstil und Typologie: Generell fährt ein Mensch vom **Persönlichkeitstyp 1** sportlich, dynamisch und manchmal riskant, doch auch bewußter und wacher. Einer vom **Typ 2** fährt defensiv, vorsichtig und angepaßt, verläßt sich aber mehr auf Gespür und Intuition. Für beide wird es im Straßenverkehr brenzlig, wenn sie schlecht drauf sind. Dann wird der **Typ 1** am Steuer nämlich hektisch und ungeduldig, überholt zum Beispiel aggressiv, denkt nicht an Aquaplaning oder fährt viel zu dicht auf. Und der **Typ 2** ist dann abwesend und gedankenverloren, trödelt herum, achtet nicht auf Vorfahrt oder rote Ampeln, biegt ab, ohne zu blinken, oder macht andere gravierende Fehler.

Wir wissen schon: Der **Beziehungstyp 1** will seine persönliche Note mit dem Auto kräftig unterstreichen und hat darum – mehr als die anderen – ein Faible für »besondere« Fahrzeuge, also meist Sportwagen oder sportlich aussehende Fahrzeuge. Sie symbolisieren sein Lebensgefühl voll geballter Kraft und werden seinem Anspruch, besser, schneller und attraktiver zu sein, absolut gerecht. Der **Beziehungstyp 2** dagegen mag »sympathische« Autos. Mit einem liebenswerten Auto kann er sicher sein, daß er noch mehr Sympathiepunkte einsammelt.

Sachtypen mögen praktische und geräumige Fahrzeuge: der **Typ 1** etwa einen schweren Jeep und – zur Freizeitgestaltung – eine massive Harley Davidson. Mit so einem monströsen Untersatz kann er die eigene Bedeutung unübersehbar unterstreichen. Der **Typ 2** kauft sich eventuell einen praktischen, aber langweiligen Kombi. **Beziehungstypen** werden verspieltere, leichtere Ausführungen dieser Autogattung kaufen, während der **Handlungstyp** in einem Geländewagen ein solides und perfektes Fahrzeug sieht.

Ist für den **Beziehungstyp** und den **Handlungstyp** das kernige Dröhnen des Motors Musik in den Ohren, wird es der **Sachtyp** eher als störend empfinden, weil er klassische Musik (oder Jazz) während der Fahrt hört. Der **Sachtyp** tut sich auch manchmal schwer mit der Orientierung, verpaßt die Autobahnausfahrt oder verfranst sich in der Botanik – weil er in Gedanken meist ständig woanders ist. Er wird sich auch aus einem diffusen Bedürfnis nach Sicherheit in die Obhut eines namhaften Automobilclubs begeben. Der **Beziehungstyp** macht es wegen des Aufklebers und der **Handlungstyp**, weil es für ihn zu einem perfekten Autofahrer einfach dazugehört.

Handlungstyp 1 und **2** bevorzugen konservativ wirkende, solide Autos, die einen qualitativ hochwertigen und wertbeständigen Eindruck machen und die auch ihre berufliche Position demonstrieren. Der **Handlungstyp 1** liebt etwas kompaktere Wagen mit mehr PS und einigen Extras. Der **Typ 2** hat es gerne etwas geräumiger. Existiert in seinem Betrieb eine »Auto-Rangordnung«, dann wird sich der **Typ 1** strikt daran halten und den Wagen fahren, den er sich gerade noch leisten kann, ohne negativ aufzufallen. Der **Handlungstyp 2** dagegen denkt bescheidener, und er wird sich den Wagen zulegen, der ihn nicht unter Wert repräsentiert.

Kauft man von einem **Handlungstyp** einen Gebrauchtwagen, so wird man selten enttäuscht sein. Alle Inspektionen sind gemacht, die Rechnungen und sonstige Belege fein säuberlich archiviert. Auch der mitgeführte Reservekanister ist ständig gefüllt. Überraschungen wird man dagegen beim **Sachtyp** erleben. Es kann passieren, daß er einem mit treuherzigem Blick einen Schrotthaufen andreht – oder sein gutes Auto weit unter Preis anbietet. Der **Beziehungstyp** ist in der Regel ein fairer Verkäufer, doch man muß aufpassen, daß er einem seine Auto-Ideologie nicht gleich mitverkauft und man plötzlich einen Wagen fährt, den man eigentlich gar nicht haben wollte.

Ist der **Handlungstyp** »aufgewacht«, hat er das unbändige Bedürfnis, sich von Zwängen, Konventionen und Einschränkungen freizumachen. Das zeigt etwa seine Tendenz, schnell die Automodelle zu wechseln und auch keine besondere Vorliebe für einen speziellen Autotyp zu haben. Entscheidet sich der **Handlungstyp** für ein unkonventionelles oder betont sportliches Auto, dann will er das Flair und Abenteuer dieser Art von Freiheit und Unbürgerlichkeit genießen. Oder er verliert das Interesse an den PS und kauft sich statt dessen lieber ein Pferd. Das kommt seiner Liebe zu Flora und Fauna weit mehr entgegen.

Auch bei seinen eher konventionellen Vergnügungen in seiner oft knappen Freizeit hält sich der **Handlungstyp** an vorgesehene Zeiten, Orte und Gebräuche. Das macht ihn berechenbar. Ähnliches gilt auch für seine politische Einstellung. Er ist meist konservativ, liebt das traditionell Bewährte und Gewohnte. Dabei übersieht er häufig, daß sich die Realität schon längst verändert hat.

Unter normalen Umständen weiß der **Handlungstyp** genau, was er will. Dann ist er entscheidungsfreudig, tüchtig und konsequent. Doch wenn er sich nicht wohlfühlt, kann diese Entschlußkraft rasch verlorengehen. Dann kann die **Handlungstyp**-Frau schon morgens vor dem Kleiderschrank stehen, fast unfähig, sich zu entscheiden, was sie anziehen soll. Die Ursachen für diese Unentschlossenheit sind die frühen Verbote aus der Zeit des zweiten und dritten Lebensjahres, wo man dem **Handlungstyp**: »Tu das nicht!«, »Spüre nicht, was du willst!« und »Fühle nicht deinen Schmerz!« eingebleut hat. Diese Weisungen und Einschränkungen haben ihn sowohl ein Braves-Kind-Verhalten als auch ein strenges Elternverhalten ausbilden lassen. Eine seiner weniger erfreulichen Möglichkeiten, mit solchen unbewußten Verboten zu leben, ist, sie an andere weiterzugeben und diese ebenso zu »behandeln«.

Das Selbstwertgefühl des **Handlungstyps** zeigt sich besonders deutlich in Konflikten. Selten wird er blindlings losstreiten und spontan reagieren. Meistens verhält er sich taktisch klug und vermeidet eine direkte Konfronation im Zorn oder auf einem Terrain, das er nicht kennt. Der (weibliche) **Handlungstyp** wird eventuell seine Lippen zusammenpressen, aufstehen und den Raum verlassen oder das Thema wechseln, nur mit der Absicht, das Heft in der Hand zu behalten.

Es kann Ihnen aber auch passieren, daß er sich weigert, zu diskutieren, zu streiten oder zu verhandeln, weil er sich offensichtlich im Recht glaubt. Seine Robustheit und Vitalität, sein Vertrauen in Glück und Erfolg geben dem **Handlungstyp** das Image der psychischen und physischen Unerschütterbarkeit. Daß er dabei mehr leidet, als er zeigt, wissen nur wenige.

Der **Handlungstyp** ist felsenfest davon überzeugt, daß die Welt viel besser wäre, wenn es mehr so aufrechte, rechtschaffene und großzügige Menschen gäbe wie ihn! Kurz: Wer seine Moral, Vorlieben und Maßstäbe nicht mit ihm teilt, dem fehlt (aus seiner Sicht) mindestens eine Kardinaltugend, der ist entweder zu wenig moralisch gefestigt oder blind für die Realität oder schlichtweg dumm, und das läßt er den anderen auch deutlich spüren.

Nur ein kleinkarierter **Handlungstyp** bringt es jedoch fertig, banale Dinge des Alltags moralisch zu etikettieren. Er kann mit dieser Wertung andere ziemlich verblüffen oder verwirren und so eine Diskussion in der ersten Runde klar nach Punkten für sich entscheiden. Ein Beispiel: Mag ein **Handlungstyp** gewisse Moderichtungen nicht, so wird er sie mit dem Anspruch, höchste moralische Instanz zu sein, als »nuttig« abqualifizieren, etwa einen zu kurzen Rock, zu auffallende Schminke, eine zu »offenherzige« Bluse.

Auch die Frage der Gesundheit kann für ihn eine hochmoralische sein, denn er wird körperliche und geistige Schwäche mit Unzulänglichkeit in der Lebensführung identifizieren, nach dem Motto: »Ich bin gesund, weil ich ordentlich und rechtschaffen lebe. Würden andere auch so leben, wären sie auch gesund!« Diese simple und selbstgerechte Ansicht kann dann, wenn er selbst einmal erkrankt, zur existentiellen Falle werden. Doch, aus welchem Grund auch immer, der vitale **Handlungstyp** bleibt tatsächlich bis ins mittlere und hohe Lebensalter gesund und sucht bis zu diesem Zeitpunkt auch keinen Arzt auf. Er erwartet von seinem Körper, daß er funktioniert, und sein starker Wille hält diese »Maschine« auch voll am Laufen.

Der **Handlungstyp** bringt es fertig, jegliche Regel zur gesunden Ernährung durch gründliche Mißachtung auf den Kopf zu stellen und erstaunlich fit und leistungsfähig zu bleiben. Erst wenn er seinen physischen und psychischen Raubbau nicht mehr weiter betreiben kann, bricht er seelisch und körperlich zusammen. Er kann – scheinbar völlig gesund und ohne Vorwarnung – an einem Herzinfarkt oder Schlaganfall sterben. Häufig hat er dann seine Kräfte aufgebraucht und die warnenden Symptome »tapfer« übergangen oder aus Mangel an Selbstbeobachtung einfach nicht wahrgenommen. Sein Schwachpunkt ist allgemein die Tendenz, sich etwas vorzumachen, dadurch Schwächen zu überspielen und sich selbst gegenüber unnachsichtig zu sein.

Für den **Handlungstyp** gibt es wohl nichts Schlimmeres, als das (gutbürgerliche) Gesicht zu verlieren. Doch seine unterdrückten Emotionen können ihn ebenso kühl und verletzend handeln lassen. Trotzdem wird er sich nicht leicht von seinem Partner oder seiner Familie trennen. Es sei denn, er begegnet nach jahrelangem Beziehungsfrust einer leidenschaftlichen Liebe. Dann kann er, konsequent, wie er nun mal ist, von heute auf morgen adieu sagen. Doch sein Wunsch, gut (oder noch besser) vor den anderen dazustehen, hat im allgemeinen Priorität. Das kann auch der Grund sein, warum er nach einer Scheidung ein faires und freundschaftliches Verhältnis mit seinem Ex-Partner aufrechterhalten will.

Ein Beispiel: Ein etwas chaotischer weiblicher **Beziehungstyp** heiratete einen soliden **Handlungstyp**. Der zog sich aber bald nach der Heirat von seiner Frau zurück und verbrachte seine Freizeit wieder mit seinen ehrenamtlichen Tätigkeiten im Golf- und Tennisclub. Sein bester Freund kümmerte sich um die enttäuschte Ehefrau, tröstete sie einfühlend – und es kam zur Scheidung. Nun heiratete sie diesen Freund, und der Ex-Ehemann wurde Trauzeuge. Er ist heute ein geschätzter und verläßlicher Freund der Familie und kümmert sich rührend um die Kinder.

Der **Handlungstyp** ist bereit, vieles unter den Teppich zu kehren, und unternimmt oft große Anstrengungen, um nicht mit seiner Familie, seinem Partner, Freunden oder Kollegen im (Dauer-)Clinch zu liegen. Obwohl er sich – wie auch der **Sachtyp** – nach einer Auseinandersetzung selten für seine Fehler entschuldigt (wenn doch, steckt meist eine Absicht dahinter), so ist er zumindest bemüht, eine ungute Situation zum Beispiel bei einem Bier oder einer Tasse Kaffee wieder einzurenken. Dann kommt seine Stärke des nüchternen Darlegens,

Beurteilens, Schlichtens, Abwägens, Fakten-Zurechtbiegen, Argumentierens und Kompromisse-Schließens voll zum Tragen. Übrigens: In der Bewältigung einer großen Krise ist er meist unübertrefflich – es sind die kleinen Veränderungen, die ihn aus der Bahn werfen können.

Probleme in einer Beziehung wird der **Handlungstyp** mehr an der Oberfläche kitten, im Gegensatz zum **Beziehungstyp**, der die Beziehung auf einer tieferen Ebene klärt und so wieder neu und solide auf die Beine stellt, und auch im Gegensatz zum **Sachtyp**, der gute Miene zum bösen Spiel macht und die Probleme gänzlich herunterspielt. Warum sollte der **Handlungstyp** auch anders handeln? Seine Domäne ist das Handeln und nicht das Fühlen, und seine Lebensklugheit rät ihm, daß Gefühle leichter zu verändern sind als Verhaltensweisen. Und im Gegensatz zum **Beziehungstyp** kennt er sehr wohl seine gefühlsmäßigen Grenzen. Er hat gelernt, wie er seine emotionale Stabilität bewahren und sich vor psychischer Überforderung schützen kann.

Sicher, der **Handlungstyp** liebt seine Familie, doch die Familienmitglieder beschleicht manchmal das ungute Gefühl, daß er seine Familie genauso lieben würde, wenn sie aus völlig anderen Menschen bestünde. Typisch ist auch, wie der **Handlungstyp** zu Außenstehenden über seine Familie spricht: Er erläutert ganz genau die jeweiligen Verwandtschaftsgrade, die (äußere) Art seiner Beziehung zu den einzelnen Familienmitgliedern und die chronologische Reihenfolge von Geburten, Sterbefällen und sonstigen Familienereignissen. – Wenn er erzählt, dann gibt er Fakten wieder oder Bewertungen und wohlmeinende Ratschläge, aber selten eigenständige Reflexionen, subjektive Eindrücke, Urteile, Empfindungen und Gefühle. Es ist ein Handeln via Sprache, mit dem er sein wirkliches Erleben übergeht.

Wenn man die Energie und Power des **Handlungstyps** anspricht (also seinen Persönlichkeitsbereich), so ist ihm das eher peinlich, weil es ihm völlig selbstverständlich erscheint. Öffentliches Lob kann ihm sogar quälend unangenehm sein. Komplimente prallen an ihm ab, nicht zuletzt deshalb, weil er in seinem Herzen restlos davon überzeugt ist, daß keiner die Dinge auch nur annähernd so gut managt wie er. Unfähigkeit in seiner Umgebung kann er ertragen, solange sich der andere um Besserung bemüht. Doch für Launen und Anspruchsdenken hat er absolut kein Verständnis.

Man sollte vorsichtig sein mit Komplimenten, die seine Emotionalität – also seine Schlüsselenergie – berühren. Besonders der überschwengliche **Beziehungstyp** braucht hier Fingerspitzengefühl, denn er berührt eine sensible, gut geschützte, aber auch sehr verwundbare Stelle, ähnlich wie beim **Sachtyp**, wo die Gefühle aber noch tiefer verbuddelt sind.

Der weibliche **Handlungstyp** wird auf Komplimente je nach dem Grad der Persönlichkeitsentwicklung abgestuft reagieren, der unentwickelte meistens entrüstet abwehrend. Denn die Komplimente werden bei ihr nach Inhalt fein säuberlich in verschiedene »Moralschachteln« einsortiert mit etwa folgenden Etiketten: »Alles Lüge!« – »Der will was von mir!« – »Der kennt mich nicht, sonst würde er anders reden!« – »Der kann mich gar nicht meinen!« Und so weiter. Machen Sie ihr also ehrliche, keineswegs überzogene Komplimente, vorrangig über den Persönlichkeitsbereich.

Anders als beim **Beziehungstyp** oder **Sachtyp** sind die verschiedenen Ausprägungen des **Handlungstyps**, also der fürsorglich-anteilnehmende, der unterstützend-kameradschaftliche, der verantwortungsbewußt-humorvolle, der kreativ-menschliche, doch leider auch der autoritäre, der bürokratische und der reaktionäre **Handlungstyp**, nur die verschiedenen Seiten einer einzigen Persönlichkeitsstruktur. Dies dürfte auch mit der typischen Bescheidenheit des **Handlungstyps** zusammenhängen: Es geht ihm nicht so sehr darum, sich persönlich zu profilieren, sondern er stellt seine Person in den Dienst einer Aufgabe.

Die wohl häufigste Variante ist der zurückhaltend-fürsorgliche **Handlungstyp** mit seiner kraftvollen Struktur, tüchtig, hilfsbereit, und trotz seiner autoritären Tendenzen ist er freundschaftlich und solidarisch gegenüber seinen Mitmenschen, seinem Partner, den Mitarbeitern und dem Unternehmen – ein überaus angenehmer Zeitgenosse. Die Voraussetzung dafür freilich ist, daß er seine Schlüsselenergien Vertrauen, Sympathie und Spontaneität ausreichend entwickelt hat. Das macht seine Grundstruktur aufgeschlossen und beweglich.

Besonders für den **Beziehungstyp** ist das unpersönliche und regelhafte Verhalten des unentwickelten **Handlungstyps** schwer zu ertragen. Besonders schwierig wird es für ihn, wenn der **Handlungstyp** seine Gedanken und Ideen mit irgendwelchen »Erfahrungswerten« einfach vom Tisch fegt. Es ist sehr wahrscheinlich, daß ihm der **Beziehungstyp** seinen Frust dann lebhaft zeigt. Doch der **Handlungstyp** wird seine Methoden kaum ändern, sondern erstaunlich unsensibel reagieren und noch sturer und pingeliger auf seinen Prinzipien herumreiten.

Der **Sachtyp** hingegen tut sich mit dem **Handlungstyp** etwas leichter, zum einen, weil er dessen Umtriebigkeit als Stärke interpretiert und darum schätzt. Der **Handlungstyp** ist ja da, wo der **Sachtyp** hin will, nämlich ins kraftvolle, entschiedene Wollen und Handeln. Zum anderen, weil ihn der **Handlungstyp** mit seiner moderaten Art emotional nicht so überfordern wird wie der **Beziehungstyp**.

Beim entwickelten **Handlungstyp** fallen drei Eigenschaften besonders auf: seine Fürsorglichkeit, seine Kameradschaftlichkeit, sein herzliches Lachen, das seine Freude am

Leben ausdrückt. Die menschliche Seite des Lebens gewinnt für ihn immer mehr an Bedeutung, und mit seiner wachsenden emotionalen Sensibilität legt er immer größeren Wert auf die menschliche Qualität einer Verbindung. Der **Sachtyp** wirkt auf den **Handlungstyp** eher beruhigend, der **Beziehungstyp** faszinierend, aber auch verunsichernd. Denn der **Handlungstyp** will ja da hin (und scheut sich gleichzeitig davor zurück), wo der **Beziehungstyp** ist, nämlich in die Gefühle.

Statt nur zu arbeiten, beginnt der **Handlungstyp** allmählich, mehr und mehr sein Leben zu genießen. Er ißt und trinkt gern und gut, hat Freude an gemeinsamen sportlichen Betätigungen und entdeckt, daß ihm sogar das Faulenzen (!) Spaß machen kann (ohne gleich wieder ein schlechtes Gewissen zu haben). Dabei liegen seine Aktivitäten in der Freizeit zunächst eher im traditionellen Rahmen: Kegeln, Feste feiern, Vereinsleben. Und man kann beobachten, daß er sich auch hier typisch verhält, also gründlich und ausdauernd dabei ist. Sein lautes Lachen hat mehr mit Humor als mit Witz zu tun. Auch hier überwiegt das Gefühlsmäßige, Herzliche gegenüber dem scharfsichtigen und intellektuellen Witz. Mancher **Handlungstyp**, der im freien Beruf seine Arbeit einteilen kann, macht spontan einen Kurzurlaub, packt ein paar Sachen zusammen, geht zelten, wandern oder fischen, läßt die Seele baumeln und kommt phantastisch erholt zurück.

In einer Zeit, in der viele nur auf ihren eigenen Vorteil und ihr Fortkommen bedacht sind, nehmen sich die Tugenden des entwickelten **Handlungstyps** besonders wertvoll aus. Sein Verantwortungsgefühl für das gemeinsame Wohl, seine fürsorgliche Haltung und sein soziales Engagement, das nicht aus einer Retterposition kommt, sondern seiner urigen Tüchtigkeit entspringt, sind im positivsten Sinne konservative und stabilisierende Faktoren einer funktionierenden Gesellschaft.

Negativ wirkt sich sein pragmatisches Beharren auf scheinbar Bewährtem aus. Er erstickt damit unkonventionelle Ideen, Begeisterungsfähigkeit und das Engagement für Neues.

In der Vergangenheit wurden die negativen Seiten des **Handlungstyps** noch kultiviert. Er war der Prototyp des guten Untertanen und treuen Beamten: gehorsam, selbstlos, gewissenhaft, hart gegen sich und andere, ein Spiegelbild der autoritären Gesellschaftsstrukturen seiner Zeit. Damals wurde in der Erziehung der Eigenwille des Kindes als böse angesehen und gebrochen. Und die Disziplinierung wurde konsequent in der Schule, in der Kirche, beim Militär und am Arbeitsplatz fortgesetzt.

Heute unterstützen die veränderten gesellschaftlichen Bedingungen eher die positiven Seiten seiner Persönlichkeit. Eine freizügige und kindgemäße Erziehung und die Bejahung von Lebensfreude und Lebenslust fördern den **Handlungstyp** in seiner positiven Entwicklung. In unserer Gesellschaft heute, die von neurotischen Ansprüchen und kurzsichtigen Egoismen bestimmt ist, sind gerade sein Verantwortungsbewußtsein, seine Bereitschaft zu gemeinsamem Handeln und seine Orientierung an ethischen Zielen wieder überaus wertvolle Eigenschaften, die es zu unterstützen und auszubauen gilt. Und ein entwickelter **Handlungstyp** wird sich tatkräftig für positive Veränderungen einsetzen.

In der Zusammenfassung ergibt sich für den **Handlungstyp** folgendes Profil:
Gesicht:
entschlossen, energisch, häufig kräftige Gesichtszüge, lacht offen
Haltung:
tatkräftig, steht fest, zurückgezogene Schultern

Gang:
marschierend, kraftvoll, vorwärtsstrebend
Gesten:
nachdrücklich, energisch, geregelt
Kleidung:
solide, konservativ, Blumen- und Pflanzenmuster
Sprache:
deutlich, anweisend, bestimmend
Stimme:
nachdrücklich, kräftig, etwas rauh
Verhalten in Konflikten:
konfliktfähig, moralisierend
Verhalten in Beziehungen:
kameradschaftlich, hilfsbereit, einschränkend
Gesamteindruck:
   Typ 1: energiegeladen, förmlich, geradlinig, moralisierend, selbstgerecht
   Typ 2: verläßlich, pflichtbewußt, karg, ehrlich, reizbar
   Seine sicheren Grundfähigkeiten liegen im Bereich Handeln.
   Seine verborgenen Qualitäten liegen im Bereich Beziehung. Als besonders wertvoll erlebt der **Handlungstyp** Fühlen, Spontaneität und Sympathie.
Antreiber:
»Sei perfekt!« (**Typ 1**) im Sinne von »Sei ordentlich!«
»Mach's perfekt!« (**Typ 2**) im Sinne von »Mach's ordentlich!«
Spiele:
Verfolger-Spiele (**Typ 1**).
Sicherheits-Spiele (**Typ 2**).
Selbstbestimmung:
erlaubendes, verständnisvolles Denken im Zielbereich Erkennen

Handlungsstrategien:

```
1 _____ 2 _____ 3 _____ 4 _____ 5 _____ 6
auto-   bestimmend  loyal   ordentlich  regel-   zwang-
ritär                                   haft     haft
```

```
1 ======= 2 ======= 3 ======= 4         5        6
   männlicher Typ 1
```

```
1    ==== 2 ======= 3 ======= 4 ====     5        6
        weiblicher Typ 1
```

```
1         2    ==== 3 ======= 4 ======= 5 ====    6
             weiblicher Typ 2
```

```
1         2         3 ======= 4 ======= 5 ======= 6
                     männlicher Typ 2
```

5. Das Geheimnis der Persönlichkeitsentwicklung

Persönlichkeitsentwicklung findet in unserer Zeit und in unserer Gesellschaft in einer bislang nie dagewesenen Breite statt. Und durch die Psychographie kann sehr genau beschrieben werden, was Persönlichkeitsentwicklung überhaupt ist.

In früheren Generationen war es nur wenigen Menschen möglich (und noch wenigeren erlaubt), ihre Persönlichkeit zu entfalten: Künstlern, Dichtern, dem Adel oder Mitgliedern einiger religiöser Gemeinschaften. Diese Chance mußten manche mit einem hohen Preis bezahlen, galten dann als Ausnahmemenschen oder Außenseiter, wurden isoliert und stigmatisiert.

Die allgemeine Regel war, sich anzupassen, sich ein- und unterzuordnen. Dafür sorgten früh die Familien und die Verwandtschaft, später die Schule, Kirche, die Lehrherren und das Militär. Diese Herrschaft war freilich nicht ubiquitär, es gab Nischen, relative Freiräume, Brüche in Kulturen und Überschneidungen. All dies galt weit bis in unser Jahrhundert hinein.

Der fast unvorstellbare Anpassungsdruck prägte auch das Selbstbild und Selbstverständnis der Unangepaßten. Sie erlebten sich im Kontrast zur Masse der Bevölkerung als Ausnahmen. Sie waren asketisch eingestellt oder waren Menschenverächter, dachten kritisch oder führten ein Leben, das die Schranken der engen Moral durchbrach. Das hat sich grundlegend geändert.

Heute finden wir entwickelte Persönlichkeiten auch unter sogenannten »einfachen« Menschen und nicht nur in jenen Bevölkerungsschichten, die durch Bildung, Einfluß und Besitz privilegiert sind. Dabei stößt man häufig auf Frauen in verantwortungsvollen, aber vergleichsweise untergeordneten und schlecht bezahlten Tätigkeiten: beispielsweise als Hausfrauen und Mütter oder Frauen in sozialen Berufen, etwa als Krankenschwestern (die menschlich vielen Ärzten und Chefärzten überlegen sind), als Altenpflegerinnen (die sich mit bornierten Heimleitungen herumärgern müssen) und als Lehrerinnen (die weit mehr von Pädagogik verstehen als Schulverwaltungsbeamte und Kultusminister).

Die Humanistische Psychologie hat viel über Persönlichkeitsentwicklung geschrieben und geredet, Wohlklingendes und Geheimnisvolles, aber doch wenig Konkretes. Die Psychographie dagegen ermöglicht, genau zu beschreiben, was die typspezifische Persönlichkeitsentwicklung ausmacht. Eine ihrer wichtigsten Aussagen dazu lautet: Persönlichkeitsentwicklung verläuft nicht bei allen Menschen gleich, und es gibt nicht einen einzigen, richtigen Weg, sondern es sind drei oder genauer sechs Wege, die von verschiedenen Orten ausgehen und in unterschiedliche Richtungen führen.

Deshalb sind alle allgemein gehaltenen pädagogischen Ratschläge und Ratgeber, Führungstechniken oder therapeutischen Methoden ziemlich wertlos. Ihre Trefferquote ist gering. Sie sind mit Arzneien vergleichbar, die gegen alle Krankheiten helfen sollen. Solche Wundermittel wurden und werden zwar immer wieder mit großen Versprechungen angeboten, doch haben sie meist mehr den Herstellern als den Kranken genützt. Darüber hinaus sollte man zwischen psychischer Gesundheit, Persönlichkeitsentwicklung und Selbstbestimmung unterscheiden – obwohl eins das andere bedingt.

In den fünfziger Jahren hatte der amerikanische Psychiater Eric Berne die zündende Idee, den Menschen als eine Verbindung von drei Ich-Zuständen zu beschreiben: dem Kind-Ich-

Zustand, dem Erwachsenen-Ich-Zustand und dem Eltern-Ich-Zustand.

Das ist ein bildhaftes und schlüssiges Modell, denn jeder kennt in sich kindliche, erwachsene und elternhafte Züge und kann sie auch an Mitmenschen beobachten und erfahren: Wer ein ausgeprägtes Eltern-Ich hat, wird bestimmend und fürsorglich sein. Bei wem das Erwachsenen-Ich überwiegt, der wird nachdenklich, ruhig und sachlich wirken, und ein Kind-Ich zeigt sich in Spontaneität und lebendigem Bezug.

Die Ich-Zustände Bernes habe ich (D.F.) aufgegriffen und lebensthematisch definiert. So wurde bei mir aus dem Kind-Ich-Zustand das **Beziehungs-Ich**, aus dem Erwachsenen-Ich-Zustand das **Erkenntnis-Ich** und aus dem Eltern-Ich-Zustand das **Handlungs-Ich**.

Damit wird deutlich, daß es mir weniger um Psychologie geht, sondern um die wichtigsten Themen unseres Lebens: um unser Beziehungserleben, unser Erkennen und unser Handeln. In diesem Zusammenhang stellen sich drei grundlegende Fragen: Wie komme ich mit diesen drei Lebensbereichen zurecht? Worin fühle ich mich sicher und zu Hause? Worin kann ich Neues entdecken und verwirklichen?

Persönlichkeitsentwicklung ist keineswegs ein ausgewogener, alle drei Fähigkeiten gleichmäßig umfassender Prozeß, vielmehr sind in ein und derselben Person nebeneinander hochentwickelte, durchschnittliche und weniger entwickelte Bereiche vorhanden. Und darum begegnen wir tagtäglich Menschen, die im Handeln zwar sehr tüchtig sind, doch manchmal erstaunlich wenig Mitgefühl zeigen und vielleicht auch in Vorurteilen denken. Daneben anderen, die kluge Köpfe sind, doch ziemlich ungeschickt in praktischen Dingen und unsensibel im Umgang mit anderen. Und wieder anderen, die eine besondere Begabung im Umgang mit anderen Menschen haben, einfühlend und gewinnend sind und zugleich manchmal recht naiv im Denken und egozentrisch im Handeln.

Überlegen Sie sich einmal, in welcher der drei genannten Kurzbeschreibungen Sie sich wiedererkannt haben. Die erste kennzeichnet viele **Handlungstypen**, die zweite **Sachtypen** und die dritte **Beziehungstypen**. Die Vielfalt und Vielschichtigkeit dieser drei Persönlichkeitstypen läßt sich weiter differenzieren in den mehr ich-bezogenen **Typ 1** und den eher ich-vergessenen **Typ 2**. Entscheidend für Ihre eigene Persönlichkeitsanalyse ist: Sind Sie der **Typ 1** oder der **Typ 2**? – Jede dieser Grundhaltungen hat ihre Vor- und Nachteile, keine ist per se besser oder schlechter als die andere.

Fragen Sie sich auch hier: »Was müßte ich als **Typ 1** dazulernen?« – Sie müßten lernen, sich stärker auf andere einzulassen – auch auf Situationen und Aufgabenstellungen –, Sie müßten lernen, besser zuzuhören, geduldiger zu sein und nicht mit anderen zu konkurrieren!

»Was müßte ich als **Typ 2** dazulernen?« – Sie müßten lernen, viel mehr an sich selbst zu denken, die eigenen Gefühle und Bedürfnisse wahrzunehmen, die eigene Situation zu reflektieren und das eigene Wollen sich und anderen deutlich machen!

Das Dazulernen verbessert nicht nur das eigene Wohlbefinden. Für viele ist es sogar lebenswichtig, denn es entscheidet über Kranksein oder Gesundsein.

Mit einbeziehen sollten wir in die Persönlichkeitsentwicklung individuelle Lebenserfahrungen und -entscheidungen, Rollenerwartungen und Rollenverhalten, regionale und familiengeschichtliche Prägungen, genetische, körperliche und geschlechtsspezifische Bedingungen. Doch dieser Komplexität liegt etwas zugrunde, das Carl Rogers sehr richtig »eine Tendenz zur Entfaltung, einen Drang zur Selbstaktualisierung, eine sich vorwärtsentwickelnde Gerichtetheit« und »die Haupttriebfeder des Lebens« nennt.[1]

Diese aus dem Verborgenen wirkende Macht zeigt sich in unterschiedlichen Fähigkeiten, die wir subjektiv als sehr wertvoll erleben und die objektiv zu einer wesentlichen Steigerung der Qualität unserer Persönlichkeit, unseres Handelns und unserer Lebensart führen. Es sind die uns schon bekannten Schlüsselenergien, also Schlüssel für die noch verschlossenen Dimensionen unserer Persönlichkeit.

Zwar spricht Rogers von einer einzigen Tendenz, wenn er sagt: »Sie kann tief unter Schichten von verkrusteten psychischen Abwehrmechanismen begraben sein; sie kann hinter kunstvollen Fassaden, die ihre Existenz leugnen, versteckt sein; aber, es ist meine Überzeugung, daß sie in jedem einzelnen existiert und nur auf die richtigen Bedingungen wartet, um sich freizusetzen und auszudrücken.«[2] Doch wir sehen drei unterschiedliche Entwicklungslinien: Geht die Tendenz ins Fühlen, so spricht man von einer sympathiegeleiteten Entwicklung, geht sie ins Denken, dann von einer erkenntnisgeleiteten, und geht sie ins Wollen, so von einer erfolgsgeleiteten Persönlichkeitsentwicklung.

Eine entwickelte Persönlichkeit hat ihre Schlüsselenergien weitgehend verwirklicht. Sie sind ihr mehr oder weniger bewußt, und wenn wir in einem Gespräch mit dieser Person auf sie achten, werden sie sicher »verschlüsselt« herauszuhören sein. Wenn dieser Mensch zum Beispiel sagt:

»Meine Arbeit macht mir Freude ...

... weil ich darin eigene Ideen einbringen kann!« – dann hört man daraus sein erkenntnisgeleitetes Wertesystem.

... weil ich etwas auf die Beine stellen kann!« – dann zeugt diese Aussage von einem erfolgsgeleiteten Wertesystem.

[1] Carl Rogers: Entwicklung der Persönlichkeit. Frankfurt/Main 1985, S. 49.
[2] Ebd.

... weil ich anderen Menschen helfen kann!« – dann ist dies ein sympathiegeleitetes Wertesystem.

Einer wenig entwickelten Persönlichkeit sind die Schlüsselenergien gelegentlich zugänglich, sie folgt ihnen jedoch noch nicht konsequent. Sie kann beispielsweise sagen:

»Man kann leider nicht immer ...

... sagen, was man denkt!« – eine erkenntnisgeleitete Aussage.

... tun, was man will!« – eine erfolgsgeleitete Aussage.

... seinem Gefühl folgen!« – eine sympathiegeleitete Aussage.

Eine unentwickelte Persönlichkeit erlebt ihre Schlüsselenergien eher projektiv, das heißt, sie unterstellt und bewundert die Realisierung bei anderen oder hat Ängste ihnen gegenüber. Sie könnte beispielsweise sagen:

»Ich bewundere kluge Menschen, doch ich habe in ihrer Gegenwart Angst, meine Unwissenheit zu zeigen!« Dieser Satz läßt dann auf ein erkenntnisgeleitetes Wertesystem schließen.

Sagt diese Person: »Mir gefallen Leute, die sich durchsetzen, auch wenn sie mal überziehen. Hauptsache, sie lassen sich nichts gefallen!«, dann wäre diese Aussage erfolgsgeleitet.

Oder sagt sie: »Ich liebe Tiere fast noch mehr als Menschen. Wenn ein Tier leidet, ist mir das unerträglich!« Diese Feststellung wäre sympathiegeleitet.

Noch häufiger werden die nicht verwirklichten Schlüsselenergien in negativen Projektionen ausgelebt. Dann ärgert sich der erkenntnisgeleitete Mensch zum Beispiel über die Dummheit seiner Verwandten, der erfolgsgeleitete über die Unfähigkeit von Politikern und der sympathiegeleitete etwa über die Gefühllosigkeit, einen Hund in einem Zwinger einzusperren.

Daß jeder Persönlichkeitstyp seine Schlüsselenergien meist erst im Laufe seines Lebens verwirklicht, hängt eng damit zusammen, daß er als Kind zunächst nur auf ein Thema spezialisiert ist, also entweder auf das Fühlen oder das Denken oder das Handeln. Weil es in einem dieser Lebensbereiche schmerzlich erfahren hat, zurückgewiesen, mißachtet oder eingeschränkt zu werden, muß es seine ganze Energie aufbieten, diese Widerstände zu überwinden. Dadurch lernt es früh entweder geschickt im Beziehungsverhalten, gewandt im Denken oder tüchtig im Handeln zu sein. Durch die Konzentration auf sein Lebensthema – mit allen Mitteln um mehr Liebe oder mehr Beachtung oder mehr Freiheiten zu kämpfen – kommen die anderen Themen zu kurz.

Doch die Schlüsselenergien wollen sich realisieren.

Genau hier beginnen die Entwicklungstendenzen: Hat sich das Kind auf das Beziehungsverhalten spezialisiert, so sorgt im weiteren Lebensverlauf sein Erkenntnisinteresse für die Entwicklung seines Erkenntnis-Ichs. Das ist der individuelle Weg des **Beziehungstyps**, sein Schlüssel zu einem erfüllten Leben. Was gehört alles zum Erkennen? Information, Wissen und Bewußtwerdung durch Fähigkeiten, die mit Sinneswahrnehmungen und dem Sinnesgenuß, dem intuitiven und bewußten Denken, mit Konzentration, Sammlung und Entspannung, mit Bewußtsein und der Ich-Entwicklung zusammenhängen. – In dem Wort »sinnen« ist noch die Einheit von Denken plus sinnlicher Wahrnehmung enthalten.

Wurde beim Kind zuerst das Erkennen ausgebildet – so beim **Sachtyp** –, dann wird später das Erfolgsinteresse sein Wollen und Handeln fördern. Das ist sein persönlicher Schlüssel zu mehr Lebensqualität. Erfolg zielt ab auf Selbstverwirklichung im Wollen, sich Ziele setzen, Entscheidungen treffen, Verantwortung übernehmen und schöpferisch handeln. Die dafür notwendigen willentlichen oder auch energetischen Fähigkeiten sind sprachlich mit dem Wort »Kraft« verbunden, zum Beispiel Willenskraft, Entschlußkraft oder Tatkraft, kraftvoll handeln, zupacken, sich engagieren, aber auch Durchsetzungsvermögen, Verantwortungsbewußtsein, autonome Lebensgestaltung und Fürsorglichkeit anderen und sich selbst gegenüber.

Hat sich das Kind aufs Handeln festgelegt – wie der **Handlungstyp** –, so wird durch sein Sympathie-Interesse später sein Beziehungs-Ich und damit sein Beziehungsverhalten entwickelt. Sympathie, das sind die gefühlsmäßigen und auf Beziehung orientierten Impulse wie Liebe, Freundschaft und Kameradschaft, auch Lebenslust und Lebensfreude, Lachen und Humor, Spiel und Spaß. Die Sympathie kann sich auf Menschen, Tiere oder die Natur beziehen.

Die Chancen und Möglichkeiten für eine gelungene Persönlichkeitsentwicklung waren noch nie so gut und der Bedarf noch nie so dringlich wie heute. Doch dazu ist Wissen notwendig, denn der Weg in die Schlüsselenergien geht nicht immer einfach und problemlos vonstatten. War es bisher ein Weg von Versuch und Irrtum (zynisch könnte man sagen: »Sorge dafür, daß du genügend Fehler in deinem Leben machst!«), so steht mit der Psychographie – und den modernen lösungs- und ressourcenorientierten Methoden der Psychotherapie – ein genauer Guide für die erfolgreiche Erschließung der neuen Lebensbereiche zur Verfügung.

6. Wo liegen meine verborgenen Energien?

Was man als Kind gelernt hat, das hat man ganz besonders gut gelernt. So kann der **Beziehungstyp** besonders gut auf andere zugehen, ist hellhörig für zwischenmenschliche Töne und reagiert auf feine Beziehungssignale, die andere (noch) gar nicht wahrnehmen.

Der **Sachtyp** ist besonders sinnenfreudig und kann rasch und differenziert denken. Schnell erkennt er Zusammenhänge und kann unterscheiden zwischen dem, was wesentlich und was unwesentlich ist.

Und der **Handlungstyp** hat eine ausgesprochen praktische Begabung, kann Handlungsabläufe gut überblicken und organisieren. Er denkt zielstrebig und ist fast immer planerisch und handwerklich begabt.

Jede dieser Spezialisierungen erfordert andere Kompetenzen und eine andere Grundhaltung: Beim **Beziehungstyp** sind es gefühlsmäßige und kommunikative Fähigkeiten zusammen mit einer sensiblen Wahrnehmung für das, was andere ihm vermitteln. Beim **Sachtyp** sind es geistige Fähigkeiten, verbunden damit, daß er Dinge locker und distanziert von vielen Seiten betrachten kann. Und beim **Handlungstyp** sind es die kraftvollen Fähigkeiten wie Energie, Tatkraft, Fleiß und Ausdauer.

Diese unterschiedlichen Energien – Liebe, Geist und Kraft – drücken sich auch im Körperlichen aus, und das hat dazu geführt, daß man früher vom Körper auf den Charakter schloß. Zum Beispiel unterschied der Tübinger Psychiater Ernst W. Kretschmer (1888-1964) drei Konstitutionstypen: Leptosome, Athletiker und Pykniker. Aufgrund klinischer Erfahrung ordnete er jedem körperlichen Erscheinungsbild einen entsprechenden Charakter mit speziellen Reaktionsweisen im Psychischen zu:

Der Leptosome (schmal, mager und aufgeschossen, mit langem Gesicht und flachem Brustkorb) ist ein nüchterner, nervöser Mensch, distanziert und kühl im Umgang.

Der athletische Typ (muskulös, mit breiten Schultern, kantigem Schädel und einem nach unten schmaler werdenden Rumpf) kann explosiv reagieren, ist jedoch im allgemeinen ruhig bis zäh.

Der Pykniker (klein, mit Bauch, weichem Gesicht, kurzem Hals und schmalen Schultern) ist aufgeschlossen, genußfreudig, aber auch ein wenig schwerblütig.

Die von Kretschmer beschriebenen Körpertypen laufen quer zu unseren Persönlichkeitstypen. Es gibt also einen leptosomen, athletischen und pyknischen **Beziehungstyp, Sachtyp** und **Handlungstyp**. Nimmt man noch die seelisch-psychischen und körperlichen Besonderheiten von **Typ 1** und **Typ 2** dazu, kommt man schon auf achtzehn typspezifische Ausprägungen. Wir denken, daß die homöopathischen Konstitutionstypen nach Catherine R. Coulter diese Vielfalt recht gut erfassen.

Freilich, es ist nicht so kompliziert, wie es rechnerisch aussieht, da die drei Grundtypen überall deutlich durchscheinen und auch den Körpertyp prägen. Sie lassen den **Beziehungstyp** besonders attraktiv, den **Sachtyp** gemütlich und den **Handlungstyp** tatkräftig wirken. Das heißt, beim Gros der **Beziehungstypen** sind viele Körpermerkmale ausgeprägt, die eine Signalwirkung fürs Beziehungsverhalten haben, etwa große Augen, eine höhere Stirn, der Körper wohlgeformt und etwas länger im Vergleich zu den Gliedmaßen. Die meisten **Sachtypen** sind genießerische Esser, dadurch geraten sie schnell ein wenig rundlich mit Bauchansatz, und ihre Gliedmaßen sind zart. Die meisten **Handlungstypen** haben einen etwas kürzeren, kräftigen Körper und dafür etwas längere, muskulösere Arme und Beine mit breiten Händen und Füßen.

So ist der typische und auf den ersten Blick erkennbare **Beziehungstyp** das leptosome, schlanke Mannequin; der typische **Sachtyp** ist der pyknische, gemütliche Genießer und der **Handlungstyp** der athletische, breitschultrige Sportler. Ein pyknischer **Beziehungstyp** könnte mit dem **Sachtyp**, ein athletischer mit dem **Handlungstyp** verwechselt werden. Doch beide **Beziehungstypen** sind lebhafter, haben mehr »Melodie« und Zauber.

Einen leptosomen **Sachtyp** könnte man für einen **Beziehungstyp**, einen athletischen für einen **Handlungstyp** halten, doch für einen **Beziehungstyp** ist er zu trocken und für einen **Handlungstyp** zu flexibel.

Und einen leptosomen **Handlungstyp** könnte man mit einem **Beziehungstyp** verwechseln, doch dafür ist er zu gradlinig; und ein pyknischer **Handlungstyp** ist im Vergleich zum **Sachtyp** zu penibel.

Doch wir machen einen Fehler: Das typische Wesen und die körperliche Ausprägung sind so vordergründig, daß wir darüber die verborgenen Fähigkeiten, welche die persönliche Ausstrahlung und Überzeugungskraft ausmachen, leicht übersehen. Dann nehmen wir den **Beziehungstyp** nur als jemand, der zwar attraktiv, lebendig, liebenswürdig und ehrgeizig, doch leider auch ein bißchen naiv ist. Damit verkennen wir, was für einen hohen Stellenwert gerade das Erkennen für den **Beziehungstyp** hat, daß es für ihn selbst mehr zählt als sein attraktives Äußeres. Dieses Mißverständnis wird dadurch unterstützt, daß jeder Persönlichkeitstyp immer wieder Schwierigkeiten hat, in seine Schlüsselenergien zu gehen, die doch die eigentliche Qualität seiner Persönlichkeit ausmachen.

Den **Sachtyp** sehen wir dann als jemand an, der gut zuhören kann, der gutmütig und geduldig ist, aber nicht sonderlich tatkräftig und durchsetzungsfähig. Man ist geneigt, ihm zu sagen, was er zu tun habe, und glaubt, man könne ihn vor den eigenen Karren spannen. Doch das ist ein doppeltes Mißverständnis: Auf der einen Seite ist es für den **Sachtyp** außerordentlich wichtig, daß er seine Ziele selbst verwirklichen kann. Er schätzt die Fähigkeiten des Wollens und Handelns als sehr hochwertig ein. Und man verkennt den **Sachtyp** außerdem leicht darin, daß er im Grunde genau weiß, was er will, und daß er seine Ziele zäh und mit einer eher untergründig verborgenen Energie verfolgt.

Der **Handlungstyp** dagegen macht einen robusten, tatkräftigen, aber auch selbstgerechten Eindruck. Er scheint mit beiden Beinen fest auf dem Boden der Wirklichkeit zu stehen, so fest, daß ihn offenbar nichts umwerfen kann. Das wird noch durch sein rustikales Äußeres unterstrichen. Man möchte ihm viel an Arbeit und Verantwortung aufladen und erwartet in jeder Situation von ihm tatkräftige Unterstützung. Dabei wird völlig übersehen, daß er tief in seinem Inneren ein Gefühlsmensch ist, daß er sehr verletzlich reagieren kann und daß menschliche Enttäuschungen ihm sehr wehtun. Auf ihn trifft die Redensart »Harte Schale, weicher Kern« genau zu. Der **Handlungstyp** legt größten Wert auf das Zwischenmenschliche, auf freundschaftliche und kameradschaftliche Gefühle, während ihm die eigene Tüchtigkeit als selbstverständlich und nicht weiter beachtenswert erscheint.

Will man sich und andere Menschen verstehen und ihnen gerecht werden, so ist der Blick auf die verborgenen Qualitäten der entscheidende. Denn wenn man nicht weiß, daß der **Beziehungstyp** ein auf Erkenntnisse abzielendes Wertesystem hat, der **Sachtyp** ein auf Erfolg bedachtes und der **Handlungstyp** ein durch Sympathie geleitetes Wertesystem, so mißversteht man den anderen gerade in dem, was ihm – und für ihn – am wertvollsten ist.

So ist gerade hier psychographisches Wissen, ist exakte Menschenkenntnis notwendig, denn diese verborgenen Energien sind häufig weit weniger wahrnehmbar als die in der Kindheit erworbenen. Das geht uns nicht nur mit anderen Menschen so, auch wir selbst sind in der Wahrnehmung dieser zwar hochgeschätzten, aber nicht immer leicht zugänglichen Energien oft genug unsicher.

So hat der **Beziehungstyp** große Angst, etwas nicht zu wissen oder etwas Falsches zu sagen, und hält sich dann lieber ganz zurück. Oder er schießt übers Ziel hinaus, sagt vorschnell etwas, über das andere lächeln oder sich lustig machen, was ihn dann freilich sehr kränkt oder ihm ungemein peinlich ist. Oder er argumentiert einseitig und vordergründig, und andere können ihm dann zeigen, daß er eine Sache doch nicht so gründlich durchdacht hat.

Der **Sachtyp** tut sich manchmal schwer, Entscheidungen zu treffen, Dinge anzupacken und durchzuführen, statt dessen schiebt er sie vor sich her. Er fühlt sich schnell überlastet und klagt dann, daß er zuviel zu tun habe. Oder er hält sich mit irgendwelchen Tätigkeiten auf und läßt dann anderes – was ebenfalls erledigt werden müßte – einfach liegen. Damit fordert er andere, die sich in diesem Lebensbereich besser auskennen, heraus, ihm Ratschläge zu geben oder ihn zu kritisieren, was er ihnen dann meist sehr übelnimmt – auch wenn er es nicht (gleich) zeigt.

Der **Handlungstyp** ist manchmal barsch in seiner Art, wirkt autoritär oder regelhaft, so daß man die gefühlsmäßige gute Absicht, die hinter seinem Verhalten steht, weder wahrnimmt noch vermutet. Oder er äußert seine Gefühle ungestüm und schulterklopfend, so daß es manchem wieder zuviel wird.

Das heißt, jeder Persönlichkeitstyp lädt die anderen gerade dort ein, ihm eins draufzugeben, wo es ihm ganz besonders wehtut. Man muß schon sehr sensibel sein und über ein genaues Wissen verfügen, um nicht in diese Fallen zu tappen.

Umgekehrt: Wer diese (Menschen-)Kenntnisse hat und über entsprechende Beobachtungen und Erfahrungen verfügt, der wird den anderen mehr von seinen verborgenen Schlüssel-energien her sehen als von seinen offensichtlichen Ausgangs-fähigkeiten: Dann ist der **Beziehungstyp** der Denker, der **Sachtyp** der Macher und der **Handlungstyp** der Gefühls-mensch. Jetzt können wir dem anderen echte Wertschätzung entgegenbringen, ihn in seinen verborgenen Qualitäten und Fähigkeiten fördern und sind erst dadurch zu wirklicher Part-nerschaft fähig.

Den anderen Persönlichkeitstyp nur in seinen Ausgangs-fähigkeiten zu sehen heißt, ihn im Grunde zu mißverstehen und in seinen Schlüsselenergien, die ihm selbst am wertvoll-sten sind, auch zu mißachten. Wer in seine Schlüsselenergien geht, der spürt nicht nur, daß ihm das guttut, sondern er wird auch feststellen, daß ihm alles viel besser gelingt. Das heißt, daß dann der **Beziehungstyp** gelassen und entspannt wahr-nimmt und nachdenkt, der **Sachtyp** voll Entschlossenheit und Tatkraft handelt und zielbewußt denkt und lebt, der **Hand-lungstyp** erfüllt von Lebensfreude ist, Spaß an der Arbeit hat, eine liebevolle Partnerschaft erlebt, sich emotional mit seiner Familie gut versteht und sich im Freundeskreis und unter sei-nen Arbeitskollegen wohlfühlt.

Hier stellt sich natürlich die Frage: Wenn Menschen so gute Erfahrungen mit der Realisierung ihrer Schlüsselenergi-en haben, warum setzen sie die dann nicht häufiger, ja ständig ein? Oder anders ausgedrückt: Wenn die Schlüsselenergien die Türöffner sind für Persönlichkeitsentwicklung und Le-bensqualität und wenn das punktuell auch immer wieder so erfahren wird, warum sind dann nicht alle Menschen hochent-wickelte Persönlichkeiten und leben ein Leben voller Zufrie-denheit, erfüllt von Liebe, Erkenntnissen und Kreativität?

Die naheliegende Antwort ist: Es muß etwas geben, das uns hindert, vom Ausgangsbereich in den Entwicklungsbe-reich zu gehen, etwas, das uns entweder auf unsere Ausgangs-fähigkeiten fixiert oder etwas, das uns abschreckt, in unsere Schlüsselenergien überzuwechseln. Tatsächlich lassen sich dazu eine ganze Reihe von Gründen nennen, die es uns schwermachen, diese verborgenen, aber doch äußerst wert-vollen Energien zu realisieren. Ein Grund ist: Wir benützen gerne gewohnte und uns sicher erscheinende Wege, und jeder Typ ist sehr vertraut mit seinem ganz bestimmten Rezept, mit dem Leben umzugehen: der **Beziehungstyp** kommunikativ, der **Sachtyp** denkend und der **Handlungstyp** handelnd. Und so versucht jeder gewohnheitsmäßig, allen Lebenssituationen mit der ihm vertrauten Art zu begegnen.

Manchmal hat jeder Persönlichkeitstyp in seinem ange-stammten Bereich Erfolg, dann wird er sich bestätigt fühlen. Oft hat er aber Mißerfolge, und dann wird sich der **Bezie-hungstyp** noch mehr auf der Beziehungsebene bemühen, der **Sachtyp** noch gründlicher nachdenken und der **Hand-lungstyp** noch intensiver arbeiten. Was auf den ersten Blick wie eine persönliche »Masche« aussieht – die auch verfängt –, ist doch beinahe so etwas wie ein Fluch, wenn Menschen mit dem, was irgendwann einmal funktionierte, wieder und wieder – oft auf Biegen und Brechen – erfolgreich sein wollen.

Dazu kommt, daß Menschen die Wirklichkeit nicht objek-tiv wahrnehmen, sondern sie mehr oder weniger subjektiv verzerrt sehen – und das geht zurück auf ganz frühe Lerner-fahrungen. So hat der **Beziehungstyp** die Welt als lieblos er-lebt, der **Sachtyp** als unpersönlich und der **Handlungstyp** als einschränkend. Leider erscheint uns die frühe Perspektive mit dem jeweiligen Mangel als absolut gültig, selbst dann noch, wenn wir später ganz andere, positive Erfahrungen machen, wenn also der **Beziehungstyp** Liebe und Sympathie erfährt, dem **Sachtyp** Aufmerksamkeit geschenkt und dem **Handlungstyp** Wertschätzung entgegengebracht wird.

Die Erfahrung des Zuwenig (an Liebe, an Aufmerksamkeit, an Erlaubnis) wird durch die sogenannten »Antreiber« noch stabilisiert:

»Sei (immer) stark!«

»Mach's (immer) anderen recht!«

»Streng dich (immer) an!«

»Sei (immer) vorsichtig!«

»Sei (immer) perfekt!«

»Mach's (immer) perfekt!«

Diese Botschaften wurden uns von den Eltern eingeimpft in der Absicht, dem Kind zu ermöglichen, mit seinem Leben zurechtzukommen – was man auch immer darunter verstehen mag. Wenn zum Beispiel jemand meint, »ich muß immer liebenswürdig sein, es immer anderen recht machen«, dann tut er das aus der in ihm gezüchteten Katastrophenerwartung heraus: »Sonst werde ich (von allen) abgelehnt!«

Der Abstieg in die Depression ist in diesem Teufelskreis vorprogrammiert: Dieser jemand hofft, durch ständiges besonders liebenswürdiges, gewinnendes Verhalten, dieses drohende Schicksal von sich abwehren zu können. Bei seinem ängstlichen Bemühen übersieht er spontane Zuneigung, die er selbstverständlich bekommt. Was er zu erhalten glaubt, ist doch nur das Echo seiner eigenen, ständigen Liebesmühen, also die von ihm herausgelockte Zuwendung, eine Art »erkaufte« Liebe. Das heißt, weil er sich überaus liebenswürdig gibt, bestätigt er sich permanent, daß er eigentlich (als Mensch pur) nicht liebenswert ist.

Die beiden ersten Antreiber »Sei stark!« und »Mach's den anderen recht!« zielen auf Beziehungsverhalten ab. Der erste fordert dazu auf, sich übermäßig im Griff zu haben, sich zusammenzureißen, anderen gegenüber auf der Hut zu sein, sich aus einer Beziehung zurückzuziehen, um sich selbst zu retten; der zweite Antreiber dazu, andere ständig durch Liebenswürdigkeit für sich einzunehmen, es allen recht zu machen (und dabei die eigenen Bedürfnisse zu ignorieren), Versprechungen über die eigenen Möglichkeiten hinaus zu geben und andere zu retten. Das sind die typischen Antreiber des **Beziehungstyps**, zwischen denen er hin und her pendelt. Beide halten ihn in seinem Persönlichkeitsbereich fest, machen es ihm schwer, in seinen Entwicklungsbereich Erkennen überzuwechseln und seine dort liegenden Schlüsselenergien zu nutzen.

Die Antreiber »Streng dich an!« und »Sei vorsichtig!« wirken sich besonders in der Körperwahrnehmung und im Denken aus, verengen die Wahrnehmung und verleiten zum Grübeln. Sie sind typisch für den **Sachtyp** und halten ihn in seinem Persönlichkeitsbereich Erkennen fest. Und darum sinniert der **Sachtyp**, grübelt, fühlt sich überfordert und ist völlig geschafft, bevor er überhaupt angefangen hat, etwas zu tun. Die Antreiber hindern ihn daran, in seinen Entwicklungsbereich Handeln überzuwechseln, zu spüren, was er eigentlich selbst will, und dafür zu sorgen, daß er seine Pläne zielstrebig realisiert.

Mit den Antreibern »Sei perfekt!« und »Mach's perfekt!« hält sich der **Handlungstyp** in seinem Persönlichkeitsbereich Handeln fest und erschwert sich den Zugang zu seinem Entwicklungsbereich Beziehung. Er versucht, alles auf der Ebene des Machens zu lösen, und zwar so, wie er glaubt, daß man es von ihm erwartet, und dabei Fehler zu vermeiden und nicht gegen Regeln und Normen zu verstoßen. Ich (K. F.) habe einen **Handlungstyp** gekannt, der wollte alles, wie er betonte, »vorbildlich« machen. Ordnung und Tüchtigkeit sind für ihn ein Muß. Gefühle, Spiel und Spaß können nicht perfekt und ordentlich sein – also verunsichern sie ihn. Und solange der **Handlungstyp** sich diesem Zwang zur Perfektion aussetzt, wird ihm das Lebendige seines Beziehungs-Ichs eher anstößig als anziehend erscheinen.

Tiefenpsychologisch gesehen, stehen die Antreiber in engem Zusammenhang mit den frühkindlichen Störungen, die ursprünglich die Persönlichkeitsbildung herausgefordert haben. Es waren Beziehungsstörungen beim **Beziehungstyp** (»Sei nicht!« und »Sei nicht nah!«); mentale beziehungsweise narzißtische Störungen beim **Sachtyp** (»Denk nicht!« und »Sei nicht du selbst!«); Einschränkungen des Wollens und Handelns beim **Handlungstyp** (»Tu's nicht!« und »Spür nicht, was du eigentlich willst!«). Diese Verbote werden vom Kind dadurch neutralisiert, daß es ihnen viel Energie entgegensetzt. Deshalb ist der **Beziehungstyp** besonders kontaktfähig, der **Sachtyp** besonders vernünftig und der **Handlungstyp** besonders tüchtig geworden. Doch die ursprünglichen Verbote wurden damit nicht gelöscht. Sie sind immer noch im Unbewußten gespeichert und können in Belastungssituationen, die dem ursprünglichen Erleben gleichen, wieder wirksam werden.

Sie tragen zum ambivalenten Verhalten der Persönlichkeitstypen bei, so daß es – trotz der Spezialisierung auf den Persönlichkeits- beziehungsweise Lebensbereich – gerade hier immer wieder zum typischen Versagen und zu schmerzlichen Mißerfolgen kommen kann: Sie zeigen sich etwa beim **Beziehungstyp**, wenn ihm trotz seiner Kontaktfähigkeit und gewinnenden Art das Beziehungsgefühl für den anderen verlorengeht, er sich als weggestellt, abgelehnt, isoliert und distanziert erlebt.

Beim **Sachtyp** zeigen sie sich, wenn er, der normalerweise über eine gute Beobachtungsgabe und analytische Energien verfügt, in prekären Situationen einen totalen Mangel an Lebensklugheit zeigt, die Übersicht verliert und Blackouts hat. Er ist dann verwirrt, macht dumme Fehler und zeigt einen deutlichen Widerspruch zwischen theoretischer Intelligenz und praktischer Klugheit.

Beim **Handlungstyp** treten sie auf, wenn er in belastenden Situationen trotz seiner Tüchtigkeit in praktischen Dingen Handlungsblockaden hat und sich als wenig entscheidungs-freudig und kreativ erweist. Statt dessen leidet er unter Entscheidungsskrupeln und zieht sich auf seine bewährten normativen Verhaltensregeln zurück.

Die Antreiber gleichen jene Verbote, die sich gegen die Beziehungs-, Erkenntnis- und Handlungsfähigkeit richten, aus und halten sie in Schach. Sie sind also nicht einfach ein zufäl-lig gelerntes Verhalten in der Kindheit, keine schlechten An-gewohnheiten, sondern sie haben eine wichtige, die Existenz stabilisierende Funktion. Sie dienen (wenn auch auf ein-schränkende Weise) dem inneren Gleichgewicht und ersetzen beim **Beziehungstyp** Liebesfähigkeit durch Liebenswürdig-keit, beim **Sachtyp** Lebensklugheit durch Schlauheit und beim **Handlungstyp** Kreativität durch Routine.

Der zweite Grund, der ein leichtes und rasches Überwech-seln vom Persönlichkeits- in den Entwicklungsbereich verhin-dert oder zumindest erschwert, ist das abschreckende Mo-ment, das von den ins Negative gekehrten Schlüsselenergien ausgeht. Darum erlebt der **Beziehungstyp** die geistigen Qua-litäten seines Entwicklungsbereichs nicht als faszinierende Denkabenteuer, sondern Denken erscheint ihm als kalt und lieblos. Menschen, die klar denken, machen ihm angst. Seine nicht gelebten Schlüsselenergien werden destruktiv und wen-den sich gegen ihn: innerlich als Selbstabwertung und äußerlich als Gefühl, kritisch abqualifiziert zu werden. Kein Wunder, daß er seinen Entwicklungsbereich meidet und lieber hübsch in seinem vertrauten Persönlichkeitsbereich – seiner Gefühlswelt – bleibt.

Der **Beziehungstyp** hat dann große Angst, im Gespräch etwas Dummes zu sagen. Entweder hält er sich zurück, sagt gar nichts, oder er äußert sich in unriskanten, gut klingenden und allgemein anerkannten Gemeinplätzen oder auswendig gelernten, über aller Kritik stehenden Zitaten und Aphorismen. Doch das Abenteuer des eigenen Denkens bleibt für ihn ebenso verlockend wie gefährlich. Das gilt besonders für den **Typ 1** mit seinem Antreiber »Sei stark!« Er sagt ihm: »Sei vorsichtig, zeig keine Schwachstellen, gib dir keine Blöße!«

Der **Typ 2**, der stärker von einem »Mach's anderen recht!« abhängt, versucht durch besonders liebenswürdiges und bezauberndes Verhalten von seiner – wie er meint – Schwäche im Denken abzulenken. Frauen dieses Typs hatten – früher wenigstens – die Möglichkeit, sich auf ein kindlich naives Verhalten zurückzuziehen, inklusive Schmollmund, Kindchenstimme und großen, unschuldigen Augen.

Beide zusammen, die pessimistische Grundauffassung (»Die Welt ist lieblos!« beziehungsweise »Ich bin nicht liebenswert!«) und das später gelernte Antreiberverhalten, bewirken, daß neue alternative Erfahrungen zwar durchaus als angenehm und reizvoll empfunden werden, doch zugleich etwas Unwirkliches haben und wenig verläßlich zu sein scheinen. So daß sich der **Beziehungstyp** sagt: »Das ist ja ganz schön, aber in Wirklichkeit ist die Welt doch anders!« – Und dann kehrt er zurück, läuft wieder wie ein Hamster im Rädchen auf der Stelle und bemüht sich weiter um Sympathie- und Liebespunkte.

Dieses verzweifelte Sammeln ist insofern tragisch, weil er das, was er bekommt, nicht wirklich annehmen und genießen kann. Das heißt: Der **Beziehungstyp** begegnet der Zuwendung und Liebe, die er ja reichlich bekommt, mit Mißtrauen. Das geht den anderen Persönlichkeitstypen nicht besser. Der **Sachtyp** bekommt ebenfalls reichlich Aufmerksamkeit und Beachtung, doch da er zu wenig Selbstbewußtsein hat, kann er sie nicht festhalten und verwerten. Und dem **Handlungstyp** ist die Wertschätzung, die man ihm entgegenbringt, oft geradezu peinlich, da er im Grunde ja doch nicht so überzeugt von sich ist.

Wenn wir flirten oder nachdenken oder handeln, so erfordert dies jeweils eine andere Grundhaltung. Das Verhalten in Beziehungen läßt sich vergleichen mit dem Agieren eines Schauspielers: Es ist auf Wirkung bedacht, ist lebendig und voller Gefühle. Man achtet auf die Reaktionen des anderen und nimmt sich selbst wahr.

Im Vergleich dazu ist die Haltung, die wir beim Erkennen einnehmen, unpersönlich, nicht gefühlsbezogen und überhaupt nicht auf Wirkung bedacht, dafür sachlicher, objektiver. Die eigene Person wird dabei weitgehend vergessen, Emotionen und Wünsche sind eher störend, denn Vorlieben oder auch Neigungen verdunkeln oder verfälschen einen Erkenntnisprozeß.

Während der Erkennende die Dinge von allen Seiten betrachtet, unvoreingenommen und nichtparteiisch, erfordert das Handeln, daß man sich für ein Ziel entscheidet und dann daran für einen längeren Zeitraum festhält. Hier ist also eine gewisse Einseitigkeit oder Eingleisigkeit, Geradlinigkeit, Ausdauer und Zielstrebigkeit ein Muß. Wird das Beziehungsverhalten von dem Wechselspiel der Gefühle bestimmt, das Erkennen von einer unverbindlichen und unentschiedenen Haltung des Sowohl-als-Auch, so erfordert das Handeln, daß man sich entscheidet und festlegt und dann kontinuierlich an der Realisierung der Ziele arbeitet. Hier stehen die kraftvollen

Energien im Vordergrund: Entscheidungskraft, Willenskraft, Tatkraft.

Wenn wir uns daran erinnern, daß die meisten Menschen ihr Leben mit der dramatischen Erfahrung des Zuwenig begonnen haben (zu wenig Liebe, zu wenig Aufmerksamkeit, zu wenig Erlaubnis) und daß dieses Zuwenig zur Grundlage ihres Weltbildes wurde, so erscheint es ihnen doch höchst riskant, das bewährte Gegenmittel gegen das lebensbedrohende Defizit auch nur vorübergehend aus der Hand zu geben: Will sich der **Beziehungstyp** auf das Erkennen einlassen, dann muß er nämlich sein kontrollierendes und auf Wirkung bedachtes Verhalten aufgeben. Er fühlt sich dann wie ein Krieger ohne Waffen, hilflos, schutzlos und in einer Position der Schwäche. Und solange ihm das Vertrauen in die Tragfähigkeit von Beziehungen überhaupt fehlt, wird er es kaum wagen, die Beziehungsfäden aus der Hand zu geben, nicht mehr selbst daran zu ziehen, und er wird auch nicht vorübergehend auf seine Fähigkeit, andere zu bezaubern und für sich zu gewinnen, verzichten. Doch damit bleibt ihm die Welt des Erkennens unzugänglich. Sie müßte er gewissermaßen »nackt und bloß« betreten und all das zurücklassen, worauf er sich so gut versteht.

Dem **Sachtyp** wird in der diagnostischen Literatur ein »dämonisierendes Erleben« zugeschrieben. Damit dürfte gemeint sein, daß er sich häufig auf eine unbestimmte Art bedroht und bedrückt fühlt, sich ängstigt, ohne selbst genau sagen zu können, weshalb und wovor. Es ist anzunehmen, daß dies seine nicht gelebten und ins Negative gekehrten Energien des Entwicklungsbereichs Wollen und Handeln sind. Verglichen mit den leichten und hellen Energien des Erkennens sind sie kraftvoll und wirkungsmächtig. Er erlebt sie in der negativen Form als bedrohliche Mächte und Autoritäten, interpretiert sich als abhängig von ihnen und reagiert darauf ängstlich an-

gepaßt oder sogar rebellisch. So hat er häufig Autoritätsprobleme, erlebt sich als benachteiligt, kritisiert oder zumindest
wenig geschätzt.

Hinter der gutmütigen und ruhigen Fassade des **Sachtyps**
lauert eine eruptive und gewalttätige Wut. Manchmal äußert
er sich hart und unnachsichtig, möchte aber diese Aussagen
nach ruhigem Nachdenken gern relativieren. In Beziehungen
sucht er sich gerne starke, selbstbewußte Partner, bei denen
ihn besonders das Freudige und Liebevoll-Fürsorgliche an-
zieht – und gleichzeitig bedroht. Auch hier tendiert er dazu,
seine eigenen noch wenig gelebten Schlüsselenergien im
Partner oder in anderen zu bewundern und zugleich zu
bekämpfen.

Die Partner des **Sachtyps** fühlen sich zunächst geschmei-
chelt, werden aber dann durch sein rebellisches und vorwurfs-
volles Verhalten in eine Verfolger- oder Retterrolle gedrängt
und reagieren ärgerlich oder – seltener – mitleidig. Solange
der **Sachtyp** das Kraftvolle seines Entwicklungsbereichs
Handeln als autoritär, überheblich und unmenschlich interpretiert, wird er sich scheuen, das energiereiche Wollen für sich
konstruktiv zu nutzen. Doch wenn er diese Energien meidet,
umgeht und vernachlässigt, verkehren sie sich für ihn in eine
ständige Quelle »dämonisierenden Erlebens«.

Der **Sachtyp** hat sich nämlich auf eine Welt eingestellt, in
der es wenig Aufmerksamkeit gibt, wenig Beachtung, wenig
Bedeutung. Da auch er an dieser (ursprünglichen) Mangelsi-
tuation festhält und das Interesse, das man ihm entgegenbringt, ausblendet, bleibt sein Selbstbewußtsein unterernährt,
das heißt, es ist nicht stabil und leicht durch Angriffe und Kritik zu stören. Deshalb hat er sich in seinem Erkenntnisbereich
eingerichtet, einmal, weil sich ihm dieser als Notstandsgebiet
erscheint (und er deshalb zur Stelle sein muß), aber auch, weil
er dort für die »bösen« Handlungsenergien nicht greifbar ist.

Er kann sein Erkenntnis-Ich narzißtisch aufblähen (nach dem Motto »Ich bin der Größte!«) oder sich wie mit einer Tarnkappe unsichtbar machen.

Das Erkennen ist ein gewaltfreier Bereich: Dort ist es nicht notwendig, sich zu entscheiden, Verantwortung zu übernehmen – und darin kann man auch letztlich nicht kritisiert werden. Ob eine Erkenntnis richtig oder falsch ist, hat nichts mit der eigenen Person zu tun. Da kann man sich raushalten, da gelten nur objektive, unpersönliche Spielregeln. Und gerade diese Haltung des Sich-Offenhaltens nach allen Seiten, mit welcher der **Sachtyp** im Bereich Erkennen erfolgreich ist, muß er aufgeben, wenn er ins Handeln gehen will. Handeln ist zukunftsgerichtet und immer mit einem gewissen Wagnis verbunden. Erst später wird es sich zeigen, ob eine Entscheidung richtig war oder falsch.

Handeln muß auch Verantwortung für das Risiko übernehmen, daß man eine falsche Entscheidung getroffen hat. Und um erfolgreich zu handeln, muß man andere für seine Ziele gewinnen. Man muß sich über einen längeren Zeitraum festlegen, obwohl es andere Möglichkeiten gegeben hätte, und sich nicht entmutigen lassen, wenn einem der Wind zeitweilig kräftig ins Gesicht bläst. Das sind die Energien, die der **Sachtyp** im Bereich Erkennen nicht aufbringen muß. Er mag zwar etwas mit Feuereifer angehen, doch dann, wenn sein Schifflein der rauhen See ausgesetzt ist, wird er verzagen und wieder zurückkehren in die ruhigen Gewässer des Erkennens.

Der **Handlungstyp** wird oft als selbstgerecht empfunden. Aus einer Rechts-, Ordnungs- und Sauberkeitsmoral heraus beurteilt er andere und wertet sie nicht selten damit ab. Ihre Lebendigkeit erscheint ihm als chaotisch, das Gefühlsmäßige irrational, ihr Genießen als schmutzig oder sündhaft. Seinen nicht gelebten Entwicklungsbereich Beziehung, seine eigenen Gefühle und sein Bedürfnis nach Nähe und Zärtlichkeit erlebt er bei anderen wie in einem Zerrspiegel – anziehend und bedrohlich zugleich. Er erkennt sie nicht wieder, sie erscheinen ihm in einer fremden Gestalt, haben nichts mit ihm zu tun, gehören nicht zu ihm und seinem Leben.

Mehr als die anderen Persönlichkeitstypen lebt der **Handlungstyp** sein ordentliches Leben unverrückbar, unerschütterlich und ohne Toleranz für andere Lebensformen. Wird er mit ihnen konfrontiert, reagiert er mit geläufigen Vorurteilen, wehrt sich mit Regeln und bürgerlichen Moralvorstellungen, weil sie ihn ebenso irritieren wie faszinieren, und er kanzelt das, was sich von seiner Lebensform unterscheidet, als leichtsinnig, ungehörig und verwerflich ab. Es sind in Wahrheit seine eigenen Schlüsselenergien, die ihm in einem fremden Licht erscheinen, ihn abstoßen und doch eine geheimnisvolle Anziehungskraft auf ihn ausüben.

Hält der **Handlungstyp** der »Versuchung« nicht stand, so kann er sich in quälende Gewissenskonflikte bringen. Er sucht sich dann einen eher leichtlebig-verspielten oder kapriziösen Partner, der eigentlich gar nicht in sein ordentliches Leben und zu seinen Moralvorstellungen paßt. In früheren Generationen, die einen rigiden Lebensstil zur erstrebenswerten und gültigen Moral erhoben, liefen diese Sei-perfekt-Menschen Gefahr, auszubrechen und in die Halb- und Unterwelt abzurutschen, der Prostitution zu verfallen, dem Alkohol, Drogen oder dem Glücksspiel.

Der **Handlungstyp** fühlt sich sicher und zu Hause in seiner Welt des Handelns. Aufgrund seiner großen Erfahrung, seines handwerklichen Geschicks und seiner Fähigkeit, weit und gründlich vorauszuplanen, kann er die Risiken des Handelns eingrenzen. Dabei unterstützt ihn sein Sinn für genaues, pünktliches Arbeiten, fürs Detail, für Qualität und Perfektion. Doch gerade diese bewährten Tugenden sind ganz ungeeignet, wenn es um die Welt der Gefühle geht.

Gefühle sind nicht planbar, sind nicht manipulierbar, sind nicht geradlinig. Es ist für ihn so, als ob er aus einer geordneten Welt heraustreten und sich in ein chaotisches Inferno hineinstürzen müßte. Daß auch Gefühle ihre eigene Logik haben und daß man Bedürfnissen vertrauen kann, erscheint ihm zunächst doch sehr unsicher. Doch da er auf der anderen Seite einen Heißhunger nach Lebendigkeit, Lebensfreude und Liebe hat, wird er irgendwann ausbrechen und zu viel riskieren. Das führt dann zu großen Enttäuschungen und Rückschlägen, und er findet sich dort wieder, von wo er ausgegangen ist und angefangen hat, in der »ordentlichen« Handlungswelt.

Das alles erklärt, warum Menschen trotz der positiven Erfahrungen, die sie mit ihren Schlüsselenergien machen, auf ihren Ausgangsbereich fixiert bleiben. Nun könnte man sagen: »Komm ich heut' nicht, komm ich morgen! Was ich jetzt noch nicht realisiert habe, kann ich später tun. Wir haben ja noch Zeit im Leben!« Doch hier scheint es so etwas wie ein ungeschriebenes Gesetz zu geben: Wer nicht weitergeht, wer nicht vorwärtsgeht, fällt zurück. Das heißt, die nicht gelebten Schlüsselenergien sind nicht einfach »stille Reserven«, die irgendwann aktiviert werden können, sondern sie verkehren sich, ungenutzt, in schwächende, krankmachende und selbstzerstörerische Kräfte.

Das heißt, wenn der **Beziehungstyp** sein Erkennen vernachlässigt, wandelt es sich in eine kritisch abwertende Energie. Dann erscheint ihm die Welt negativ, er begegnet sich selbst und anderen überkritisch und abwertend, und die positiven Qualitäten des Erkennens erscheinen ihm zunehmend als kalt, zynisch und destruktiv – ein Teufelskreis. So ist er noch weniger bereit, seine Schlüsselenergien zu aktivieren.

Der **Sachtyp** ist in keiner besseren Lage. Die Kräfte seiner Schlüsselenergien erlebt er – gegen sich gewandt – als Unterdrückung und Benachteiligung. Diese Erfahrung kann er im sozialen Umfeld machen, wenn er sich von seinem Partner oder Chef bevormundet fühlt oder wenn ihn unerklärliche Ängste drücken und er depressiv wird. Auch ihm erscheinen diese kraftvollen Energien dann nicht mehr anziehend, sondern bedrohlich, und er möchte ihnen ausweichen in einen harmonischen, gewaltfreien Raum, den es in Wirklichkeit ja gar nicht gibt.

Für den **Handlungstyp** verwandeln sich die nicht gelebte Lebensfreude und Sympathie in Neid, Mißgunst, Leichtsinn und Schlechtigkeit. Eine radikale Umwertung, wie sie manche Vertreter der Kirche noch heute vollziehen, wenn sie ganz natürliche Bedürfnisse verbieten und verteufeln. Mit der Erfindung der Sünde diskriminierten sie erst die Menschen und machten sie dann abhängig von ihren Gnadenmitteln – eine unerschöpfliche Quelle der Ausbeutung und Machtausübung.

Wie können wir nun diese wertvollen Energien in uns aktivieren und damit unsere Handlungs- und Lebensqualität deutlich steigern und unsere Persönlichkeit entwickeln? Indem wir dennoch das uns vertraute Gebiet unseres Ausgansbereichs verlassen und das Risiko auf uns nehmen, uns auf den neuen Lebensbereich einzulassen: der **Beziehungstyp** auf die Gelassenheit des Erkennens, der **Sachtyp** auf das Engagement des Handelns und der **Handlungstyp** auf die Lebendigkeit der Gefühle.

Seine Antreiber aufzugeben wird dem **Beziehungstyp** sicher leichter fallen, wenn er (auf einer tieferen Ebene) eine vertrauensvolle Haltung den Menschen und der Welt gegenüber entwickelt. Entsprechend bezieht sich seine vertrauensvolle Gelassenheit sowohl auf die Wirklichkeit wie auch auf die eigene Person. Es ist Welt- und Selbstliebe in einem.

Diese Scheu, sich auf das Erkennen einzulassen und intensiv von den Schlüsselenergien Gebrauch zu machen durch Interesse, Beobachten, Sich-Informieren, realitätsbezogenes Denken, Zusammenhänge erkennen, sich aus Problemen analysierend »herauszudenken«, aber auch konzentrative und meditative Energien zu entwickeln –, diese Scheu verliert der **Beziehungstyp**, indem er all dies einfach tut, nämlich sich interessiert, beobachtet, informiert etc. Dabei ist es entscheidend, daß das Erkennen ihn und seine Lebensgestaltung wirklich betrifft und sich nicht auf Peripheres beschränkt. Denn mancher bedenkt »Gott und die Welt«, doch die Themen, die ihn wirklich angehen, sind weiterhin tabu.

Es gibt für den **Beziehungstyp** keinen anderen Weg als »learning by doing«. Dabei macht er immer bessere Erfahrungen mit seinen Schlüsselenergien, gewöhnt sich an ihren Gebrauch und macht sie sich zu eigen. Und indem er sie aktiv lebt, verwandeln sie sich nicht in eine scheinbar gegen ihn gerichtete, abwertende Kritik. Und er realisiert mehr und mehr, daß die Wirklichkeit, so wie sie ist, ihm wohlgesonnen und (halbwegs) in Ordnung ist.

Damit der **Sachtyp** seinen Antreiber »Streng dich an!« beziehungsweise »Sei vorsichtig!« aufgeben kann, muß er sein Selbstbewußtsein stärken. Selbstbewußtsein meint hier Autonomie, das klare Bewußtsein: »Ich bin ich! – Ich darf ich sein! – Ich bin unabhängig und frei!«, verbunden mit selbstbestärkenden Gedanken wie »Meine Zukunft wird vom Leben mitgestaltet!« als **Typ 1** oder »Meine Zukunft, das bin ich!« als **Typ 2**. Das sind Gedanken, die das, was er tut, anerkennend begleiten. Das scheint zwar (für andere) eine Selbstverständlichkeit zu sein, doch der **Sachtyp** vergißt regelrecht, daß er eine Zukunft hat und etwas dafür tun kann – und versucht das mit angestrengtem Nachdenken zu kompensieren. Doch damit verliert er sich nur noch mehr in Grübeleien und bedrückenden Empfindungen und entfernt sich noch weiter vom notwendigen selbstbewußten Wissen: »Es geht um mich und mein Leben!« und »Ich kann mein Leben gestalten!«

Damit kann er seine Antreiber »Streng dich an!« oder »Sei vorsichtig!« abschwächen und sich unbeschwert aufs Handeln einlassen, um dort seine Schlüsselenergien, freudiges und entschlossenes Wollen und Planen, Verantwortlichkeit, Durchsetzungsvermögen, Aktivität, Fürsorglichkeit und Zu-sich-Stehen, zu verwirklichen. Für den **Sachtyp** gilt es, das Steuer seines Lebensschiffs selbst in die Hand zu nehmen und die Erfahrung zu machen, daß ihn dabei ein gutes Geschick (!) unterstützt.

Auch der **Sachtyp** fördert seine Schlüsselenergien am besten dadurch, daß er sie anwendet. Um von seiner gewohnten, nämlich beobachtenden und nachdenklichen Haltung in die Haltung kraftvollen Wollens überzuwechseln, braucht er den innerlichen Impuls: Ich will! – Das ist eine Haltungsänderung vom Objektiven zum Subjektiven, vom Passiven zum Aktiven. Statt sich herauszuhalten und sich zurückzunehmen, beginnt der **Sachtyp** anzugreifen, anzupacken, sich einzumischen und mitzumachen – engagiert und immer wieder von neuem. Dann erfährt er seine Schlüsselenergien in ihrem ursprünglichen positiven Charakter, und sie verwandeln sich nicht gegen ihn in »dämonische« Bedrohungen.

Dem **Handlungstyp** tut eine wohlwollende, erlaubende Haltung gut – er hat es nötig, sich mit sich selbst im reinen zu fühlen. Wie der **Beziehungstyp** das Selbstvertrauen, braucht der **Handlungstyp** eine Selbstsicherheit, die sich nicht über seine Antreiber »Sei perfekt!« und »Mach's perfekt!« herstellt. Es ist die Selbstsicherheit eines fürsorglichen Handlungs-Ichs, das Gefühl, von Grund auf o.k. zu sein. – Ein **Handlungstyp**, der vierzig Jahre ein bürgerlich angepaßtes Leben geführt hatte, dann erst seine homosexuelle Veranlagung entdeckt und unter seinen Nicht-o.k.-Gefühlen so gelitten hatte, daß er nicht mehr weiterleben wollte, ist heute glücklich in einer gleichgeschlechtlichen Beziehung. Er sagte in einem Fernsehinterview: »Gott hat mich so gewollt, also bin ich so o.k.!« – Aus dieser fundamentalen Entscheidung »Ich bin o.k., so wie ich bin!« kann er seine Antreiber loslassen, die ihn in seinem Persönlichkeitsbereich Handeln festhalten und daran hindern, sich auf seinen Entwicklungsbereich Beziehung einzulassen.

Die Entwicklung seiner Schlüsselenergien Spontaneität, Lebens- und Arbeitsfreude, Mitgefühl und Einfühlungsvermögen, Humor und Lachen, Sympathie und Kontaktfreudigkeit werden durch die Denkungsart und die Grundeinstellung der Gesellschaft von heute erleichtert. Die moderne Pädagogik, ebenso die in den letzten Jahrzehnten entstandenen Schulen der Gruppen-, Psycho- und Familientherapie zielen ganz darauf ab, die Energien seines Beziehungs-Ichs zu fördern und zu bestätigen. Hier zeigt sich eine deutliche Wende: weg vom autoritären, einschränkenden und lebensfeindlichen Denken früherer Generationen, hin zu einem erlaubenden, respektierenden und menschlichen Leben.

7. Wie mache ich mehr aus meinem Typ?

Was ist so besonders an jenen Menschen, von denen wir sagen, sie seien Persönlichkeiten? Nun, manche wirken auf uns zufrieden, gelassen, offen und selbstbewußt, besonnen und selbstverantwortlich, strahlen natürliche Autorität aus, sind uns zugewandt und anteilnehmend, lebensfroh und nachdenklich. Oder sie erwecken spontan Vertrauen, überzeugen von sich, gewinnen Sympathien, ohne daß man den Eindruck hat, es läge ihnen besonders viel daran und sie würden sich eigens darum bemühen. Diese Menschen wissen, was sie wollen und was sie können, geben zu, Fehler zu machen oder Fehler zu haben, und sind selbstverständlich bereit, daraus zu lernen. Was sie sagen, was sie tun, ist nicht allein Ausdruck ihrer Person, sondern bezieht auch die Situation mit ein.

Was ist zum Beispiel das Geheimnis eines Mannes wie Leonard Bernstein? Der 1990 verstorbene Komponist, Dirigent und Pianist war ein genialer Künstler, der andere höchst beglückte, vereinnahmte und selbst intensiv lebte. »Ich rauche. Ich trinke. Ich bin die ganze Nacht auf. Ich habe an allen Fronten mehr als genug zu tun«, soll er 1986 in einem Interview gesagt haben. Voll Leidenschaft und nervöser Energie, oft schlaflos eilte er von Konzert zu Konzert. – Zwei Dinge waren ihm wichtig: seine Musik und die Menschen. Wenn er mit seinen Musikern oder seinen Schülern von der Arbeit sprach, so redete er darüber wie über eine Liebesbeziehung, dirigierte er, dann zeigte er seine Freude wie ein ausgelassenes Kind.

An diesem Beispiel wird eine Entwicklungslinie besonders deutlich, nämlich der Übergang vom (über)aktiven Handeln zum liebenden und vergnügten Fühlen. Dieser Prozeß ist typisch für die entwickelte Persönlichkeit des **Handlungstyps**, und er endet in einem freien, harmonischen und klaren Erkennen als einer mit sich identischen Persönlichkeit. Diese vom **Handlungstyp** immer wieder vollzogene Weichenstellung erweitert sein Erleben, seine Kreativität und Spontaneität und die emotionale Beziehung zu den Mitmenschen.

Ein anderes Beispiel ist die Psychiaterin Elisabeth Kübler-Ross, eine der bedeutendsten Persönlichkeiten dieses Jahrhunderts. Schon als junge Frau war sie bereit, unter Einsatz der eigenen Gesundheit und des eigenen Lebens anderen zu helfen und außerordentlich fleißig, tatkräftig und zielbewußt ihre Aufgabe zu tun. Auch sie ist ein typischer **Handlungstyp**. Doch ihre eigentliche Stärke dürfte ihre nahezu unerschöpfliche Fähigkeit der Liebe zu Menschen sein.

Der **Handlungstyp** beeindruckt vor allem durch sein Verantwortungsbewußtsein und seine Verantwortungsbereitschaft, seine Solidität und Zuverlässigkeit, durch seine Solidarität mit den Mitarbeitern und seine Loyalität gegenüber dem Unternehmen, seine Ausdauer, seinen Fleiß und seine Tüchtigkeit. Wenn er (wie in den beiden Beispielen) seine im Fühlen liegenden Schlüsselenergien realisiert, so ist das, als wenn nach langen Regentagen plötzlich die Sonne durchbricht. Wenn ein solcher Mensch »aufwacht«, überaus lebendig wird, Humor zeigt, gerne (laut) lacht, sein Leben genießt und sich daran erfreut, so ist das eine wohltuende und befreiende Veränderung.

Die entwickelte Persönlichkeit des **Handlungstyps** übergeht nicht mehr besserwisserisch und moralisierend die Gefühle anderer. Er läßt sich ein, kann sich einfühlen und mitfühlen. Dann kommt zu seiner Tüchtigkeit die Spontaneität und Liebenswürdigkeit seines Wesens hinzu. Dieser Prozeß soll als die *Entwicklungslinie Spontaneität* bezeichnet werden, freilich eine emotionale Spontaneität, nicht eine intellektuelle.

Die *Entwicklungslinie Spontaneität*, vom Handeln → zum Fühlen → zum Erkennen:

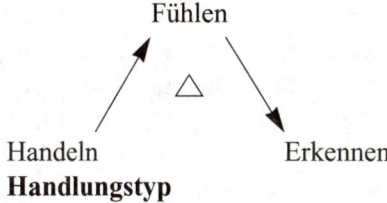

Handlungstyp

Eine andere Entwicklungslinie verläuft vom Denken zum Handeln, also vom passiven Beobachten zum aktiv gestaltenden Tun und endet in einem autonomen Beziehungsverhalten. Es ist der typische Weg für den **Sachtyp**. Wenn er ihn durchschritten hat, dann hat er gelernt, sich durchzusetzen und sich selbst zu schützen, zu anderen fürsorglich zu sein und Verantwortung zu tragen. Diese Mischung aus Klugheit und Tüchtigkeit wird als *Entwicklungslinie Souveränität* bezeichnet.

Die *Entwicklungslinie Souveränität*, vom Erkennen → zum Handeln → zum Fühlen:

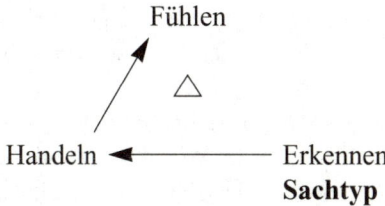

Sachtyp

Solche Entwicklungen finden sich in der Kunst, in der Malerei, der Musik oder in der Literatur, etwa der Weg vom dumpfen Fühlen zum klaren Erkennen, vom Befangensein im Sinnenhaften und Grüblerischen hin zum befreienden Handeln oder aus gesellschaftlichen Zwängen heraus zum menschlichen Mitgefühl.

Sucht man nach bedeutenden **Sachtypen**, so findet man kaum strahlende Helden – im Gegenteil, die meisten zeigen deutliche menschliche Schwächen. Schreitet der **Handlungstyp** gradlinig oder tanzt der **Beziehungstyp** anmutig durchs Leben, so hat man beim **Sachtyp** den Eindruck, daß er seinen Lebensweg entlangstolpert. Doch was er hinterläßt, ist ein Werk, das mehr hält, als sein Verfasser zu versprechen schien. Kant könnte ein **Sachtyp** gewesen sein, Shakespeare sicher, Molière vielleicht, Freud wahrscheinlich.

Die Werke des **Sachtyps** sind eigenwillig und eigenständig, sie bieten geistige Nahrung für Generationen nach ihren Schöpfern. **Sachtypen** sind von Haus aus Künstlernaturen, kreativ und erfinderisch. Wichtig für sie ist, daß der Gestaltungswille, der Fleiß und das Durchhaltevermögen dazukommen. Darin liegt ihre eigentliche Leistung, denn ohne einen beharrlichen »Willen zum Werk« bleiben nur Schrottplätze verpaßter Chancen und verschlampte Genies übrig.

Es ist die Kraft des Wollens, welche die Persönlichkeit des **Sachtyps** ausmacht. Ohne dieses Wollen gleicht er einem Schiff, dessen Steuer kaputt ist und das hilflos in den Wellen treibt. Doch wenn er weiß, was er will, und dieses Wollen nährt, kann er sein Lebensschiff auf den richtigen Kurs bringen, egal ob mit dem oder gegen den Wind.

So tut es dem **Sachtyp** besonders gut, sich einer schwierigen Situation aus eigenem Wissen und Können heraus gewachsen zu zeigen und Aufgaben erfolgreich zu lösen. Das kann er, wenn zur Vernünftigkeit seines Persönlichkeitsbereichs die Tüchtigkeit seines Entwicklungsbereichs hinzukommt, also seine Schlüsselenergien, nämlich anzupacken und zuzupacken. Zu ihnen gehören tragfähige Handlungsziele

und Zukunftsperspektiven, Energie, Tatkraft, Durchsetzungsvermögen, Schaffensfreude, das Zu-sich-selbst-Stehen, Fürsorglichkeit und Ausdauer.

Der entwickelte **Sachtyp** kann Eigeninitiative entwickeln
und eine Aufgabe entschlossen und mit Unternehmungsgeist
durchführen. Er möchte zeigen, was in ihm steckt, und wenn
ihm das gelingt, ist er hochmotiviert. Mißerfolge in seinem
sensiblen Bereich Handeln durch Behinderungen von außen –
zum Beispiel durch einen **Handlungstyp** an seiner (Ehe-)Sei-
te oder durch Zweifel an seiner Tüchtigkeit – können ihm
dennoch lange zu schaffen machen.

Auch in seiner Selbstdarstellung unterstreicht der **Sachtyp**
das Kraftvolle seines Entwicklungsbereichs: Er redet gerne
von »anpacken«, »machen«, »durchboxen« und »schaffen«,
kleidet sich sportlich und identifiziert sich mit großen Mar-
ken, die seit langem für Qualität stehen – nicht aus einer konservativen Einstellung heraus, sondern weil solche Firmenna-
men für ihn schlichtweg Potenz ausdrücken.

Die Entwicklung von einem angespannten Beziehungsle-
ben (oder -Erleben) hin zum Erkennen ist charakteristisch für
den **Beziehungstyp**. Während der wenig entwickelte **Typ 1**
eher ideologisch mit der Wirklichkeit umgeht, ungeduldig
und besserwisserisch ist, in seinem Argumentieren von einem
Entweder-Oder bestimmt wird und von einmal gewonnenen
»Erkenntnissen« schwer abzubringen ist, kann der entwickelte **Typ 1** freier mit seinen Konstrukten umgehen. Er ist neugierig und interessiert, kann sich von früheren »Wahrheiten«
lösen oder sie zumindest in Frage stellen und sich weniger
nervös oder verspannt auf immer neue und einmalige Situationen einlassen.

Die Persönlichkeitsentwicklung des **Beziehungstyps** läßt
sich als die *Entwicklungslinie Esprit* bezeichnen. In diesem
Begriff ist beides enthalten; einmal die Lebendigkeit seines

Beziehungs-Ichs und außerdem das geistige Moment der entwickelten Persönlichkeit.

Die *Entwicklungslinie Esprit*, vom Fühlen → zum Erkennen → zum Handeln:

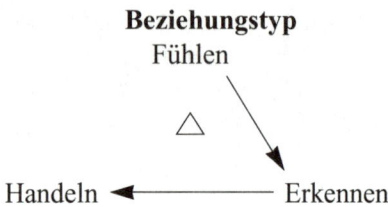

Beziehungstyp
Fühlen

Handeln ◄——————— Erkennen

Die Ausgangspersönlichkeit wird nicht aufgegeben, sondern qualitativ verändert. So setzt der **Beziehungstyp 1** seine Kontaktfähigkeit nicht mehr naiv und manipulativ ein, sondern eher dosiert, klug und verantwortungsbewußt, und alle Themen der Erkenntnis gewinnen für ihn an Faszination: Neugierde, genaues Beobachten, die Situation wahrnehmen, Konzentration und Entspannung, Körpergefühl und Körpersprache, Erkennen und Verstehen.

Während der **Beziehungstyp 1** sonst (vor)schnell und spontan reagiert, nimmt er sich jetzt mehr und mehr Zeit, die anderen wahrzunehmen und ihnen zuzuhören. Dieses gelassene Sehen und Hören gefällt ihm und gibt ihm ein Gefühl der Unabhängigkeit und Freiheit, ein Terrain, das er sich Schritt für Schritt selbst erschließt. Einhergehend mit seiner Persönlichkeitsentwicklung fängt er zum Beispiel mit Sportarten an, die hohe Konzentration verlangen, oder hat geistige Interessen, die analytische Energien voraussetzen. Er muß lernen, nicht sofort Erfolg haben zu wollen, und sich auch darin üben, von seinen hohen Maßstäben zu lassen. Denn mißlingt ihm etwas, dann fühlt er sich schlecht, weil er sich selbst für den Mißerfolg verantwortlich macht.

Anerkennung, die der **Beziehungstyp** erhält, verbucht er typisch: Lobende Bestätigung einer guten Leistung oder seines Scharfsinns bedeutet ihm viel, vorausgesetzt, es besteht ein vertrauensvolles Verhältnis zu dem, der die Anerkennung ausspricht. Bewundert man die Liebenswürdigkeit des **Beziehungstyps** und sein gutes Aussehen, dann wird er schnell mißtrauisch reagieren und sich denken: »Der will was von mir oder hält mich für blöd!«. Ja, es ist sogar möglich, daß er ein Kompliment in dieser Richtung als Abwertung auffaßt. Denn oft erfährt er seine Antreiber »Mach's den anderen recht!« oder »Sei stark!« als lästigen Zwang, oder er bewertet sie gar als persönliches Versagen: sich nämlich nicht so geben zu können, wie ihm tatsächlich zumute ist.

In der Selbstdarstellung legt er großen Wert darauf, den Aspekt der Klugheit besonders herauszustreichen: Er schätzt intelligente Ästhetik, zum Beispiel durchdachtes, formschönes Mobiliar (dem man die besonderen Ideen des Designers ansieht), funktionelle Wohnungen, originelle, modische Kleidung. Auch seine Meinungen und Ansichten sollen kritischen Ansprüchen genügen (wie gesagt, nichts kränkt ihn mehr, als wenn man ihn für dumm hält). Doch zugleich will er mit der Meinung jener Menschen übereinstimmen, die er schätzt. Dann steht er oft vor dem Dilemma: »Sag ich etwas, könnte es falsch sein; sag ich nichts, denken die anderen, ich weiß es nicht!« Ein einfacher Ausweg besteht für ihn darin, einfach interessiert zuzuhören. Erfahrungsgemäß macht das immer einen intelligenten Eindruck.

Der unentwickelte **Beziehungstyp 2** ist ständig damit beschäftigt, seine Beziehungsträume zu verwirklichen. Er möchte im Mittelpunkt stehen, der Star sein und von allen geliebt und bewundert werden. Bei diesem Streß bleibt ihm gar keine Zeit, die Situation zu durchdenken und aus eigenen Erfahrungen Schlüsse zu ziehen. Die immer wieder abgewehr-

ten und viel Energie schluckenden Kehrseiten seiner Träume
sind totale Leere, Stumpfsinn und Ernüchterung. Kein Wunder, wenn ihm die Welt, durch diese »Brille« betrachtet, wenig einladend erscheint.

Die *Entwicklungslinie Esprit* zeigt sich beim **Beziehungstyp 2** darin, daß er seine eigene Lebenssituation konsequent
durchdenkt. Der **Typ 2** lernt immer mehr, den Ergebnissen
seiner Erkenntnisse zu vertrauen. Er macht die Erfahrung,
daß vieles, was andere ihm zumuten und für selbstverständlich halten, keineswegs so selbstverständlich ist, sondern daß
sich dahinter alles mögliche verbergen kann: menschliche
Schwäche, Schlendrian, die Angst vor Veränderungen, Bequemlichkeit, Privilegien. Und er wird sich – und das Verhalten der anderen – immer wacher und bewußter wahrnehmen.
Auf der einen Seite gibt ihm das mehr innere Ruhe, denn bei
seiner (eingebauten) Hektik tut ihm diese neu verspürte Gelassenheit besonders gut. Auf der anderen Seite kann er nun
auch unbequem für die anderen werden, wenn er damit beginnt, Fragen und Forderungen zu stellen, und nicht mehr
weiter das liebe und brave »Kind« ist.

Um so mehr genießt der entwickelte **Typ 2** jetzt den befreienden Durchblick. Er hat kapiert, daß Denken nicht nur unentbehrlich für eine sinnvolle Gestaltung des eigenen Lebens ist,
sondern direkt und unmittelbar guttut, ja, daß die »Nebenwir-
kungen« des Denkens unendlich kostbare Gefühle sind. Man
kann sie anderen nicht so recht erklären und beschreiben. Sie
müssen sich diesen gelassenen Zustand selbst herbeidenken.

Der entwickelte **Typ 2** überzeugt durch seine Lebensklugheit, wirkt ausgeglichen, ist kollegial, aufmerksam, sprachlich
gewandt, freundlich und auf eine realistische Weise hilfsbereit. Er scheut sich nicht, seinen Ärger auszusprechen. Pes-
simismus macht sich bei ihm eher nur noch unterschwellig
breit und versteckt sich manchmal hinter einer aufgesetzten

Zuversicht, einer allzu gesunden Lebensweise oder dem übertriebenen Engagement für Natur- und Umweltschutz.

In der Literatur ist die Entwicklung der Persönlichkeit oft als
Konflikt zwischen Pflicht und Neigung, Gesetz und Menschlichkeit, Moral und Liebe dargestellt. Wenn in Dramen die
Heldin oder der Held an der Verhärtung und Lieblosigkeit der
Umwelt tragisch scheitert, so erlebt der Zuschauer deutlich,
daß menschliches, liebevolles Verhalten stärker und wertvoller ist als die von Menschen geschaffenen Ordnungen, Pflich-
ten, Zwänge und Moralvorstellungen. Ist dies das Lebensthema des **Handlungstyps**, so sind der Sieg der Wahrheit über
Heuchelei und Lüge oder jener der gerechten Tat über Feig-
heit und Unterwürfigkeit die Themen der beiden anderen Persönlichkeitstypen. Auch dafür sind Menschen bereit, einen
hohen oder den höchsten Preis zu bezahlen, den des eigenen
Lebens. Zugleich aber machen viele dieser Dramen auch
deutlich, daß der Weg von der Ausgangspersönlichkeit zur
entwickelten Persönlichkeit kläglich scheitern kann.

Entwickelte Menschen sind »vollständig«, heil und ru-
hen in sich. Sie müssen andere nicht von sich überzeugen,
beeindrucken oder zu etwas zwingen. Sie können die anderen so lassen, wie sie sind. Und sie sind auch nicht bemüht,
ständig irgendwelche Erwartungen an andere zu stellen, zu
erfüllen oder sich dagegen aufzulehnen. Sie sind frei, ihren eigenen Weg zu gehen, zu tun, was ihnen notwendig er-scheint
und wofür sie wirklich begabt sind. Und sie ertragen es, unbe-
achtet, abgelehnt oder einsam zu sein, auch wenn sie darunter leiden. Sie lassen sich nicht durch Einschüchterungen irre
machen und sind weniger anfällig für Formen der Manipulati-
on, zum Beispiel durch Appelle an ein Zugehörigkeitsgefühl,
Vorteilsversprechungen oder falsche Anerkennung.

Setzt man bei der Entwicklung der Persönlichkeit konsequent auf die Schlüsselenergien und folgt damit dem typisch vorgegebenen Wertesystem, so wird ein bislang dunkler, geheimnisvoller Prozeß plötzlich transparent, verständlich und beeinflußbar.

In der Vergangenheit war die gelungene Persönlichkeitsentwicklung eine Folge günstiger Bedingungen und sich wiederholender intuitiv richtiger Entscheidungen – und damit letztlich ein Glücksfall. Menschen, die fähig sind, nachträglich ihren eigenen Weg zu erkennen und anderen zu beschreiben, sind Beispiele einer vorweggenommenen Zukunft. Doch da sie in ihrer Persönlichkeitsentwicklung über das hinausgehen, was sie umgibt, werden sie (wenn auch heute zwar nicht mehr umgebracht) meist gründlich mißverstanden oder zurechtinterpretiert oder schlicht ignoriert. Oft sind es gerade ihre eifrigsten Anhänger, die ihre Botschaft ins völlige Gegenteil verkehren.

Als ich (D.F.) zum ersten Mal mit einem Modell der Persönlichkeitsentwicklung konfrontiert wurde (es war vor etwa vierzig Jahren durch einen Tiefenpsychologen aus der Jungschen Schule, Klosinski), war ich begeistert. Ich war damals bewegt von der Frage, worauf es im Leben ankommt und was »richtiges Leben« ist. Persönlichkeitsentwicklung schien mir dafür eine Vorbedingung, eine unerläßliche Voraussetzung zu sein. Und ich meinte, daß sie eine natürliche Rangordnung unter Menschen schaffe, unabhängig von Privilegien und Macht. Später habe ich dies in den östlichen Weisheitsschulen, besonders im Zen, bestätigt gefunden. Dort empfindet man eine tiefe Verehrung und Wertschätzung gegenüber entwickelten Persönlichkeiten – und hat ein genaues Wissen über die den Weg dorthin.

Wir entdecken heute, daß es in vielen anderen Kulturen solche verehrenswürdigen Menschen gab und gibt – in Indien, Tibet, China, Japan, im alten Amerika und Afrika. Jahrtau-

sendelang hatten die christlichen Kirchen in Europa ihren
Gläubigen eine gottgewollte Überlegenheit gepredigt. Später
findet man diesen Überlegenheitswahn in der Wissenschafts-
und Fortschrittsgläubigkeit, im Rassenwahn, im Faschismus
und Kommunismus. Ein Rest davon ist heute noch bei einigen
kritisch denkenden und akademisch gebildeten Intellektuellen
anzutreffen. Hier werden immer noch Privilegien mit persönlicher Reife verwechselt. Die Kehrseite der Überheblichkeit
sind Zynismus, Nihilismus, Selbstabwertung und Selbstde-
struktion – auch darin ist noch der heimliche Stolz zu spüren,
etwas Besonderes zu sein.

Als ich die Schriften indischer, chinesischer und japani-
scher Meister studierte, wurde ich bescheidener. Hatte ich
bisher nur Hügel gekannt, so erschienen diese mir nun wie
Bergriesen im Hochgebirge. Als ich später Zugang zu ihrem
besonderen Wissen fand, wurde mir klar, daß ich sie noch unterschätzt hatte.

Persönlichkeitsentwicklung ist auch heute noch immer ein
schöpferischer und zuweilen auch abenteuerlicher Prozeß, erfordert er doch neben einem konstruktiven Umgang mit den
Wechselfällen des Lebens die Bereitschaft, aus Fehlern zu lernen, sich tragfähige Ziele zu suchen und immer wieder neue,
nie erlahmende Entschlossenheit, Energie, Geduld, Ehrlich-
keit und vertrauensvolle Gelassenheit aufzubringen.

Wenn wir versuchen, unsere Schlüsselenergien im Entwicklungsbereich bewußt zu entfalten (und so Schwachstellen im Persönlichkeitsbereich ausheilen lassen), und Fehler
im Zielbereich abbauen, ist es möglich, unsere Persönlichkeitsentwicklung immens zu fördern. Mit Hilfe der Psychographie wird deutlich, welche Schritte jeder einzelne in die
richtige Richtung (eigentlich schon ansatzweise intuitiv)
macht und daß er meist ein sicheres Gespür dafür hat, was
ihm guttut.

Daß all dies trotzdem noch nicht so richtig klappt, hängt mit den gegenläufigen Bewegungen zusammen, die in ihrer negativen Kraft meist verharmlost werden. Sie erinnern an Hauffs Märchen vom Gespensterschiff: Schiffbrüchige im offenen Meer finden ein Schiff zu ihrer Rettung. Aber es ist ein Totenschiff, das Deck übersät von erschlagenen Seeräubern. Tagsüber segelt es vor dem Wind eine gute Strecke. Doch nachts, wenn die Besatzung aus ihrem Todesschlaf erwacht, fährt sie brüllend und fluchend den ganzen Weg wieder zurück. Allesamt sind dazu verdammt, immer hin und her zu fahren. Erst als es den Schiffbrüchigen gelingt, die Segel mit Suren aus dem Koran zu umwickeln, können die Seeräuber nachts nicht mehr das zunichte machen, was am Tag erreicht wurde.

Wachstums- und Entwicklungsprozesse – das wissen wir aus unserer bisherigen Lebenserfahrung – vertragen sich nicht mit Härte, Unachtsamkeit, Desinteresse oder mit Selbstbetrug. Wenn es darum geht, alle drei Ich-Bereiche zu entwickeln, ist es freilich notwendig, die drei in ihrer ganzen Komplexität und in ihrem Bezug auf die dazugehörigen Lebensbereiche mit ihren je eigengesetzlichen Bedingungen zu sehen:

1. das Erkenntnis-Ich mit seinen sinnenhaften Fähigkeiten, den verschiedenen Ebenen des Denkens, also intuitiv und bewußt, dialektisch, realitätsbezogen, strategisch, spekulativ, und den geistigen Anlagen wie Konzentration und Sammlung, die Fähigkeit, Abstand zu gewinnen und loslassen zu können, verbunden mit der Erfahrung des Einsseins, eines stillen Glücks von Freiheit und Geborgenheit zugleich;

2. das Handlungs-Ich mit seinen vielfältigen energetischen Fähigkeiten wie Entschlossenheit, Tatkraft, Fürsorglichkeit, das Gewähren von Schutz und Geborgenheit, bezogen auf den weiten Bereich Handeln;

3. das Beziehungs-Ich mit seinen komplexen Gefühlsebenen, seinem Vertrauen und seiner Liebesfähigkeit, bezogen auf den Bereich Beziehung.

Bei einer solchen umfassenden Sichtweise hat man nicht nur den ganzen Menschen, sondern auch sein Leben im Blick. Es wird auf einmal deutlich, wie jeder in seiner (von ihm selbst geschaffenen und interpretierten) Welt lebt, wie die Grenzen der Entfaltung der Ich-Bereiche seinem Erleben Schranken setzen und damit seine Welt zwar absichern, aber auch einengen. Auf der anderen Seite stellt die Realität mit ihren Forderungen diese Eingrenzungen immer wieder in Frage, fordert zu liebevollem Beziehungsverhalten heraus, ehrlichem Erkennen oder entschlossenem Handeln.

Für den **Beziehungstyp** heißt der Schlüssel Erkennen: sinnenhaftes Wahrnehmen und Genießen lernen, realitätsbezogen denken, ehrlich sich selbst gegenüber sein, sich nicht von Ideologien gefangennehmen lassen und die eigenen geistigen Fähigkeiten nicht vernachlässigen. Es helfen bewährte Methoden wie Konzentrations- und Meditationsübungen. In der Psychotherapie sind es vor allem analytische Ansätze, bezogen auf das gegenwärtige Leben, die diese Schlüsselenergien herausfordern. Wichtig dabei ist, daß der **Beziehungstyp** selbst interessiert und realistisch sein Leben durchdenkt. Er darf nicht erwarten, daß der Therapeut ihm das abnimmt.

Für den **Sachtyp** ist es wichtig, den Schlüssel Erfolg zu realisieren: In den Seminaren zur Persönlichkeitsentwicklung kommt das Training des Willens, der Entschlossenheit und Tatkraft eher zu kurz, vielleicht weil dies immer eine Angelegenheit des praktischen Lebens und des beruflichen Alltags war. – Im japanischen Zen gab es die Verbindung von Samurai- und Zen-Ausbildung, etwa in der Schwertkunst, doch das ist heute fast nur noch von historischem Interesse. – Als

Sachtyp ist man bei der Ausbildung seiner Schlüsselenergien also weitgehend auf sich allein gestellt.

Für den **Handlungstyp** kommt es darauf an, seinen Schlüssel Sympathie zu verwirklichen, wobei ihm viele neuere Entwicklungen entgegenkommen: eine anregende und bestätigende Pädagogik; eine Gesellschaft, die sich erlaubt, das Leben zu genießen, bemüht ist, das Arbeitsleben aufzulockern und menschlich zu gestalten. Auch in der Psychotherapie stehen Erleben und Gefühle im Mittelpunkt. Freilich, vieles davon bleibt an der Oberfläche, hat manipulative Züge und wird seinem viel tiefer gehenden Bedürfnis nach Freundschaft und Liebe nicht gerecht: das kann der **Handlungstyp** nur in sich und in seinem Leben verwirklichen.

Es ist nicht leicht, bei historischen Persönlichkeiten im nachhinein zu sagen, welcher Persönlichkeitstyp sie waren. Doch vieles in den Briefen von Rosa Luxemburg (1871-1919) spricht dafür, daß sie ein Beispiel für den durch Sympathie geleiteten **Handlungstyp** ist. Sie war zwar ein emotionslos kalkulierender Bürgerschreck mit messerscharfem Verstand, doch sie war auch die Poetin des so leicht übersehenen »kleinen Glücks«. In der Haft schrieb sie diese Zeilen:

»... daß ich allein soviel Schönheit genießen soll. Ich möchte laut über die Mauern hinausrufen: O bitte, beachten Sie doch diesen herrlichen Tag! Vergessen Sie nicht, wenn Sie noch so beschäftigt sind, wenn Sie auch nur in dringendem Tagwerk über den Hof eilen, vergessen Sie nicht, den Kopf zu heben und einen Blick auf die riesigen silbernen Wolken zu werfen und auf den stillen blauen Ozean, in dem sie schwimmen. Beachten Sie doch die Luft, die von leidenschaftlichem Atem der letzten Lindenblüten schwer ist, und den Glanz und die Herrlichkeit, die auf diesem Tage liegen, denn dieser Tag kommt nie, nie wieder! Er ist Ihnen geschenkt wie eine vollaufgeblühte Rose, die zu Ihren Füßen liegt und darauf wartet, daß Sie sie aufheben und an Ihre Lippen drücken.«[1]

Sie hatte einen ungewöhnlichen Bezug zu Tieren, sorgte zärtlich für ihre Katze und schrieb aus der Haft den ergreifendsten Brief über die Leiden der geschundenen Kreatur, der je von einem Weltverbesserer verfaßt wurde, Weihnachten 1917 an Sophie (genannt Sonitschka) Liebknecht aus dem Strafgefängnis Breslau:

»Ach Sonitschka, ich habe hier einen scharfen Schmerz erlebt. Auf den Hof, wo ich spaziere, kommen oft Wagen vom Militär, vollbepackt mit Säcken oder alten Soldatenröcken und -hemden, oft mit Blutflecken, die werden hier abgeladen, in die Zellen verteilt, geflickt, dann wieder aufgeladen und ans Militär abgeliefert. Neulich kam so ein Wagen, bespannt statt mit Pferden mit Büffeln ... Die Last war so hoch aufgetürmt, daß die Büffel nicht über die Schwelle bei der Toreinfahrt konnten. Der begleitende Soldat, ein brutaler Kerl, fing an, derart auf die Tiere mit dem dicken Ende des Peitschenstiels loszuschlagen, daß die Aufseherin ihn empört zur Rede stellte, ob er denn kein Mitleid mit den Tieren hätte. ›Mit uns Menschen hat auch niemand Mitleid‹, antwortete er mit bösem Lächeln und hieb noch kräftiger ein. Die Tiere zogen schließlich an und kamen über den Berg, aber eines blutete. Sonitschka, die Büffelhaut ist sprichwörtlich an Dicke und Zähigkeit, und die war zerrissen. Die Tiere standen dann beim Abladen ganz still, erschöpft, und eins, das, welches blutete, schaute dabei vor sich hin mit einem Ausdruck in dem schwarzen Gesicht und den sanften schwarzen Augen wie ein verweintes Kind. Es war direkt der Ausdruck eines Kindes, das hart bestraft worden ist und nicht weiß, wofür, weshalb, nicht weiß, wie es der Qual und der rohen Gewalt entgehen

---

[1] H. Hirsch: Rosa Luxemburg. Hamburg 1969.

soll. Ich stand davor, und das Tier blickte mich an, mir rannen die Tränen herunter – es waren seine Tränen, man kann um den liebsten Bruder nicht schmerzlicher zucken, als ich in meiner Ohnmacht um dieses stumme Leid zuckte ... Oh, mein armer Büffel, mein armer, geliebter Bruder, wir stehen hier beide ohnmächtig und stumm und sind nur eins in Schmerz, in Ohnmacht, in Sehnsucht.«[2]

[2] Rosa Luxemburg: Gesammelte Briefe, Band 5. Berlin 1984, S. 349f.

8. Wie werden Wünsche Wirklichkeit?

Wenn Sie in irgendeinem Lebensbereich etwas erreichen wollen – egal, ob Sie Ihre Beziehung verbessern möchten, ob Sie spirituell weiterkommen oder beruflich erfolgreich sein wollen –, so können Sie das am besten von den Menschen lernen, die in diesen Lebensbereichen schon erfolgreich sind. Einer davon ist Arthur Williams. Er hat seine Erfahrungen in dem Buch ›Das Prinzip Gewinnen‹ zusammengefaßt. Seine unglaubliche Karriere ist der zur Wirklichkeit gewordene amerikanische Traum. Ehe er sich selbständig machte, verdiente er seinen Lebensunterhalt als Footballtrainer. Zusammen mit Partnern gründete er die A.L. Williams-Lebensversicherung, die innerhalb kurzer Zeit zum Branchenführer auf dem Versicherungsmarkt wurde. Ich (D.F.) kann Arthur Williams in vielem zustimmen, sicher deshalb, weil wir beide **Sachtyp** sind.

Psychographisch gesehen, ist ein Ratgeber immer nur begrenzt tauglich, da er in der Regel die typspezifischen Erfahrungen des Autors verallgemeinert. Ist der Leser ein anderer Persönlichkeitstyp, kann er über diesen fremden Strukturtyp eine Menge lernen und sicher auch das eine oder andere übernehmen. Doch nur, wenn Leser und Verfasser vom Typ her übereinstimmen, kann der Ratgeber wie ein Rezeptbuch verwendet werden.

Um irgendwann (Berufs-)Wünsche erfolgreich zu realisieren, muß man lange vorher wissen, was man eigentlich will. Man braucht eine klare Vorstellung davon, wie das Wunschziel aussehen soll, das man erreichen möchte. Auch das ist nicht selbstverständlich, denn viele Menschen glauben, sie müßten flexibel sein, sie müßten nehmen, was kommt. Oder

131

sie absolvieren zuerst eine Ausbildung, um dann zu sehen, was sie damit anfangen können.

So wird man allerdings wenig erfolgreich sein, denn Zielsetzungen sind mehr als nur Gedankenspiele. Setzt man sich ein Ziel, dann nimmt die Vorstellung eine konkrete Form an. Und dieses konkrete Ziel ist dann etwas, das Wirklichkeiten steuert: einerseits die Wirklichkeit in mir, also die eigene Motivation oder die Fähigkeiten, die ich brauche, um dieses Ziel zu erreichen, andererseits beeinflussen sie die Wirklichkeit um mich herum, die mich unterstützt oder auch behindert.

Wie wichtig eine solche konkrete Zielbestimmung ist, habe ich auf meinem eigenen Lebensweg erfahren. Mit achtzehn Jahren wollte ich (D. F.) Psychoanalytiker oder Philosophieprofessor werden. In gewissem Sinn habe ich das auch erreicht, zwar nicht unter diesen Bezeichnungen, doch ich bin dem nähergekommen, was ich mir damals unter diesen Berufen vorstellte, nämlich herauszufinden, wie das Leben »funktioniert«.

Wenn ich nun fast vier Jahrzehnte später auf die Wege zurückschaue, die ich gegangen bin, so waren diese nicht geradlinig, sondern eher Zickzackkurse, die mich aber immer näher an mein Ziel herangeführt haben. Oft genug haben mich Lebensumstände dazu gezwungen, einen Weg zu verlassen, der – rückblickend – mit Sicherheit zu einer Sackgasse geworden wäre. Das ist mir damals keineswegs leichtgefallen. Im Gegenteil, ich habe mich dagegen gewehrt, den eingeschlagenen Weg zu verlassen. Aus einer gutbezahlten und recht bequemen Anstellung mußte ich mich einmal durch Unterstellungen und Intrigen regelrecht hinauswerfen lassen. Ich habe es damals freilich nicht so gesehen, sondern mich als bedauernswertes Opfer gefühlt und sehr gelitten. Doch heute weiß ich, es war notwendig, damit ich wieder auf den Weg zu meinem eigentlichen Ziel zurückfand.

Art Williams widmet dem Thema »sich Ziele setzen und lernen, wieder kreativ zu träumen« einen breiten Raum. Er meint, daß Zielsetzungen über das eigene Ich hinausgehen sollten. Sie sollen also nicht nur in erster Linie mir selbst, sondern auch anderen zugute kommen. »Unzählige Menschen machen sich selbständig, nur um sich selbst zu helfen, und das klappt dann nie. Jene Geschäfte wachsen und blühen, die ein Erzeugnis herstellen oder eine Leistung erbringen, mit denen anderen geholfen oder ihr Leben verbessert wird.«[1]

Das positive Denken hat sich schon immer mit diesen Themen – Zielsetzungen, sich Vorstellungen und Visionen machen – beschäftigt und hat darüber einiges zu sagen. Freilich werden dort oft unrealistische und inflationäre Hoffnungen geweckt, so als ob jeder jederzeit alles erreichen könnte. Was dabei vergessen wird, ist die Überlegung: Wäre das überhaupt bekömmlich für mich, wenn dieser oder jene Wunsch tatsächlich in Erfüllung ginge? Also sollten wir uns (vorher) in der Kunst üben, die »richtigen« Wünsche zu kreieren.

Stellen Sie sich einmal vor, Ihr Wunsch wäre schon Wirklichkeit geworden. Malen Sie sich die Situation so realistisch wie möglich aus. Und dann fragen Sie sich: »Ist das wirklich das, was ich will?« – Oder hat Sie nur das Träumen oder das Kämpfen gereizt? Das erinnert mich an die Geschichte jenes Mannes, der sich jahrelang um eine verheiratete Frau bemühte und immer wieder schmerzliche Abfuhren erhielt, bis ihm eines Tages klarwurde, daß er an dieser Frau gar nicht wirklich interessiert war.

Bei Art Williams – wie bei vielen anderen wirklich erfolgreichen Menschen – wird deutlich: Sie haben nicht einfach eine gute Idee und haben diese Idee dann realisiert, sondern sie haben ihre Lebensaufgabe, ihr ganz persönliches (Lebens-)

---

[1] A.L. Williams: Das Prinzip Gewinnen. München 1994, S. 218.

Ziel gefunden. Das heißt, ein wirklich tragfähiges Ziel ist immer ein spezifisches Ziel, das ich mir setze und das ich zu erreichen suche. Nachdem Art Williams sein Ziel oder seine Aufgabe gefunden hatte – nämlich die Gründung einer neuen Art von Lebensversicherung, eine faire, anständige, die den Versicherten zugute kommt und nicht allein den Gesellschaften –, machte er sich Gedanken über den Weg dahin und entwickelte eine ausgefeilte Strategie, wie er sein Ziel erreichen konnte.

Wenn die Umstände dem Ziel entgegenstehen (und für mich sah das lange so aus), muß man lernen, die Umstände zu verändern. Und wenn man kein Glück dabei hat, muß man lernen, Glück zu haben. Wie das geht, das war meine Lektion. Wenn man dann eine Strategie hat, kommt es darauf an, dieser Strategie konsequent zu folgen. Art Williams sagt, wenn man wirklich etwas erreichen will, so wird einem das nicht geschenkt, man muß hart dafür arbeiten! Man muß also bereit sein, einen großen Teil seiner Lebenszeit für diese Aufgabe zu opfern:

»Man kommt nicht einfach daher, schnippt mit den Fingern und befindet sich sofort mitten im dicksten Gewinn. So einfach geht es nun auch wieder nicht. Man muß von Anfang an wissen, daß man sich für acht bis zehn Jahre verpflichtet. Ebenso muß man wissen, daß in den ersten anderthalb Jahren praktisch alles, was man anpackt, auseinanderfällt. Man braucht drei bis fünf Jahre, nur um ein Unternehmen zu gründen, und dabei macht man unaufhörlich nur das Richtige und steht ständig im Konkurrenzkampf.«[2]

Vor einigen Jahren wollte ich zusammen mit einem Freund ein berufliches Projekt aufbauen. Es war wenig erfolgreich, bis mir klar wurde, warum. Wir waren beide zwar sehr enga-

---

[2] A.L. Williams: Das Prinzip Gewinnen. München 1994, S. 67.

giert, doch keiner richtig in diesem Projekt. Ich hatte zu dem Zeitpunkt schon viel Geld investiert, doch es war hinausgeworfen. – Solche Rückschläge sind ganz normal, und sie sind wichtige Erfahrungen auf dem Weg zum Erfolg. Und doch war ich enttäuscht und entmutigt und fragte mich: »Wie mache ich trotz dieser Rückschläge weiter?«

Ich vermute, daß Menschen, die rein egoistische Zielsetzungen verfolgen, an solch einer Stelle aufgeben. Zieht man in solch einem Tief Bilanz, so kommt man zu dem Ergebnis: »Nein, es lohnt sich nicht, der Preis ist zu hoch!« – Hat man jedoch eine Zielsetzung, die über die eigenen Wünsche und Bedürfnisse hinausgeht, wird man zwar auch unter den Rückschlägen leiden, doch sie können einen nicht völlig aus der Bahn werfen.

Es gibt viele Menschen, die sich in ihrem Beruf hingebungsvoll engagieren und darin erfolgreich sind. Sie tun das, weil sie einen Sinn darin sehen, es ihnen Spaß macht und sie sich dabei wohl fühlen. Sie werden von anderen, die ihren Beruf mehr als Job ansehen, argwöhnisch betrachtet, so als ob mit ihnen etwas nicht stimmen könne, so als ob sie arbeitssüchtig seien oder nichts Besseres zu tun hätten. Dann wiederum gibt es Berufe, wo es durchaus nachvollziehbar ist, daß man darin Befriedigung findet. Vielleicht der Beruf des Arztes, des Psychologen, des Hochschullehrers oder des Künstlers. Doch gemessen an der Vielzahl anderer Berufe sind das die Ausnahmen. – Die Kernfrage aber ist: »Wie kann ich mich in meinem Beruf überhaupt engagieren, wie kann ich darin Sinn finden?«

Durch meine Erfahrungen mit Zen ist mir klargeworden, daß der Sinn einer Tätigkeit nicht ausschließlich von ihrem Inhalt her kommen muß, sondern daß im Engagement selbst ein tiefer Sinn liegt. Das klingt ungewöhnlich und theoretisch, ist aber eine ganz praktische Erfahrung, die beispielsweise viele Sportler machen. Mancher Außenstehende wird sich fragen, welchen Sinn es haben kann, wenn zweiundzwanzig Leute einem Ball nachrennen, ein Jogger durch den Wald läuft oder ein Tennisspieler den Ball übers Netz schlägt?

Der Sinn, die Erfüllung kommen aus ihrem Engagement, aus ihrer Begeisterung und Hingabe. Je mehr es jemandem gelingt, sich zu engagieren – eins zu werden mit seiner Tätigkeit –, desto stärker ist diese Sinnerfahrung für ihn. Und er denkt, daß selbst bei attraktiven Tätigkeiten die wesentlichste Erfahrung nicht aus den Inhalten kommt – das mag sicher mit hereinspielen –, sondern aus seinem Einsatz selbst, aus dem Enthusiasmus, der Konzentration und Hingabe an sein Tun.

Das wird auch durch die Erfahrung bestätigt, daß Menschen, die in ihrem Beruf aufgehen, die sehr viel und hart arbeiten, sich dabei wohl fühlen und nicht krank werden. Krank werden sie dann, wenn äußere Umstände sie hindern, sich weiterhin so intensiv einzusetzen. Eines von vielen Beispielen: Eine Abteilung wird aus wirtschaftlichen Gründen geschlossen, der leitende Ingenieur mit einer entsprechenden Abfindung vorzeitig in den Ruhestand versetzt. Ein halbes Jahr später erkrankt er an Krebs, ein Jahr später ist er tot. Warum? Ich meine, man hatte ihm seinen Lebenssinn genommen, nämlich die Möglichkeit, sich in der gewohnten Art zu engagieren.

Daß Arthur Williams **Sachtyp** ist, läßt sich schon am Titel seines Buches ›Das Prinzip Gewinnen‹ ablesen. Daraus kann man das erfolgsgeleitete Wertesystem heraushören. Und es ist auch ganz typisch, daß er als **Sachtyp** das Handeln betont. Steven Brown leitet ein Institut für Managementberatung und hat seine Erfahrungen in dem Buch ›13 Todsünden des Managers‹ zusammengefaßt. Er ist **Beziehungstyp**, und er betont besonders die Rolle des Denkens und Erkennens. Peters und Waterman haben in ihrem Buch ›Auf der Suche nach Spitzenleistungen‹ erforscht, was für erfolgreiche Unternehmen besonders charakteristisch ist. Sie scheinen beide **Handlungstyp** zu sein, denn sie stellen immer wieder den Menschen und das Menschliche in den Vordergrund.

Daraus läßt sich ablesen, daß es, um erfolgreich zu sein, entscheidend ist, die eigenen Schlüsselenergien einzusetzen und einsetzen zu können: der **Handlungstyp** sein Beziehungs-Ich, also das (Zwischen-)Menschliche, die Gefühle, die Spontaneität, das Kollegiale; der **Sachtyp** sein Handlungs-Ich, das Wollen und Machen, Verantwortung übernehmen, sich durchkämpfen und durchsetzen; und der **Beziehungstyp** sein Erkenntnis-Ich. Für ihn ist es entscheidend, daß er seine Ideen und Kenntnisse ins Spiel bringt, das heißt strategisch denkt, plant und Situationen genau analysiert.

Um erfolgreich zu sein, sind alle drei Ich-Bereiche gleichermaßen gefordert. Für den Anfang tut man sich leichter, wenn man seinen Persönlichkeitsbereich einbringen kann, das heißt als **Handlungstyp** die handwerkliche Kompetenz und Organisationsfähigkeit, als **Sachtyp** das analytische und planende Denken und als **Beziehungstyp** die kommunikativen Fähigkeiten. Das sind ihre spezifischen »Naturbegabungen«. Deshalb findet man in entsprechenden Berufen einen überdurchschnittlich hohen Prozentsatz der jeweiligen Persönlichkeitstypen. **Beziehungstypen** wird man dort finden, wo mit Menschen gearbeitet wird, **Sachtypen** in technischen und **Handlungstypen** in praktischen Berufen.

Erfolgreiches Handeln, Erkennen oder Lieben baut auf drei Grundbegriffen auf: Annehmen, Daraus-Lernen, Dorthin-Wollen. Gleich, ob wir diese Begriffe jeweils als Schlüsselenergie oder Energie des Persönlichkeitsbereichs ansehen, sie sind Leistungen unserer jeweiligen Ich-Bereiche und in einer wechselnden, aber genau festgelegten Abfolge die psychographischen Codes der einzelnen Persönlichkeitstypen:

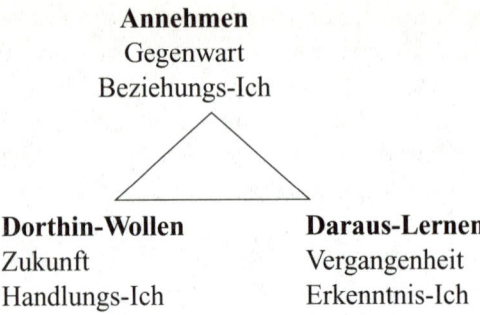

Annehmen
Gegenwart
Beziehungs-Ich

Dorthin-Wollen **Daraus-Lernen**
Zukunft Vergangenheit
Handlungs-Ich Erkenntnis-Ich

Was verstehen wir unter diesen Begriffen?

»Annehmen« ist eine gegenwärtige, gefühlsmäßige Reaktion des Beziehungs-Ichs. Ereignisse annehmen heißt positive wie negative Gefühle bei sich zulassen und nicht abwehren. Menschen, die zufrieden und erfolgreich in ihrem Leben sind, stehen auch zu ihren Fehlern. Menschen jedoch, die unglücklich und wenig erfolgreich sind, machen häufig andere und/oder irgendwelche Umstände dafür verantwortlich – auch für ihre Erfolge. Sie stehen nicht zu ihrem Tun, entziehen sich möglichen Konsequenzen durch Flucht (Drogen, Alkohol etc.) und geben sich selbst auch wenig Anerkennung.

»Daraus-Lernen« hat mit Erkennen und mit Ich-Identität zu tun; beides sind Funktionen unseres Erkenntnis-Ichs. Daraus-Lernen analysiert Ereignisse und fragt nach ihren Ursachen, bezieht sich also auf Vergangenes. Gerade diese erkennende Phase ist von Ungewißheit und Rückschlägen bestimmt. Man kann sich unsicher und hilflos fühlen, doch auch herausgefordert und neugierig sein.

»Dorthin-Wollen« – das Sich-Ziele-Setzen – ist auf die Zukunft bezogen und vom Handlungs-Ich initiiert. Besonders nach der Lektüre der oben angeführten Bücher wird uns klar, wie unverzichtbar es ist, sich realistische, attraktive Bilder und Vorstellungen von dem Ziel zu machen, das wir erreichen wollen, und welche zukunftsgestaltenden Kräfte darin liegen. Neu ist, daß dies auch die Psychotherapie erkannt hat.

Die Reihenfolge Annehmen → Daraus-Lernen → Dorthin-Wollen beziehungsweise Fühlen → Erkennen → Handeln ist die psychographische Codierung des **Beziehungstyps**, ausgehend von seinem Persönlichkeitsbereich über den Entwicklungsbereich hin zum Zielbereich. Dieser Weg ist auch eine wichtige Abfolge bei einer maßgeschneiderten Lösung von Problemen (besser ist es, die Bezeichnung »Problem« zu vermeiden und neutraler von einem »beklagten Sachverhalt« zu sprechen). Man kann dem **Beziehungstyp** optimal helfen, wenn man sich in einem Gespräch an diese Reihenfolge hält. – Unabhängig von seinem spezifischen Weg ist diese Abfolge generell eine erfolgreiche Handlungsstrategie: gefühlsmäßige Betroffenheit, dann lösungsorientiertes Denken und anschließendes Entscheiden und planmäßiges Handeln.

Der spezifische Weg des **Sachtyps** beginnt mit dem sinnenhaften Erkennen. (In diese Abfolge treten auch die anderen Persönlichkeitstypen ein, wenn sie jemanden attraktiv und interessant finden, ihm also sinnenhafte Aufmerksamkeit schenken.) Dann folgt das Handeln: Man geht auf den anderen zu. Daran schließt sich das eigentliche Beziehungsverhalten an, indem man den anderen beispielsweise anlächelt. Das ist der Weg Erkennen → Handeln → Fühlen, die psychographische Codierung oder die Entwicklungslinie Souveränität des **Sachtyps**. Das heißt, Ziele, die er sich setzt und Entscheidungen, die er trifft, setzen bei ihm (Handlungs-)Energien frei und verbessern die Konditionen, die zum Erreichen seiner Ziele wichtig sind. Das gibt ihm das souveräne Gefühl, die Dinge im Griff zu haben. – Wenn also die Erfüllung des entwickelten und eigenbestimmten **Beziehungstyps** im kreativen Handeln liegt, dann die vom **Sachtyp** in einem liebevollen und gebenden Beziehungsverhalten.

Der **Handlungstyp** will auf ein befreiendes Erkennen hinaus, denn seine psychographische Abfolge setzt bei praktischen Dingen ein, also mit dem Handeln. Dann folgt das Fühlen und schließlich das Nachdenken und Erkennen. Die charakteristische Codierung Handeln → Fühlen → Erkennen wurde im letzten Kapitel als Entwicklungslinie Spontaneität bezeichnet.

Wo liegen nun die spezifischen Gefahren für die einzelnen Persönlichkeitstypen bei der Abfolge ihrer psychographischen Codes?

Der **Beziehungstyp** modelt das Annehmen, also die gegenwärtigen Ereignisse, gefühlsmäßig um: der **Typ 2** durch Gefühlsüberschwang, der **Typ 1** durch Gefühlskontrolle. Damit kommt für ihn der objektive Aspekt des Geschehens nicht oder nur sehr wenig zur Geltung. Deshalb bleibt sein zukünftiges Handeln egozentrisch, selbst da, wo es fremdbestimmt ist. Das hindert den **Beziehungstyp** daran, sich vertrauensvoll, gelassen und interessiert auf das Erkennen einzulassen, auf das eigentliche Daraus-Lernen. Dazu müßte er innerlich eine Haltung einnehmen, die offen und zugleich passiv ist und von der subjektiven zur objektiven Seite hin wechselt. Er macht selbstverständlich viele Erfahrungen im Leben, doch er lernt dann so gut wie nichts daraus. – Pointiert könnte man sagen: Der **Beziehungstyp** ist der Mensch ohne Vergangenheit.

Beim Dorthin-Wollen steht der **Beziehungstyp** vor der Entscheidung, ob er selbst- oder fremdbestimmt seine Ziele realisiert. Dabei läßt sich der **Typ 1** eher von dem leiten, was »in« ist. Der **Typ 2** möchte es seinen Lieben recht machen, aber auch möglichst von allen geliebt werden. Nicht einfach für ihn zu lösen. So wie er sich dabei selbst manipuliert, versucht er auch andere zu beeinflussen. – Darum hat das Handeln des **Beziehungstyps** meist die Aspekte einer fremdbestimmten Egozentrik.

Der **Sachtyp** neigt beim Annehmen dazu, fremdbestimmt zu empfinden, das heißt, er blendet seine eigenen Gefühle aus und lebt von den Gefühlen der anderen. Dadurch erfaßt er zwar den objektiven Aspekt des Geschehens erstaunlich gut, aber nicht den eigenen, subjektiven, denn er selbst bleibt davon merkwürdig unberührt. Damit vernachlässigt er auch im weitesten Sinne seine eigene Person. – Der **Sachtyp** leidet daher an einer fremdbestimmten Pseudo-Objektivität.

Beim Dazu-Lernen dramatisiert der **Sachtyp**. Er denkt zuviel, grübelt und sinniert (meist über das, was in seinem Leben schiefgelaufen ist), verliert dann den Faden und fällt so eher Zufalls- und Adhoc-Entscheidungen, die nicht nur wenig erfolgreich sind, sondern auch noch selbstschädigend sein können. (Ist jemand »geistesabwesend« oder »gedankenverloren«, so umschreiben diese Adjektive in etwa jenen Verlust an tatkräftigem Wirklichkeitsempfinden.) In einer Art Selbstvergessenheit verliert sich der **Sachtyp** im Objektiven. Seine Subjektivität erlebt und erleidet er dann oft in depressiven Verstimmungn, die wiederum sein Dorthin-Wollen lähmen. – Ist der **Beziehungstyp** der Mensch ohne Vergangenheit, so ist der **Sachtyp** gewissermaßen der Mensch ohne Zukunftsperspektiven.

Der **Handlungstyp** tut sich – solange er seine Schlüsselenergien noch wenig entwickelt hat – am schwersten von allen Persönlichkeitstypen mit dem gefühlsmäßigen Annehmen. Statt dessen mißt und bewertet er seine Erfahrungen an übernommenen Maßstäben und packt sie in (Entweder-Oder-) Raster wie richtig oder falsch, gut oder böse, anständig oder unanständig. Durch seine Schwarzweißmalerei übergeht und erschlägt er die eigene, lebendige Erfahrung, und zugunsten von Pflicht, Regeln und Anordnungen versäumt er wertvolles gegenwärtiges (Er-)Leben.

Da der **Handlungstyp** alles perfekt und richtig machen

möchte, korrekt und fehlerfrei, wird er sich beim Daraus-Lernen fremdbestimmt verhalten. Aus seiner sittlichen, moralischen oder ethischen Verpflichtung heraus denkt er starr und zwanghaft, ja, man kann sagen: Er neigt im Denken zum fremdbestimmten Rigorismus.

Der **Handlungstyp** dramatisiert beim Dorthin-Wollen. Sein starkes Bedürfnis, sich abzusichern, ist wohl der Grund, warum er zu nachdrücklich plant und zu viel tut. Damit verplant er sich und andere und macht sie und sich zum Sklaven seiner Ziele.

Läßt sich der **Beziehungstyp** aufs Beziehungsverhalten ein, dann startet er zwar von seiner Domäne aus, aber er hat meist Schwierigkeiten zu erkennen, wer der richtige Partner für ihn ist. Er handelt sehr oft nach seinen momentanen und rasch wechselnden Gefühlen (oder wie es »in« ist oder wie es beim anderen gut ankommt), und er ist dann – je nachdem – sehr glücklich oder sehr unglücklich. Sein Beziehungsverhalten hat etwas von einem Lotteriespiel: Nach vielen Nieten kommt (vielleicht) der große Treffer.

Der **Sachtyp** erkennt zwar genau, wer zu ihm paßt, doch weil er so schüchtern ist, bleibt er passiv oder verhält sich ungeschickt. Meist paßt er sich an die Gefühle des anderen an. So findet er zwar leicht Partner, doch die Beziehung ist für den anderen wenig ergiebig und beglückend, weil er sich nicht wirklich aufrichtig geliebt fühlt.

Der **Handlungstyp** meint zwar, er hätte den richtigen Partner gefunden und »tut« dann viel für die Beziehung, doch auf zartes Beziehungserleben läßt er sich kaum ein. So ist er (oft ein Leben lang) für den anderen eher ein guter Freund und prima Kumpel als ein Liebhaber oder eine Geliebte. Das hat den Vorteil einer handfesten, aber etwas unbefriedigenden Beziehung.

Welche spezifischen Probleme haben die Persönlichkeitstypen beim Erkennen? Hier macht der **Beziehungstyp** Erfahrungen, die oberflächlich, eingefärbt und meist kritiklos von anderen übernommen sind. Sein mangelhafter Durchblick läßt ihn zynisch und abwertend reagieren, und viele an sich positive Dinge schmettert er ab mit dem Satz: »Das ist doch alles doof!« – Der **Sachtyp** ist zwar im Erkennen zu Hause, hat aber oft zu wenig ich-stabilisierende Erfahrungen gemacht. Deshalb denkt er resigniert: »Ich bin halt ein Versager!« – Der **Handlungstyp** hat seine moralischen Scheuklappen auf und lernt zu wenig dazu, weil er seine Gefühle übergeht und sich nicht erlaubt, eigenständig zu denken.

Der Ausweg ist die konsequente Umsetzung der Schlüsselenergien: Für den **Beziehungstyp** beginnt eine große positive Veränderung, wenn er vor dem Handeln erst mal klar und konsequent nachdenkt – dann wird er eigenbestimmt handeln. Der **Sachtyp** bekommt (neuen) Schwung, wenn er sich klarmacht, daß es keine persönlichen Mißerfolge, sondern nur Erfahrungen gibt und auch schmerzliche Gefühle durchaus wertvolle Gefühle sein können. Und der **Handlungstyp** wird eigenständig und menschlich denken, wenn er sich auf seine Gefühle (und die von anderen) einläßt.

9. Miteinander reden – aber wie?

Will man den Partner erreichen, muß man seine typische Sprache sprechen. Dann betrifft ihn das Gesagte, es geht ihm »in den Kopf«, »unter die Haut« oder auch »zu Herzen«, je nachdem. Dann kommt auch eine Anerkennung bei ihm an, und er freut sich darüber, läßt sich motivieren und begeistern.

Spricht man dagegen immer nur die eigene Sprache, dann werden einem viele Gesprächspartner nicht nur schlecht, sondern vielleicht auch gar nicht zuhören. Vieles von dem, was man sagt, geht an ihnen vorbei, erweckt kein Echo, findet bei ihnen keine Resonanz. Das ist so, wie wenn man jemanden, der klassische Musik liebt, mit Pop- oder Jazzmusik die Ohren volldröhnt – oder umgekehrt. Der andere wird gegenüber der fremden Musik dichtmachten. Hört er aber seine Lieblingsmusik, so öffnet er sich, freut sich und lauscht ihr genußvoll.

Werden wir in einer »fremden« Sprache angeredet, so kommt es zu typischen »Empfangsstörungen«: Wenn der **Beziehungstyp** die bestimmend-kollegiale Sprache des **Handlungstyps** hört, fühlt er sich meist autoritär von oben herab behandelt und manipuliert. Und an der wenig emotionalen Sprache des **Sachtyps** wird er die herzliche Wärme vermissen. – Doch auf die kontaktfreudig-analytische Sprache des **Beziehungstyps** kann der **Sachtyp** mit Mißtrauen und dem Gefühl reagieren, von ihm verhört oder kritisiert zu werden, oder er (miß-)versteht die liebenswürdige Zuwendung des **Beziehungstyps** gleich als Liebeserklärung. – Und die objektiv-sachliche Sprache des **Sachtyps** kann den **Handlungstyp** irritieren, und er wird sich dann denken: »Das ist alles ganz richtig, aber was will er denn eigentlich damit sagen?«

Wenn es so läuft, dann fehlt nicht nur der direkte Draht zum anderen, über den das Gesagte vertraut und sympathisch klingt, auch das inhaltliche Sich-Verstehen und Sich-Verständigen ist erschwert. Denn unterschiedliche Sprachen verweisen auf unterschiedliche Werte und Ziele, die mit dem jeweiligen Entwicklungs- und Zielbereich zusammenhängen: Der **Handlungstyp** steuert über das Gefühl das Denken an. Er wird also Fragen stellen oder Aussagen machen, die letztlich auf Erkenntnisse hinauslaufen, in denen ihm aber Gefühle der Sympathie, Wertschätzung und Lebensfreude wichtig sind.

Der **Beziehungstyp**, dem es letztlich ums Handeln geht und für den Erkenntnisse relevant sind, kann mit den Fragen oder Aussagen des **Handlungstyps** nicht allzuviel anfangen. Wenn er ihre emotionale Absicht nicht erkennt, wird er ihnen Handlungsabsichten unterstellen, oder er versteht sie als bloße Faktenaufzählerei. Und die gefühlvolle Seite wird er vielleicht als sentimentale Wichtigtuerei und Gefühlsschmus abtun, weil seine Gefühlswelt eine andere ist. Doch damit kann er den **Handlungstyp** nicht nur tief verletzen, er mißversteht ihn auch gründlich.

Dem **Handlungstyp** geht es mit den Aussagen des **Beziehungstyps** nicht viel besser. Der **Beziehungstyp**, der auf Klärung von Sachverhalten viel Wert legt, meint, mit vielen Ja-aber-Sätzen ans Ziel zu kommen. Die nerven aber nicht nur den **Sachtyp**, zudem hat der **Handlungstyp** den Eindruck, der **Beziehungstyp** wolle sich ihm gegenüber besserwisserisch profilieren. Und vor den meist sprunghaften Sätzen geht er in Deckung oder reagiert aggressiv.

Das heimliche Anliegen des **Sachtyps** ist, daß man ihn gern hat. Ihm geht es also um das Thema Beziehung. Doch das spricht er nicht an. Statt dessen redet er über sachliche Dinge und meint so, Interesse für sich hervorzulocken. Oder er streicht gleich am Anfang seine Leistungen als Erfolge heraus, was den anderen Persönlichkeitstypen dann als (peinliche) Angeberei erscheinen mag. Da sie nicht wissen, wie wichtig Interesse an seiner Person, erfolgreiches Handeln und mit sich im reinen zu sein für seine Ausgeglichenheit ist, werden sie vielleicht abschätzig lächeln und ihm einen Dämpfer verpassen.

So in etwa laufen viele Gespräche und Diskussionen ab. Der eine Gesprächspartner kann das Gesagte nicht aus dem Kontext des anderen heraus verstehen, kann ihm nicht nachfühlen und nachsehen, daß auch er Unsicherheiten und Ängste hat, die er überspielt, Schwachstellen, wo er sich Mühe geben muß, und daß er da doch gerade besondere Anerkennung verdient! Wen wundert es, wenn die Atmosphäre unstimmig, angespannt und gereizt ist.

Um die Sprache und das Denken des anderen zu verstehen, ist es wichtig, ihm genau zuzuhören. Besonders aufschlußreich sind Gespräche, wenn es dem Partner gutgeht. Dann wird er von erfreulichen Dingen erzählen, zum Beispiel von seinem Hobby oder einem Erfolgserlebnis, und mit dieser Aussage in seiner spezifischen Sprache Entwicklungsbereich und Schlüsselenergien deutlich machen.

Meist hält sich jeder Persönlichkeitstyp sprachlich zuerst in seinem Persönlichkeitsbereich auf, bevor er in seine Schlüsselenergien geht:

Der **Beziehungstyp** wird die emotionale Seite einer Situation (oder eines Problems) akzentuieren oder dramatisch herausarbeiten. Das muß nicht unbedingt heißen, daß er von seiner eigenen gefühlsmäßigen Betroffenheit spricht. Seine Schilderungen können auch darauf abzielen, beim Zuhörer eine emotionale Reaktion zu provozieren. Spricht er von seinen Erfolgen, etwa daß er eine Strategie entwickelt hat, um ein bestimmtes Problem zu lösen, dann hat er mehr oder systematischer als sonst von seinen Fähigkeiten des Erkennens Gebrauch gemacht.

Der **Sachtyp** wird lang und breit erklären und informieren, wie er sich einer schwierigen Aufgabe gestellt, sie entschlossen und tatkräftig angepackt und Widerstände überwunden hat. Entgegen der Erwartung anderer sei er damit erfolgreich gewesen und habe Anerkennung dafür bekommen.

Und der **Handlungstyp** erzählt häufig von menschlichen Begegnungen, oder wie er jemand in einer schwierigen Situation helfen konnte. Sein liebevolles Engagement kann auch der Natur oder Tieren gelten. Doch eine problematische Situation wird er in einem festgefügten Rahmen aus Vorurteilen und Bewertungen präsentieren und zwar so bombenfest, daß eine konstruktive Problemlösung so gut wie ausgeschlossen erscheint.

Daß Menschen so aneinander vorbeireden können – und damit auch aneinander vorbeileben –, ist nichts Neues. Doch was geschieht, wenn keine gemeinsame »Sprache« mehr gesprochen wird, wenn Botschaften, Interessen, Meinungen, Ideen, Vorschläge, Fragen ins Leere laufen? Nun, das wird an folgendem Beispiel deutlich:

Katja fühlte sich seit einiger Zeit unwohl, ohne recht zu wissen, was die Ursache dafür war. In einem beratenden Gespräch sollte ich (D. F.) herausfinden, wo die Ursache dafür liegen könne. Katja erzählte unter anderem von der Freundschaft zu einem netten, etwas jüngeren Mann, den sie fast täglich traf. Er war freundlich, aufgeschlossen, hilfsbereit und hörte ihr gern zu, wenn sie von sich erzählte. Eigentlich kein Grund für ihr Unwohlsein – so jedenfalls erschien es zunächst.

Und doch war diese Beziehung nicht so stimmig, wie es den Anschein hatte. Dieser junge Mann war seit längerem Katjas einziger Gesprächspartner. Sie war ihm überlegen an Lebenserfahrung, gefühlsmäßiger Sensibilität und in der Art, wie sie ihre Interessen verwirklichte. So ergab es sich bei den Treffen wie von selbst, daß sie ihm von sich erzählte, während er nur zuhörte, was sie wiederum anregte, noch mehr von sich zu erzählen. Daß sie sich nach diesen Monologen leer und unbefriedigt fühlte, verdrängte sie. Was aber war bei den beiden abgelaufen? Vieles, worüber Katja sprach, war ihrem Freund neu oder fremd. Er konnte ihr zwar aufmerksam zuhören, doch er war nicht fähig, etwas Eigenes hinzuzufügen oder auch entgegenzusetzen und so einen Dialog mit ihr zu führen. Katja fehlte schlicht ein Echo, Austausch oder eine Resonanz.

Kommunikative Resonanz ist also mein Widerhall in der Person des anderen, ist sein Mitschwingen, Austausch, seine Antwort, sein Verständnis mit dem oder für das, was ich sage, meine, denke, empfinde und fühle. Auch von der Persönlichkeitsstruktur her war die zu erwartende Resonanz gering: Katja ist ein kommunikativer **Beziehungstyp**, ihr Freund vermutlich ein weniger entwickelter, daher schweigsamer und mehr sinnender **Sachtyp**. Somit hat diese Verbindung auch ihr typisch kommunikatives Problem.

Kommunikative Resonanz entspricht dem Modell vom Verstärken und Löschen aus der Verhaltenstherapie: Erfahrungen, die sich in den Erfahrungen der anderen widerspiegeln, werden verstärkt, Erfahrungen ohne Entsprechung oder Spiegelung in anderen werden gelöscht. Während des Gesprächs mit mir fühlte sich Katja freilich recht wohl, denn sie sprach über Erlebnisse, die sie bewegten und interessierten, und sie fand in mir einen Zuhörer, der gut weiß, wie man sich auf einen **Beziehungstyp** einstellt; indem man nämlich ganz emotional mitgeht. Der Fachbegriff dafür ist »Pacing«. Doch dazu später.

Was Katja als Antwort auf ihre lebhafte und gefühlsmäßige Erzählweise von ihrem Freund erhielt, waren »vernünftige«

Reaktionen wie Aufmerksamkeit, Interesse, Verständnis. Ihr schlechtes Gefühl konnte sie sich nicht erklären, doch vieles von dem, was ihr wertvoll war, wurde von ihrem Freund gelöscht. Auf Dauer führte dies bei ihr zu einer inneren Erschöpfung, verbunden mit dem Gefühl von Frust und Verunsicherung.

Sicher, es ist verwirrend, daß das Löschen in einer so freundschaftlichen Atmosphäre erfolgt, wo der spezifische Mangel an Resonanz schwer erkennbar und korrigierbar ist und das Löschen um so gravierendere Folgen haben kann. So etwas geschieht sehr häufig in sogenannten »guten Beziehungen«, in denen sich jeder Mühe gibt und vor lauter gutem Willen nicht merkt, wie er am anderen vorbeiredet und -lebt. Dann kann es zu ebenso »unerklärlichen« psychosomatischen Erkrankungen kommen. Während sich das Bewußtsein noch über das tatsächlich ablaufende Geschehen hinwegtäuscht, hat das Unbewußte längst die Situation registriert und die (psycho-physische) Notbremse gezogen.

Werden bestimmte Qualitäten über einen längeren Zeitraum hinweg permanent gelöscht, so gehen sie irgendwann tatsächlich verloren. Das geschieht immer wieder und sehr nachhaltig in der Erziehung. Verbote wie »Fühle nicht!«, »Vertraue nicht!«, »Sei nicht du selbst!« oder »Spüre nicht, was du willst!« werden nicht nur in traumatisierenden Situationen quasi punktuell vermittelt, sondern mehr noch »atmosphärisch« durch ein andauerndes Löschen über einen längeren Zeitraum hinweg. Dies geschieht oft so unauffällig zwischen den Zeilen, daß nur ein Fachmann, etwa ein Familientherapeut, die Löschvorgänge identifizieren und damit erkennbar und korrigierbar machen kann.

Das Löschen kann sich auf alle Lebensbereiche beziehen: In der Beziehung führt es zum emotionalen Ausbrennen, der Verminderung oder dem Verlust der gefühlsmäßigen Sensibilität, zur Flucht in Traum- und Idealwelten, zum Mangel an Liebesfähigkeit und/oder an Einstehen für den anderen.

Im Erkennen führt es zu Störungen in der Wahrnehmung und im Selbstbewußtsein, zu Größenwahn und Depressionen, zur inneren Kündigung, zu einer Verminderung der geistigen Fähigkeiten, zu Identitätsschwäche und Identitätsverlust. Im Handeln führt es zum Verlust der Arbeits- und Lebensfreude, der Spontaneität und Kreativität, zur Angst vor anderen Menschen, zu dem Gefühl, verfolgt zu werden, zu Scheu vor Verantwortung, Willensschwäche und Entscheidungsskrupeln.

Der typische Zuwendungsmangel (wir erinnern: beim **Beziehungstyp** der an liebevoller Zuwendung, beim **Sachtyp** der an aufmerksamer sinnenhaft-geistiger Zuwendung, beim **Handlungstyp** der an erlaubender Zuwendung) sitzt so tief in uns, daß auch die Beziehungspartner leider oft nach diesen alten (Mängel-)Mustern ausgewählt werden. So geschieht es dann, daß beide, ohne es zu wissen, lange, ohne es zu wollen, sich gegenseitig in ihre alten Kerben hauen: Der **Beziehungstyp** sucht sich also jemanden, der ihn (wieder) emotional unterversorgt, der **Sachtyp** einen, der nicht zuhören kann, und der **Handlungstyp** jemanden, der ihn reglementiert.

Dazu kommt noch eine weitere Tragik. Zwar sammelt der **Beziehungstyp** ständig »Liebespunkte«, der **Sachtyp** »Aufmerksamkeitspunkte« und der **Handlungstyp** »O.k.-Punkte«. Doch genau an diesen Stellen sind alle schlechte »Futterverwerter«, sind Vielfraße, die nicht satt werden. Und durch dieses Immer-noch-punkten-Müssen bleibt jeder Strukturtyp auch auf seinen Persönlichkeitsbereich fixiert und gelangt nicht in seinen Entwicklungsbereich mit den Schlüsselenergien.

Eine wesentliche Hilfe zum Start in die Schlüsselenergien ist das oben schon erwähnte »Pacing«. Es ist zugleich die wichtigste Entdeckung der modernen Kommunikationswissenschaft. Der Begriff kommt aus dem Englischen und heißt soviel wie »mit jemandem Schritt halten«. Pacing ist weit mehr als nur eine neue Kommunikationstechnik. Es ist ein neues Verstehen, das Kommunikation und Beziehung qualitativ erhöht.

Aus irgendeinem Grund glauben wir immer noch, daß wirksame Mittel kompliziert sein müssen. Doch Pacing ist einfach, so einfach, daß man es erst spät entdeckte oder auch immer wieder vergessen hat. Es ist (simple) Übereinstimmung mit dem anderen auf der nonverbalen Ebene. Übereinstimmung bedeutet hier, daß Sender und Empfänger auf derselben Frequenz oder Wellenlänge sind. (In der Psycho-Sprache nennt man dieses Phänomen ein »positives Feedback«.) Es ist dann so, als ob man die »Lebensmelodie« des anderen aufnimmt, musikalisch begleitet und verstärkt. So gesehen, ist Pacing wohltuend, heilsam und motivierend, und es ist zugleich die direkteste Form der Anerkennung für den anderen, die möglich ist. Was sind die Voraussetzungen für gelingendes Pacing?

Das Wort »anerkennen« setzt sich zusammen aus »erkennen« und der Vorsilbe »an«, was soviel wie »hin zu« dem anderen bedeutet, ihn in seiner Wesensart annehmen und bestätigen. Es meint, dem anderen das zurückzugeben, was ich von ihm weiß. Pacing setzt also Erkennen voraus. Dazu gibt es zwei Zugänge: über die Wahrnehmung und das Wissen. Bisher hat man Pacing nur als ein direktes Nachahmen des Gesichtsausdrucks, der Körperhaltung, der Sprechweise gekannt. Doch mittels der Psychographie ist uns ein erweiterter, tieferer Zugang zum Partner möglich, indem wir seinen Persönlichkeitsbereich »pacen«.

Habe ich es also mit einem **Beziehungstyp** zu tun, so gehe ich in mein eigenes Beziehungs-Ich, bin lebendig, emotional, spontan, verhalte mich kommunikativ und einfühlend. Spreche ich mit einem **Sachtyp**, so gehe ich in mein Erkenntnis-Ich, bin aufmerksam, interessiert, entspannt, sachlich und objektiv. Rede ich mit einem **Handlungstyp**, so gehe ich in mein Handlungs-Ich, spüre die kraftvolle Energie, Entschlossenheit, Gradlinigkeit und Zuverlässigkeit.

Wenn ich mich typspezifisch auf mein Gegenüber einlasse, fühlt sich der andere sofort akzeptiert, verstanden und anerkannt. Da er sich auch sicher fühlt, kann er wiederum in seine Schlüsselenergien gehen, das heißt, das Gespräch gewinnt dadurch an besonderer Qualität. Und ich habe für mich den Vorteil, daß ich besser verstehe, was den anderen bewegt, was in ihm vorgeht, was er meint. Außerdem mache ich die wohltuende Erfahrung, daß ich durch Pacing auch inhaltlich besser zuhören kann und in die Aussagen des anderen weniger meine eigenen Bedeutungen hineininterpretiere.

Untersucht man die Beziehungen zwischen den Persönlichkeitstypen psychographisch, so zeigt sich, daß die Beziehung zwischen Menschen vom selben Persönlichkeitstyp zunächst leichter funktioniert: Die Ähnlichkeit der Partner verbessert die kommunikative Resonanz, es findet zwischen ihnen viel »natürliches« Pacing statt. Solche Beziehungen wirken echter, selbstverständlicher und stimmiger. Doch die eben nicht verwirklichten Anteile der eigenen Person werden zu einer starken Faszination in fremden Persönlichkeitstypen – und führen so zu einer gewissen Anfälligkeit für Außenbeziehungen.

Bei einer Beziehung zwischen wenig entwickelten Persönlichkeiten von unterschiedlicher Struktur kann zwar die gegenseitige Faszination groß sein, aber die kommunikative Resonanz und das Pacing recht gering: Der **Beziehungstyp** fühlt sich in seinen Emotionen nicht angenommen und erfährt so zu wenig Verständnis, liebevolle Geborgenheit und Schutz. Der **Sachtyp** findet für sein Denken keine Entsprechung und

152

für seine Person zu wenig Interesse und Beachtung, und der **Handlungstyp** fühlt sich in seiner Fürsorge mißverstanden und in seinen Gefühlen zu wenig angesprochen. Das führt freilich bei den Partnern zu gegenseitigem Frust.

Aber wir müssen uns nicht damit abfinden, in unserer Beziehung unerfüllt und unglücklich zu sein. Voraussetzung ist auch, daß wir die weit verbreitete Illusion aufgeben, Liebe hätte die Macht, alle Probleme zu lösen. Es ist genau umgekehrt: Wir müssen unsere Probleme lösen, damit die Faszination für den anderen nicht erlischt. Hier kann die Psychographie dazu beitragen, daß Probleme erst gar nicht entstehen, weil wir den anderen verstehen. Und Pacing ist der Weg, dieses Sich-Verstehen auszudrücken und real werden zu lassen. – Freilich, es muß ein gegenseitiges Geben und Nehmen sein. Auf die Dauer kann ein Partner nicht allein für die Beziehung arbeiten.

Dem Partner, Freund oder Mitarbeiter etwas Unangenehmes sagen zu müssen fällt vielen schwer. Wir befürchten eine Verschlechterung der Beziehung, und unsere Unsicherheit kann dazu führen, daß wir entweder den Ärger hinunterschlucken oder unangemessen schroff reagieren oder ewig um den heißen Brei herumreden. Und genau dadurch wird das passieren, was wir befürchtet haben: Das Verhältnis zum anderen wird tatsächlich schlechter!

Hier sind sogenannte »Ich-Botschaften« eine große Hilfe, denn durch sie wird der andere angeregt, von sich aus etwas besser zu machen und seine Vorstellungen und Lösungsvorschläge zum Problem einzubringen. Die weniger ratsame Variante sind die sogenannten Sie- beziehungsweise Du-Botschaften wie:

»Achten Sie doch bitte darauf, daß *Sie* ...!«

»Könnten *Sie* nicht etwas ...!«

»Jetzt haben *Sie* schon wieder ...!«

»Lassen *Sie* sich den Rat geben ...!«

»Ich verstehe einfach nicht, warum *Sie* ...!«

Bei wem lösen diese Botschaften nicht negative Gefühle und mehr oder weniger schmerzliche Erinnerungen an Situationen aus, in denen er früher als Kind oder Jugendlicher bloßgestellt, ausgeschimpft oder bestraft wurde? Wir reagieren unbewußt mit alten Ängsten, Schuldgefühlen und entsprechenden Gegenreaktionen.

Der so Angesprochene wird den größten Teil seiner Energie kaum für die Lösung des anstehenden Problems einsetzen, sondern für seine Verteidigung und Rechtfertigung. Er wird sich krampfhaft bemühen, eventuelle Fehler zu vertuschen oder sie anderen in die Schuhe zu schieben, er wird ärgerlich, rebellisch oder überangepaßt reagieren. Das sind selbstverständlich keine optimalen Voraussetzungen für eine Problemlösung, sondern das ist der Einstieg in ein Psycho-Spiel.

Was bewirke ich aber mit einer Ich-Botschaft, die zum Beispiel so lautet:

»*Ich* ärgere mich darüber, daß ...«

»*Mir* ist neulich aufgefallen, daß ...«

»*Mein* persönlicher Wunsch ist, daß ...«

Mit der Botschaft »Ich ärgere mich darüber, daß ...« lenke ich die Aufmerksamkeit auf meine Gefühle und spreche gleichzeitig die Gefühle des Partners an. Vielleicht hat er sich in derselben Situation auch geärgert oder war ängstlich und bedrückt? Diese Botschaft ist ein subjektiver Gesprächseinstieg, ein Appell an den anderen, auf mein Gefühl zu reagieren – also eine beziehungsorientierte Ich-Botschaft.

Die zweite Ich-Botschaft »Mir ist neulich aufgefallen, daß ...« lenkt die Aufmerksamkeit des anderen auf meine Wahrnehmung. Ein analoger Gesprächseinstieg wäre: »Ich habe darüber nachgedacht ...« oder: »Mich interessiert ...«. Hier lenke ich die Aufmerksamkeit des anderen auf mein

Denken und spreche gleichzeitig auch seine Beobachtungen und sein Nachdenken an. Er wird sich an sie erinnern und mit eigenen Überlegungen in das Gespräch einsteigen. Diese Botschaft ist ein sachlicher, objektiver Gesprächseinstieg und eine Herausforderung an den anderen, ein Problem durch Nachdenken und Beobachten zu lösen, also eine erkenntnisorientierte Ich-Botschaft.

Die dritte Botschaft »Mein persönlicher Wunsch ist, daß ...« oder »Ich möchte am liebsten, daß ...« lenkt die Aufmerksamkeit auf mein Wollen und Handeln. Gleichzeitig spreche ich es beim anderen an. Vielleicht will er etwas Ähnliches oder etwas ganz anderes? Dies ist ein praktischer Gesprächseinstieg, ein Appell, durch Wollen und Handeln ein Problem zu lösen, also eine handlungsorientierte Ich-Botschaft.

Auf die drei Lebensbereiche übertragen, wird uns klar, daß es keineswegs beliebig ist, welche Art Botschaft ich auswähle (eine beziehungs-, erkenntnis- oder handlungsorientierte), da sie ein wirksames Steuerungsinstrument in einem Gespräch ist. Inadäquate Botschaften werden den Gesprächsverlauf verwirren. Es wird viel geredet und wenig gesagt, eventuell noch mehr gestritten. Damit Gespräche befriedigend, erfolgreich und atmosphärisch angenehm verlaufen, ist es sinnvoll, sie situationsadäquat zu führen. Dann überlege ich mir vor dem Gespräch, was ich eigentlich erreichen möchte, ein Beziehungs-, Erkenntnis- oder ein Handlungsziel? Das heißt, will ich eine gefühlsmäßige Verbesserung der Beziehung anstreben, oder will ich etwas erkennen, etwas herausfinden beziehungsweise verstehen, oder will ich etwas machen und praktisch verändern?
Der Einstieg in diese Art Gespräche läßt sich auch am Psychographie-Dreieck verdeutlichen:

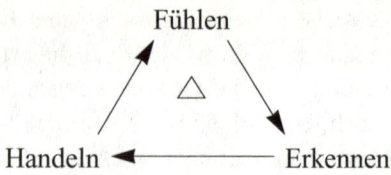

Fühlen

Handeln ← Erkennen

Die Abfolge einer beziehungsorientierten Ich-Botschaft wird vom Fühlen über das Erkennen zum Handeln gehen, zum Beispiel: »Ich freue mich ..., dich zu sehen – ich möchte mich gerne mit dir unterhalten!« Im Grunde würde auch schon reichen: »Ach, ich freue mich so!«

Für die erkenntnisorientierte Ich-Botschaft gilt die Reihenfolge Erkennen → Handeln → Fühlen, zum Beispiel: »Ich habe beobachtet, daß ... – ich möchte herausfinden, womit das zusammenhängt – ich würde mich freuen, wenn ich diese Frage lösen könnte.« Auch hier ist es manchmal besser, nur einen Impuls zu setzen, etwa: »Ich habe beobachtet ...« und die anderen weiterdenken zu lassen.

Bei der handlungsorientierten Ich-Botschaft wäre die Abfolge Handeln → Fühlen → Erkennen, zum Beispiel: »Ich möchte, daß wir ... – ich ärgere mich darüber, wenn ... – ich denke, wir können dies bis ... schaffen.« Auch hier ist es nicht immer notwendig oder gar zweckmäßig, die Ich-Botschaft vollständig zu formulieren.

Freilich, Situationen sind vieldeutig, und aus ihnen ist nicht immer eindeutig abzulesen, ob es sich um eine Beziehungs-, Erkenntnis- oder Handlungssituation dreht. Wenn ich annehme, daß die Beziehung zum Partner nicht intakt ist, und ich sie verbessern möchte, wäre ein beziehungsorientierter Einstieg in das Gespräch gut: »Ich habe mich nicht gut gefühlt nach unserem Gespräch gestern. Du hast auf mich sehr reserviert gewirkt, und ich frage mich, habe ich dich verletzt oder geärgert? Darüber möchte ich mit dir sprechen.«

Wenn ich weder an der Beziehung noch am Verhalten des anderen etwas ändern möchte, sondern einfach nur neugierig bin, warum ich mich unwohl gefühlt habe, bringt mich eine erkenntnisorientierte Ich-Botschaft weiter: »Mir ist aufgefallen, daß ich mich nach unserem Gespräch gestern schlecht gefühlt habe. Ich weiß nicht, was die Ursache war. Ich würde das gerne herausfinden.«

Wenn mir jedoch die Situation klar erscheint und ich davon ausgehen kann, daß die Beziehung in Ordnung ist, ich aber trotzdem möchte, daß sich der Partner anders verhält, dann ist eine handlungsorientierte Ich-Botschaft sinnvoll. Dabei ist der subjektive Wunsch so zu formulieren, daß beide Partner ihn bejahen können: »Ich möchte, daß Gespräche für uns beide einen guten Verlauf nehmen. Gestern habe ich mich unwohl gefühlt. Du hast auf mich einen reservierten Eindruck gemacht, und ich frage mich, habe ich dich verletzt oder verärgert?«

Ähnliches gilt für die Steuerung des Gesprächsverlaufs. Auch hier werde ich versuchen, immer wieder die entsprechenden Impulse zu setzen. Wenn mein Gesprächsziel mit der Lieblingsstrategie meines Gesprächspartners übereinstimmt, also ein Beziehungsziel beim **Beziehungstyp**, ein Erkenntnisziel beim **Sachtyp** oder ein Handlungsziel beim **Handlungstyp**, wird es nicht schwer sein, beim Thema zu bleiben und Konsens zu erreichen. Doch treffe ich auf den defizitären Entwicklungsbereich oder den manipulativen Zielbereich, werden die Anforderungen an meine Gesprächsführung weitaus größer sein.

Als Thomas Gordon sein Konzept von den Ich-Botschaften entwickelte, wußte er noch nichts über die oben beschriebenen Gesetzmäßigkeiten. Deshalb formulierte er eine Standard-Ich-Botschaft nach folgendem Schema:

1. Information
2. Gefühl
3. Handlungskonsequenzen

So eine standardisierte Ich-Botschaft klingt immer ein wenig hölzern, zudem hat sie einen resignativen Zug und folgt dem Muster eines Opfer-Spiels. Die situationsorientierten Ich-Botschaften stimmen mit dem natürlichen Sprachgefühl überein – gute Voraussetzungen dafür, dieses bewährte Kommunikationsmodell wieder für sich zu entdecken. So wie die Ich-Botschaften durch ihre siutationsorientierte Anwendung ihre positiven Möglichkeiten eigentlich erst voll ausschöpfen, gilt dies auch für die persönlichkeitsorientierte Motivation. Auch dieses Konzept wird wesentlich effektiver, wenn es persönlichkeitstypisch umgesetzt wird. Grundsätzlich gilt: Eine Anerkennung wird dann als besonders überzeugend empfunden, wenn sie sich auf Fähigkeiten aus dem Persönlichkeitsbereich bezieht, etwa wenn man dem **Beziehungstyp** bestätigt, daß er liebenswert ist, dem **Sachtyp**, daß er vernünftig ist, und dem **Handlungstyp**, daß er tüchtig ist.

Doch die Sache hat – wie wir schon gesehen haben – einen Haken. Wenig entwickelte Persönlichkeiten mögen diese positiven Botschaften im Persönlichkeitsbereich motivieren, doch es kann sein, daß sich der entwickelte **Beziehungstyp** mit dieser Anerkennung in seinen geistigen Fähigkeiten abgewertet fühlt. Oder der **Sachtyp** denkt: »Ich weiß, ich bin viel zu vernünftig. Ich sollte mehr Energie und Lebendigkeit zeigen!« Und der **Handlungstyp** fragt sich: »Soll ich mir noch mehr aufladen?«

Deshalb möchten wir Sie warnen, Ich-Botschaften nur als Technik – und das heißt rein manipulativ – einzusetzen. Dann wendet man sie zwar »richtig« an, doch erzielt »falsche« Ergebnisse. Trotzdem noch zwei Tips: Zu 99,9 Prozent gilt, kräftig im Persönlichkeitsbereich anerkennen und dezent im

Entwicklungsbereich. Aber lassen Sie sich dabei von Ihrem Gespür und Ihrer Erfahrung mit dem anderen leiten. Und der zweite Tip: Was einmal gut (oder nicht gut) angekommen ist, wird wieder gut (oder nicht gut) funktionieren.

Und noch etwas: Gerade in Konfliktsituationen nehmen die typischen Spielneigungen zu, und so ist wohl das Konfliktgespräch das wichtigste, aber auch heikelste Anwendungsgebiet für die situationsdefinierten Ich-Botschaften. Hier ist es – wie gesagt – unerläßlich, die Fähigkeiten des eigenen Entwicklungsbereichs parat zu haben. Vernachlässigt der **Beziehungstyp 1** den Bezug zur Realität, so wird das Gespräch ideologisch; vernachlässigt der **Typ 2** sein logisches Durchdenken, so wird es irrational werden. Weicht der **Sachtyp** auf die analytische Ebene aus und handelt nicht, wird der Konflikt zu seinem Nachteil ausgehen. Wenn der **Handlungstyp** seine Gefühle übergeht, darf er sich nicht wundern, daß er mit seinem autoritären und kleinkarierten Verhalten entsprechende Gegenreaktionen auslöst.

10. Ausbrennen, innere Kündigung und Arbeitssucht

Vorgesetzte motivieren (oder demotivieren) ihre Mitarbeiter weit mehr durch die Art und den Ausdruck ihrer Persönlichkeit als durch besonders ausgefeilte »Motivationsmaßnahmen«. Was dabei auch geschieht, ist ein Verstärken oder Löschen menschlicher Qualitäten im Sinne der kommunikativen Resonanz: **Beziehungstypen**, die klug, **Sachtypen**, die tüchtig, und **Handlungstypen**, die herzlich sind, wirken unmittelbar verstärkend und motivierend auf ihre Mitarbeiter. Wie ist das zu erklären?

Persönliche Ausstrahlung ist eher eine Art Rückstrahlung, ein Widerspiegeln der positiven Fähigkeiten des Mitarbeiters. Nehmen wir beispielsweise an, ein Mitarbeiter macht Verbesserungsvorschläge und stößt bei seinem Vorgesetzten auf Interesse, so entsteht eine positive Resonanz: Der Mitarbeiter wird in seinem Denken bestärkt. Oder ein anderer engagiert sich für Umweltfragen, und auch sein Vorgesetzter ist bereit, in dieser Richtung etwas zu tun, so wird sich der Mitarbeiter weiter dafür einsetzen. Oder ein anderer legt Wert auf ein gutes Betriebsklima und sieht sich dann im Einklang mit seinem Chef, so wird er sich auch weiterhin darum bemühen.

Die japanische Wirtschaft ist deshalb so überlegen geworden, weil man dort konsequent die Kompetenz der Mitarbeiter umsetzt. Dazu war es notwendig, viele hierarchiefreie Inseln in den Unternehmen zu schaffen, wo es den Mitarbeitern möglich ist, frei von Angst vor negativen Auswirkungen auf die Karriere zu sprechen und zu handeln. Diese positive Grundhaltung zur Kompetenz der Mitarbeiter kommt am besten im Vorschlagswesen zur Geltung, das durch ein ausgeklügeltes Prämiensystem jeden motiviert, sich nicht nur Gedanken über die Verbesserung einzelner Produkte, sondern über alle Vorgänge in Fertigung, Vertrieb und Kundendienst zu machen. Ein erfolgreiches System, das Jahr für Jahr zu Einsparungen in Milliardenhöhe führt.

Umgekehrt: Interessierte Mitarbeiter, die ständig auf Desinteresse, engagierte Mitarbeiter, die immer wieder auf Resignation treffen, und freundliche Mitarbeiter, die auf Distanz und Kälte bei ihren Vorgesetzten stoßen, werden allmählich entmutigt. Ihre positive Einstellung wird gelöscht. Sie werden ihr Interesse, ihr Engagement und ihre sozialen Bedürfnisse weniger in ihrer Arbeit, sondern viel mehr in ihrem Privatleben verwirklichen.

Ich (D.F.) war früher immer davon beeindruckt, wie kreativ Führungskräfte der unteren und mittleren Ebene in ihrer Freizeit sind, und davon enttäuscht, wie wenig ihre Kompetenz bei den oberen Führungskräften gefragt war. Und von den Vorständen, die ja die Geschäftspolitik bestimmen, hatte man den Eindruck, sie leben in einer Art Götterwelt. Folglich war es jedesmal ein eindruckvolles Ereignis, wenn sie sich zu besonderen Anlässen zeigten, ein paar leutselige Sätze von sich gaben und wieder nach oben in die Chefetage entschwanden.

Das Problem ist: Eine wenig entwickelte Persönlichkeit hat nur einen kleinen Teil ihrer Möglichkeiten realisiert. Dadurch kann sie auch nur wenig in anderen widerspiegeln: Der **Beziehungstyp**, der nur gewinnend und liebenswürdig ist, gilt bei den Mitarbeitern als ein wenig naiv. Der **Sachtyp**, der nur klug und gelassen ist, wird als jemand angesehen, der sich schlecht durchsetzen kann. Dem **Handlungstyp**, der nur tüchtig und pflichtbewußt ist, werden die Mitarbeiter aus dem Weg gehen und sich nach der Devise verhalten: »Am besten, man hat nichts mit ihm zu tun.«

Nur eine einzige Qualität zu haben ist für einen Menschen, der andere führen soll, zu wenig:

Ein unruhiger und konkurrierender **Beziehungstyp** färbt auf seine Mitarbeiter ab, bringt sie in Hektik und Konkurrenzverhalten. Ein zu lockerer **Sachtyp** verleitet seine Kollegen zu Nachlässigkeiten. Und ein fadengrader **Handlungstyp** verursacht überangepaßtes und regelhaftes Verhalten. Die Unterschiede in der Persönlichkeitsentwicklung kann man in ihrer Wirkung mit verschieden großen Spiegeln vergleichen: Entwickelte Persönlichkeiten können in anderen mehr widerspiegeln als weniger entwickelte Menschen.

Löschen, das wissen wir, bedeutet Demotivation, führt zu psychischen Phänomenen wie emotionalem Ausbrennen, der inneren Kündigung und der Arbeitssucht: Emotionales Ausbrennen wurde besonders bei Menschen beobachtet, die in sozialen Berufen arbeiten oder sich sozial engagieren, beispielsweise Lehrer, Sozialarbeiter, Erzieher und Krankenschwestern. Sie geben ständig von ihren Gefühlen mehr an andere ab, als sie zurückbekommen. Das kann auch bei Müttern und Hausfrauen der Fall sein, die sich für ihre Familie aufopfern und lange Zeit nicht merken, wie sehr sie sich verausgaben und selbst zu kurz kommen.

Innere Kündigung ist ein Zustand resignativer Aggression, eine Mischung aus Unzufriedenheit, Enttäuschung und Wut, die sich nicht oder nur versteckt äußert. Man findet sie häufig bei Menschen, die zu gutmütig sind, zu viel einstecken, ohne sich zu wehren, und die sich nicht durchsetzen können. Oft werden sie dann auch noch übergangen oder benachteiligt – jedenfalls kommt es ihnen so vor. Dann sagen sich diese Menschen innerlich von allem los und tun nur noch das Notwendigste. In persönlichen Beziehungen entspricht das einem heimlichen Verlassen des Partners.

Wenn aus der Arbeitsfreude Arbeitswut oder Arbeitssucht

wird, tut das weder der betreffenden Person noch der Arbeit oder dem Umfeld gut: So ein Verhalten hat zwanghafte, regelhafte und bürokratische Züge und bekommt leicht einen bestrafenden Charakter. Anfällig dafür sind Menschen, die sich nach Enttäuschungen in ihre Arbeit zurückziehen (oder besser flüchten), um Ablenkung, Trost und Sicherheit zu finden. Dieses Verhalten kann sich freilich immer mehr einschleifen, und diese Menschen laden sich dann vorbeugend Arbeit auf (decken sich damit ein wie Alkoholiker, denen der Stoff nicht ausgehen darf). Denn sie befürchten, in Situationen zu geraten, in denen – ohne Ablenkung durch Arbeit – dann Frust aufkommen könnte.

Emotionales Ausbrennen ist eine spezifische Gefahr für den **Beziehungstyp** und hängt eng mit seinem Persönlichkeitsbereich und seinen Spielen zusammen. Seine Schwäche im Beziehungsbereich verleitet ihn dazu, sich selbst auszubeuten und ausbeuten zu lassen, um so mehr, je ausgeprägter seine Tendenz zu Macht- und Retter-Spielen ist. Und sie verwehren ihm auch die Einsicht in sein selbstschädigendes Tun. Aus Hunger nach Zuwendung kennt der **Beziehungstyp** kaum seine emotionalen Grenzen: Er gibt und gibt, aber bekommt selbst wenig zurück. Manche brennen immer mehr aus, werden physische und psychische Wracks, die Psychopharmaka brauchen, um durchzuhalten. Wer seine Lebenskerze an beiden Enden anzündet, muß einen hohen Preis dafür zahlen.

Der **Sachtyp** überschätzt seine Fähigkeit, zu verstehen, seine Belastbarkeit, seine Geduld und Gutmütigkeit. Statt rechtzeitig enttäuscht oder ärgerlich zu reagieren und die Situation in seinem Sinne zu beeinflussen, strampelt er sich weiter ab – um so mehr, je lieber er Opfer- und Zuwendungs-Spiele inszeniert. Er reagiert keineswegs sachlich, sondern eher verwirrt, sucht bei sich selbst die Schuld und bringt sich in Situationen, in denen er verwundbar ist. Schließlich meint er, keinen anderen Ausweg mehr zu sehen als den, innerlich zu kündigen.

Der **Handlungstyp** sucht seine Identität und Sicherheit in der Arbeit, die ihm bei menschlichen Enttäuschungen (immer wieder) eine verläßliche Zuflucht ist. Seine Antreiber »Sei perfekt!« und/oder »Mach's perfekt!« und sein Hang zu Verfolger- und Identitäts-Spielen bestärken ihn darin. Je mehr seine Arbeit jenen »vorbeugenden« Charakter eines Rückzugs annimmt, desto größer ist für ihn die Gefahr, süchtig nach Arbeit zu werden.

Wie schützt man sich vor den Gefahren des Ausbrennens, der inneren Kündigung und der Arbeitssucht? Zunächst ist es einmal erleichternd festzustellen, daß jeder Persönlichkeitstyp in der Regel nur für eine dieser Gefährdungen anfällig ist: der **Beziehungstyp** für das Ausbrennen, der **Sachtyp** für die innere Kündigung und der **Handlungstyp** für die Arbeitssucht. – Es ist ähnlich wie mit psychischen Erkrankungen. Sie sind typspezifisch.

Der **Beziehungstyp** kann sich von seiner Begeisterung auch in seiner Arbeit leiten lassen. Nun wird man vielleicht einwenden: »Wie ist so etwas möglich? Begeisterung ist doch eine Reaktion. Wie kann ich begeistert sein, wenn ich in Wirklichkeit frustriert bin?« Vielleicht, indem man die Begeisterung zur Bedingung macht: Entweder ich verändere das Was, suche mir also eine Arbeit, für die ich mich begeistern kann, oder ich verändere das Wie, setze neue Akzente in meiner Tätigkeit, verändere meine Zugangs- und Sichtweise.

Ich kann mich für jedes Thema interessieren, wenn ich die richtigen Fragen daran stelle. Dann mache ich nämlich die Erfahrung, daß ein großer (vielleicht sogar der größere) Teil meiner Begeisterung aus der Art und Weise meines Engagements kommt und nicht so sehr aus dem Inhalt. Wie schon gesagt: Viele Sportarten sind, gemessen am alltäglichen Tun, ziemlich sinnlos. Und doch sind viele Menschen besessen, weil sie sich durch ihr konzentriertes Engagement ein intensives Lebensgefühl verschaffen.

Außerdem sollte der **Beziehungstyp** nicht zu ehrgeizig und zu liebenswürdig sein. Er muß in die andere Richtung denken und sich allen Ernstes fragen: »Was könnten (und sollten) die anderen für sich selbst tun? Und was sollten sie für mich tun?« Und zudem darf er nicht unter allen Umständen seiner Devise gehorchen: »Mach's ihnen immer recht!«

Unterstützende Maßnahmen sind für ihn: sich immer wieder zu entspannen, sich zu üben in Gelassenheit und im Loslassen, mit allen Sinnen das Hier und Jetzt zu genießen. All dies steuert einem Ausbrennen entgegen.

Der **Sachtyp** sollte ein kraftvolles, energisches Leben führen. Auch bei ihm kommt es darauf an, daß er sich nicht durch Umstände und Menschen motivieren beziehungsweise frustrieren läßt, sondern daß er die Führung übernimmt. Egal, was ansteht, er sollte sich mit der festen Absicht engagieren, das Beste daraus zu machen. Wer innerlich kündigt, der hat meist schon geraume Zeit das Steuer aus der Hand gegeben, hat überwiegend reagiert statt agiert.

Wenn der **Sachtyp** ein kraftvolles Leben führt, dann ist das nicht eine Folge von glücklichen Umständen, sondern dann hat er sich dafür immer wieder selbst motiviert. Und er muß sich (immer wieder) davor hüten, seine Nachgiebigkeit, sein Verständnis und seine langmütige Geduld über Gebühr zu strapazieren und fällige Gespräche, Klarstellungen und Entscheidungen allzulange vor sich herzuschieben. Besser ist es, die »Fürsorgepflicht« sich selbst gegenüber wahrzunehmen und deutliche, verantwortungsbewußte Entscheidungen treffen. Dabei sollte der **Sachtyp** sich darüber im klaren sein, daß dies auch negative Konsequenzen haben darf. Denn aus ihnen kann man lernen und mit ihnen in der Regel besser leben als mit Resignation.

Die Entscheidung des **Handlungstyps** könnte sein, ein freudiges Leben zu führen. Dazu gehören Sympathie, Spontaneität, Humor und auch ein leichter, freier und spielerischer Umgang mit Situationen. Der **Handlungstyp** sollte tapfer der Versuchung widerstehen, immer wieder auf die Karte der Pflichterfüllung zu setzen.

Gute, zwischenmenschliche Beziehungen haben für ihn Priorität, auch in der beruflichen Zusammenarbeit. Ein nachhaltig gestörtes Verhältnis zu Mitarbeitern, Kollegen oder Vorgesetzten ist für ihn ein besonders ernstes Problem, das auf der Gefühls- und Beziehungsebene zu lösen ist – und weniger auf der Handlungsebene. Der **Handlungstyp** muß sich vergegenwärtigen, daß es gesünder für ihn ist, sich auf schmerzliche Gefühle einzulassen, als langsam in einem rigiden Denken zu ersterben.

11. Kollegen, Kollegen

Als Mitarbeiter möchte der **Beziehungstyp** positiv herausgefordert sein. Das ist für ihn die spezifische Anerkennung für gute Arbeit, Intelligenz oder Fachwissen und in der Wirkung optimaler als ein gesprochenes Lob, besonders dann, wenn es in seinen Ohren wie eine konventionelle Höflichkeit klingt. Ein Vorgesetzter sollte sich also gegenüber einem **Beziehungstyp** unter seinen Mitarbeitern dieser typischen Eigenart bewußt sein. Freilich nimmt der **Beziehungstyp** die ausgesprochene Anerkennung gern an. Doch, wie schon gesagt, er reagiert möglicherweise mißtrauisch und denkt sich: »Der will mich wohl für dumm verkaufen!«

Echte und dauerhafte Motivation geht immer von den Schlüsselenergien aus: Der **Beziehungstyp** als Führungskraft ist gut beraten, wenn er sich in der Motivation seiner Mitarbeiter nicht so sehr auf seine kommunikativen (Grund-)Fähigkeiten verläßt, sondern mehr auf Klugheit und Verstand setzt. Seine hohen Ansprüche und seine vordergründig freundliche, aber doch spürbar distanzierte Art überfordern besonders den **Sachtyp**, der dann entmutigt und enttäuscht reagiert und sich leise, aber sicher zurückzieht. Und wenn der **Beziehungstyp**-Chef gar die Star-Rolle spielt, fühlen sich seine Mitarbeiter zu Beifallsgebern degradiert.

Der **Beziehungstyp 1** demotiviert seine Kollegen dadurch, daß er sich ihnen gegenüber auf egozentrische Weise profilieren will. Abgesehen davon, daß er ihnen nicht richtig zuhört und auf der emotionalen Ebene dagegenargumentiert, wird er sie in verantwortliche Tätigkeiten nicht mit einbeziehen und wichtige Aufgaben auch nicht an sie delegieren.

Der **Beziehungstyp 2** als Vorgesetzter macht seinen Mitarbeitern blumige Versprechungen, die freilich große Hoffnungen wecken, enttäuscht sie aber dann, wenn er seine Versprechungen nicht einhält, sondern ganz andere Entscheidungen trifft oder plötzlich distanziert und (über)kritisch reagiert.

Die Stärken des **Beziehungstyps 1** als Führungskraft liegen in seinen hohen Ansprüchen und damit in seinem Willen zur Leistung, seiner der Situation angemessenen, nicht übertriebenen Kontaktfähigkeit und Liebenswürdigkeit sowie seinen intellektuellen Fähigkeiten. Probleme hat er damit, anspruchsvolle Aufgaben den Kollegen zu überlassen und dann Geduld und Gelassenheit für sie aufzubringen und einzusehen, daß auch andere Wege zum Ziel führen und daß diese nicht richtig oder falsch, sondern allenfalls zweckmäßig oder unzweckmäßig für eine Lösung sein können.

Die Stärken des **Beziehungstyps 2** als Führungskraft liegen in seinem freundlichen, hilfsbereiten Wesen und seinem klaren, objektiven und folgerichtigen Denken. Seine Schwächen sind, daß er zu viele Aufgaben selbst übernimmt und sich von seinen Mitarbeitern ausnützen läßt: Er muß lernen, rechtzeitig nein zu sagen, nicht ein arrogantes, abweisendes Nein, sondern ein durchdachtes, klar begründetes.

Die lebendige, unkonventionelle und spielerische Art des **Beziehungstyps 2** kann besonders den **Handlungstyp** (als Kollegen) verunsichern. Der **Handlungstyp 1** reagiert darauf autoritär, und der **Typ 2** beruft sich vermehrt auf Regeln, Vorschriften und Zuständigkeiten. Dies wiederum ärgert den **Beziehungstyp**, der sich eingeengt und geschulmeistert fühlt. So entsteht ein angespanntes Verhältnis, unter dem beide leiden: der **Beziehungstyp** direkt emotional und erlebnisintensiv, der **Handlungstyp** eher indirekt, indem er sich (noch mehr) in seine Arbeit flüchtet und hochkommende Emotionen damit abwehrt.

Das Verhältnis von **Beziehungstypen 1** untereinander ist meist freundlich distanziert. Man kennt und anerkennt sich gegenseitig, ist jedoch voreinander wohlweislich auf der Hut. Man schenkt sich nichts im Konkurrenzkampf, verhält sich aber fair dem anderen gegenüber.

Das Verhältnis zwischen **Beziehungstyp 1** und **Typ 2** ist eher wechselhaft. Die stärkere emotionale Ausstrahlung des **Typs 2** kann auf den **Typ 1** anziehend wirken, doch seine etwas geringeren intellektuellen Fähigkeiten werden ihn eher ärgern. Umgekehrt erlebt der **Typ 2** den **Typ 1** gelegentlich als überheblich, kühl und egozentrisch. Er weiß aber auch, daß dies eher Zeichen von Unsicherheit sind.

In der Arbeit verhalten sich **Sachtypen** zueinander meist pragmatisch, akzeptierend und locker. Beide haben einen realistischen Blick dafür, was der andere kann und was er leistet, und schauen eher anerkennend auf seine Stärken, können sich aber gegenseitig die typischen Schwächen böse ankreiden.

Besonders der **Sachtyp** als Vorgesetzter sollte sich im Umgang mit einem **Sachtyp** unter seinen Mitarbeitern durch dessen Gutmütigkeit und bereitwillige Anpassung nicht täuschen lassen. Mancher **Sachtyp** macht einen dickfelligen Eindruck, ist aber in Wirklichkeit sehr verletzlich und braucht besondere Anerkennung. Beim **Sachtyp 1** sollte man eher seine Leistungen loben, beim **Sachtyp 2** seine Person anerkennen, etwa: »Sie sind für mich ein wertvoller und verläßlicher Mitarbeiter!«

Der **Sachtyp 2** freut sich zwar auch über ein Lob für seine Leistung, doch es ist durchaus möglich, daß er es rasch wieder vergißt. Verbale Anerkennung ist beim **Sachtyp** deswegen angebracht, weil er als geistiger »Wiederkäuer« sie später hervorholt und auf sich wirken läßt. Analog macht er es auch mit Kritik, die damit schlimmer und nachhaltiger bei ihm wirkt, als es beabsichtigt war.

Schwierig ist der Umgang mit dem rebellischen **Sachtyp 1**. Er verfügt über ein fast unerschöpfliches Repertoire an Provokationsmitteln und -methoden, ohne sich dessen voll bewußt zu sein. Dabei ist er selbst sehr verletzlich und interpretiert die Reaktionen der anderen, den unvermeidlichen Ärger, als gegen ihn gerichtete Angriffe. Besonders wenn man als **Sachtyp** in vorgesetzter Position selbst rebellische Anteile in sich hat, ist es schwierig, rebellischem Verhalten der Kollegen mit der notwendigen Klarheit und gelassenen Konsequenz zu begegnen und weder zu viel hinzunehmen noch mit übertriebener Aggression darauf zu reagieren.

Seltener trifft man auf **Sachtypen**, deren unruhige und aggressive Dickfelligkeit krankhafte Züge angenommen hat. Sie können ihrer Umgebung penetrant auf die Nerven gehen, weil sie die Grenzen der Intimsphäre anderer ständig mißachten und überschreiten. Obwohl auch sie verdeckt aggressives Verhalten zeigen, unterscheiden sie sich vom rebellischen **Sachtyp** dadurch, daß sie selbst kaum Leidensdruck empfinden. Sie haben sich in ihrem nüchternen Erkenntnisbereich fest verschanzt und lassen Gefühle einfach nicht zu.

Appelle oder Gespräche, die sich an ihre Einsicht richten, bleiben weitgehend wirkungslos. Drehen manche **Beziehungstypen** einem geschickt die Worte im Mund um, so machen diese psychopathischen **Sachtypen** das in ihrem Kopf – und zwar so schnell, daß man nicht mehr mitkommt. Logische Argumente sind deshalb ziemlich fruchtlos. Es bleibt ihnen nichts anderes übrig, als klare Verhaltensregeln mit ihnen zu vereinbaren, deren Mißachtung dann zu spürbaren Sanktionen führt.

Die Qualitäten des **Sachtyps** hängen eng mit seiner Persönlichkeitsentwicklung zusammen. Seine Schlüsselenergien im Handeln sind eigentlich die klassischen Führungseigenschaften: Verantwortung übernehmen und Kollegen für die Zusammenarbeit gewinnen, sie durch Zielsetzungen, Ansporn und Anerkennung motivieren.

Der unentwickelte **Sachtyp** hingegen macht zu wenig Gebrauch von seinem Handlungs-Ich. Dann fällt es ihm schwer, seine Mitarbeiter angemessen zu fordern und sich für sie einzusetzen. Er hat ein zu großes Harmoniebedürfnis, benützt seine Fähigkeiten dazu, sich selbst durchzulavieren, und ist immer ängstlich bemüht, nirgendwo anzuecken und sich bloß nicht festlegen zu müssen – während die Mitarbeiter freilich seine Führungsschwäche spüren und eventuell auch ausnützen.

Hat der **Sachtyp** ein wenig kultiviertes Handlungs-Ich, dann wird seine Rücksichtslosigkeit übertrieben hart und unnötig verletzend sein. Er meint dann, den »starken Mann« spielen zu müssen, verhält sich den Kollegen gegenüber unsensibel und distanzlos. Gleichzeitig fühlt er sich hintergangen oder mißachtet und benimmt sich »wie ein Elefant im Porzellanladen«. Hinter allem steckt bei ihm meist eine Mischung aus Ich-Schwäche und einer gehörigen Portion unausgegorener Rebellion. Verständlich, daß er sich mit diesem ungeschickten Verhalten eine Menge Ärger zuzieht.

Beim **Sachtyp** darf man sich nicht durch seine Gutmütigkeit und Verträglichkeit täuschen lassen. Dahinter verbirgt sich häufig Unzufriedenheit, verletzter Stolz, angesammelte unausgesprochene Kritik. Diese brisante Mischung kann in entscheidenden Momenten dann plötzlich hochgehen. Oder der **Sachtyp** kritisiert Vorgesetzte hinter deren Rücken und macht ihre Fähigkeiten und guten Absichten madig. Deshalb ist gerade bei ihm darauf zu achten, daß auf beiden Seiten mit offenen Karten gespielt wird.

Eine zu enge Führung ist dem entwickelten **Sachtyp** lästig, und ständige Einmischung in seinen Entscheidungsbereich kann ihn nachhaltig demotivieren. Er möchte selbständig und eigenverantwortlich auf partnerschaftlicher Ebene arbeiten können. Manchmal zeigt er autoritäres Verhalten oder fällt eigenmächtige Entscheidungen. Doch er korrigiert seine Fehler zumeist rasch, wenn man ihn in angemessener, eben in vernünftiger und sachlicher Form darauf aufmerksam macht.

Als Führungskraft pflegt der entwickelte **Sachtyp** einen kooperativen Stil. Er sieht die Fähigkeiten seiner Kollegen genau und weiß sie richtig einzusetzen. Es fällt ihm nicht schwer, ihre Tüchtigkeit und Leistung neidlos anzuerkennen. Über die menschlichen Schwächen von anderen kann er großzügig hinwegsehen. Doch mit unfähigen Leuten hat er wenig Geduld. Das immer wieder mitleidvolle Helfen des **Beziehungstyps** ist ihm ebenso fremd wie die langmütige mütterliche oder väterliche Fürsorge des **Handlungstyps**. Doch es fällt ihm schwer, seine Mitarbeiter zu fordern, zu kontrollieren oder unpopuläre und unzweckmäßige Anweisungen an sie weiterzugeben, ohne sich gleich mit ihrem Ärger oder Unmut zu solidarisieren. Hier muß er immer wieder an sich arbeiten.

Die Zusammenarbeit mit **Handlungstypen** ist für ihn meist problemlos. Er schätzt ihre Qualitäten. Daß sie manchmal etwas schwerfällig und übergenau reagieren, stört ihn wenig. Die Art der Zusammenarbeit mit **Beziehungstypen** hängt sehr davon ab, ob sie ihn schätzen. Denn der **Beziehungstyp** will in seiner raschen und spontanen Art dem bedächtigeren **Sachtyp** gegenüber die überlegene Rolle einnehmen. Doch bei gegenseitiger Wertschätzung kann es zu einer sehr anregenden und befriedigenden Zusammenarbeit kommen.

Der unentwickelte **Handlungstyp** ist durch seine enge und autoritäre Art schwer zu ertragen. Weil er zu einem kooperativen Führungsstil kaum imstande ist, stellt er für Unternehmen oft ein Problem dar, wenn eine flexible, aufgeschlossene Führung gefordert ist. Oder er verhält sich in für ihn neuen Situationen oft schwerfällig und bürokratisch und steht Veränderungen eher skeptisch gegenüber. So kam beispielsweise die Führungskraft einer Bausparkasse in Konflikt zwischen ihrer Loyalität gegenüber Vorstandsbeschlüssen und ihrem Bedenken gegenüber einem neuen Marketingkonzept, das neben neuen Formen des Bausparservices auch Versicherungen und Bankleistungen anbietet. Das paßte nicht in ihr konservatives Bild von vertrauenswürdiger Arbeit zum Wohl des Kunden.

So werden sich **Handlungstypen** auch im Team gegenseitig in ihren konservativen Auffassungen bestärken und vereint an ihren Gewohnheiten festhalten, besonders dann, wenn ihnen das, was sie unter Kollegialität und Anständigkeit verstehen, gefährdet erscheint. Werden sie von der Institution, für die sie sich bisher eingesetzt haben, enttäuscht, kann ihr Denken reaktionäre Züge annehmen. Es wird dann beherrscht von Verbitterung und Vorurteilen.

Der entwickelte **Handlungstyp** ist dagegen angenehm und außerordentlich wertvoll als Chef. Seine wohltuende Art, Verantwortung zu übernehmen, seine Fürsorglichkeit und sein Humor lockern das Arbeitsklima auf, und er verhält sich überaus kollegial zu seinem Team. Er wird sich konsequent und nachdrücklich für moderne pädagogische, psychologische, medizinische oder organisatorische Verbesserungen und Ziele einsetzen.

Können **Handlungstypen** die stursten Betonköpfe sein, sind sie wiederum auch echte Revolutionäre, weil sie nicht nur träumen (wie manche **Beziehungstypen**) oder Sprechblasen absondern (wie manche **Sachtypen**), sondern es »machen«. Während die einen **Handlungstypen** sich für Ordnung, gutes Funktionieren, für Druck und Zwänge stark machen, setzen sich die anderen ebenso entschlossen für Freizügigkeit, Menschlichkeit und Lebensqualität (nicht nur am Arbeitsplatz) ein.

12. Beziehungskisten: Anziehung, Faszination und Fallen

Man sagt zwar so leicht, daß sich Gegensätze anziehen, und das mag auch besonders für neue Kontakte zutreffend sein, doch ebenso häufig gilt: Gleich und gleich gesellt sich gern. So können wir in unseren Seminaren immer wieder beobachten, daß sich Teilnehmer vom selben Persönlichkeitstyp spontan nebeneinandersetzen oder sich in Arbeitsgruppen zusammentun. Ohne über den eigenen Typ und den der anderen Bescheid zu wissen, reagieren Menschen deutlich auf Übereinstimmungen im Wesen, ziehen sich an und fühlen Sympathie und Vertrautheit füreinander.

Die meisten Menschen scheinen für diese Art Seelenverwandtschaft ein feines Gespür zu haben. Sie verstehen sich sofort, ohne viele Worte miteinander zu wechseln. Sie erleben zwischenmenschliche Situationen ähnlich, haben gleiche Vorlieben, Stärken und Schwächen, Neigungen und Abneigungen, Geschmäcker, Meinungen oder Maßstäbe, Ziele und Lebensgewohnheiten. Sie sprechen eine ähnliche Sprache, verbal und im Körperausdruck, benützen nicht nur dieselben Vokabeln, sondern gleichen sich auch in Lautstärke, Akzentuierung, Tempo, Tonhöhe, Melodik und Sprachrhythmus. Dasselbe gilt für ihre Gesten, Körperhaltung und Mimik. Das erstaunlichste ist, daß sie selbst in Körperbau und Aussehen häufig große Ähnlichkeit haben.

Wieviel schwerer haben es Menschen miteinander, die vom Persönlichkeitstyp her verschieden sind. Sie mögen vom anderen fasziniert sein, ihn gern haben, bewundern, vielleicht auch beneiden. Und doch erscheint er ihnen immer wieder rätselhaft und unverständlich, manchmal schockierend fern und fremd – wie von einem anderen Stern.

Wenn Menschen verliebt sind, dann sehen sie die Welt und den Partner durch eine rosarote Brille. Erleben sie ihn aber Tag für Tag, stellen sie oft genug bestürzt fest, daß er nicht nur gegensätzlich handelt, fühlt und denkt, sondern daß gerade seine Wertmaßstäbe grundsätzlich andere sind. Viele Menschen träumen deshalb davon (und halten meist auch eigensinnig an diesem Traum fest), daß alle Menschen gleich sind. Nun, die Realität ist freilich anders.

Doch wenn alle Menschen sich sehr ähnlich wären, würde das Leben viel an Reiz und Spannung verlieren, aber auch an Kummer und Leid. Besser ist es, erkennend, wissend und dann spielerisch diese zwischenmenschlichen Herausforderungen anzunehmen. Schließlich sind Gleich- und Andersartigsein unumstößliche Größen in unserem Lebensspiel, das wir gut oder schlecht spielen können.

Um es gleich vorweg zu sagen: Es gibt keine Traumkombination der Persönlichkeitstypen. Jede Verbindung hat ihre Vorzüge, ihre Chancen und ihre Problematik. Es mag sein, daß manche auf den ersten Blick glücklicher erscheinen als andere – aber eben nur auf den ersten Blick! Probleme und Schwierigkeiten zeigen sich, wie schon gesagt, meist später. Ob eine Beziehung liebevoll, interessant, kreativ und lebendig ist oder eher lieblos, langweilig, festgefahren und eintönig, das hängt auch von der Persönlichkeitsentwicklung der Partner ab.

Hinzu kommt eine Überlagerung durch die weibliche oder männliche Rolle. So können zum Beispiel die Eigenschaften des männlichen egozentrischen **Beziehungstyps 1** (distanziert, intellektuell, dominierend) im krassen Gegensatz zum weiblichen mehr ich-vergessenen **Beziehungstyp 2** (gefühlsbetont, sich aufopfernd) stehen. Der männliche **Typ 1** spielt das sogenannte Männlichkeitsideal, der weibliche **Typ 2** die vorgegebene Frauenrolle, meist ohne zu wissen, daß das oft mehr kulturelles Erbe als natürliche Veranlagung ist.

Schließlich ist das individuelle psychische Wohlbefinden wichtig für das Wohl, Gelingen und die Qualität einer Beziehung. Ob wir aufbauend oder zerstörerisch mit uns und den anderen umgehen, hängt von einer gesunden oder kranken, auch von einer eher liebesgesättigten oder liebeshungrigen Seele in uns ab; deshalb werden Harmonie und Wohlbefinden in einer Beziehung davon direkt beeinflußt.

Je nachdem, ob man den anderen leiden kann oder auch nicht, werden Ähnlichkeiten und Übereinstimmungen positiv oder negativ registriert und verbucht. In der Euphorie zu Anfang einer Beziehung faßt man Übereinstimmungen oft als Bestätigung des eigenen Verhaltens auf und Gegensätze als reizvolle und willkommene neue Ergänzungen. Doch später können die typischen Verschiedenheiten in den unterschiedlichen Wertauffassungen zu Mißverständnissen und Kränkungen Anlaß sein.

Wenn der **Beziehungstyp** zum Partner auf Distanz geht, um wieder zu sich selbst zu finden, kann der **Sachtyp** das als mangelndes Interesse (miß)verstehen. Dem **Sachtyp** dagegen wird sein Bedürfnis nach Anerkennung vielleicht als pure Wichtigtuerei ausgelegt, während der **Beziehungstyp** das fürsorgliche und ordnende Verhalten des **Handlungstyps** als unpersönliche Bevormundung empfindet.

In der anfänglichen ersten Verliebtheit wird vielleicht der kontrollierte Umgang des **Beziehungstyps** als Selbständigkeit ausgelegt und geschätzt, das harmoniebedürftige, distanzlose Verhalten des **Sachtyps** als Zärtlichkeit genossen und das ordnende, bestimmende Verhalten des **Handlungstyps** wohltuend als Fürsorglichkeit und Schutz empfunden.

Doch wenn es uns nicht gut geht, können wir genau das

gleiche Verhalten als egoistisch, als Anklammerung, Einengung und Beschneidung der eigenen Existenz interpretieren. Dann entstehen Probleme, die sich immer weiter zuspitzen, denn Vorwürfe erscheinen dem anderen unverständlich, ungerechtfertigt und unannehmbar, richten sie sich doch gegen das, was er als seine tiefste Wesensart erlebt. Und so fühlt sich der **Beziehungstyp** vereinnahmt und will sich befreien, der **Sachtyp** fühlt sich verlassen und versucht den anderen unter Druck zu setzen, und der **Handlungstyp** fühlt sich mißachtet und wertet den anderen ab.

Jeder Persönlichkeitstyp hat auch seine typische Art, Beziehungen einzugehen, aufrechtzuerhalten oder abzubrechen. Der **Beziehungstyp** wird, solange er sich nicht vertrauensvoll auf eine Beziehung eingelassen hat, eine Liaison ebenso leicht wechseln, wie er gegen alle Vernunft auch an quälenden und destruktiven Beziehungen festhält, wenn er einmal tief innen ja gesagt hat. Dann wird der weibliche **Beziehungstyp 2** nach hysterischen Ausbrüchen entweder zurückstecken oder große Zugeständnisse machen, um einen endgültigen Bruch zu vermeiden, während der **Typ 1** sich kühl, überlegen und vernünftig gibt oder nicht mehr mit dem anderen spricht.

Der **Sachtyp** reagiert stärker auf die Beziehungssignale des Partners, als ihm bewußt ist, läßt sich anlocken oder wegschicken. Der gutmütige **Typ 2** scheint unendlich geduldig zu sein, der selbstgefällige, eruptive **Typ 1** kann schnell explodieren, oder der wichtigtuerische bellt schon im voraus, und es kommt nie zum großen Krach. Der weibliche **Sachtyp** wird (je nach Anteil von **Typ 1** oder **2**) seine Wunden lecken und mal abwarten. Entweder es gelingt ihr gedanklich, der Harmonie zuliebe weiter zu schlucken und gute Miene zu machen, oder sie kontert bei Gelegenheit vorwurfsvoll und unnachsichtig oder explodiert heftig, wenn sich genug bei ihr angesammelt hat. Doch sie wird die Verbindung selten so schlagartig beenden wie der grüblerische männliche **Typ 2**, der zu Anfang verständnisvoll reagiert, doch in der Reaktion dann konsequenter sein kann – wenn er sich dazu aufrafft. Der **Handlungstyp** sieht in einer Beziehung eine Vereinbarung, an die man sich hält, auch dann, wenn sein Herz ganz woanders ist. Der **Typ 1** wird eher besonnen reagieren und versuchen, die Verbindung zu reparieren und sich mit dem Partner zu versöhnen – allerdings nicht so überschwenglich wie der **Beziehungstyp**. Der mag zwar Auseinandersetzungen prinzipiell auch nicht, doch er weicht ihnen (anders als der diplomatisch agierende **Handlungstyp 1**) nicht aus, und er kann je nach Temperament und gegen seinen eigentlichen Willen das schönste Porzellan so gründlich zerschlagen, daß es sich nicht mehr kleben läßt. Der **Handlungstyp 2** hält sich bei Auseinandersetzungen an übliche Regeln. Sie erlauben dem Mann herumzubrüllen, während sie der Frau eine Dulderrolle zuweisen. Ihre Stimme klingt dann schulmeisterlich und ein wenig gepreßter – doch sie ist hart im Nehmen.

Verlieben sich **Beziehungstypen** ineinander, dann ist ihre Love Story wie ein klassischer Liebesroman: leidenschaftlich, gefühlsintensiv, emotional, romantisch, überschwenglich und verspielt, doch auch sensibel, störbar und manchmal sehr leidvoll. **Beziehungstypen** mangelt es gelegentlich an Realitätssinn, Pragmatismus und Gelassenheit dem Partner gegenüber. – Ein Beispiel ist das bewunderte, strahlend harmonische Liebespaar von nebenan, dessen Beziehung plötzlich an widrigen Umständen scheitert und zum Horrortrip wird: Die Liebe verkehrt sich in Haß und wird von beiden so theatralisch ausgelebt, daß die Fetzen fliegen.

Besonders die Beziehung männlicher **Typ 1** und weiblicher **Typ 2** ist (hoch)brisant. Hier werden die Schwächen durch traditionelle Rollen noch verstärkt: Er spielt den egoistischen Macho, sie die launische Kind-Frau. Umgekehrt: In der Verbindung männlicher **Typ 2** und weiblicher **Typ 1** wirken die Charaktere mehr ausgleichend. Beide finden zu Gefühl und Verstand. Auch die gesellschaftlichen Veränderungen der letzten Jahrzehnte wirken positiv auf diese Beziehung: Frauen stehen heute zu klarem und konsequentem Denken, und Männer lernen, ihre Gefühle wahrzunehmen.

Treffen zwei vom **Typ 1** aufeinander, ist es möglich, daß sich ihr Konkurrenz- und Dominanzgehabe immer wieder in heftigen Kämpfen austobt. Beim **Typ 2** dagegen besteht die Gefahr, daß beide sich im helfenden Retten gegenseitig überbieten. (Ob wohl beide kapieren, daß es dem anderen erst so richtig schlecht geht, seit er so bemuttert wird?)

Auch die Wogen der **beziehungstypischen** Begeisterung und die Lust, sich von ihr davontragen zu lassen und mehr Qualität im begehrten Partner zu entdecken (oder meist hineinzuphantasieren), als der in Wirklichkeit hat, bestimmen die Beziehung – analog verhält es sich mit der Bereitschaft zur überzogenen Kritik! Beide können sich zu kreativen Leistungen beflügeln, wundervolle nächtliche Highlights erleben, aber sich auch mit schneidender Schärfe gegenseitig die Seelen zerkratzen. Weil beide sich (vom Typ her) gut kennen, ähnliche Interessen, Bedürfnisse und Reaktionen haben, ist zärtliche Liebe, Freundschaft und inniges Verstehen doch sehr wahrscheinlich.

Die Beziehung zwischen **Sachtyp** und **Sachtyp** verspricht gemeinsames behagliches Genießen und einen harmonischen, verständnisvollen Umgang miteinander. Doch sie kann unter einem Mangel an Lebendigkeit, Fürsorglichkeit und gezeigten Gefühlen leiden. Hinter einer harmonisch wirkenden Fassade freundlicher Unverbindlichkeit verbergen sich dann gut getarnt Unzufriedenheit, Verletzlichkeit, Verlustängste und versteckte Aggressionen.

Dabei gibt sich der **Sachtyp 2** ruhig und überlegt, der **Typ 1** eher unruhig und im Streit cholerisch. Ihre unbefriedigten Bedürfnisse, Enttäuschung und Wut packen sie in eine dicke Watteschicht aus geistiger Harmonie. Die Mitmenschen ahnen häufig nichts von der Unzufriedenheit, dem Haß und der Rebellion, die mancher **Sachtyp** mit sich herumträgt. – Für **Beziehungstypen** und **Handlungstypen**, die viel kommunikativer mit ihrem Ärger umgehen, gilt wohl das Wort vom »reinigenden Gewitter«. Für **Sachtypen** dagegen: »Stille Wasser gründen tief!« – im Schlechten wie im Guten.

Doch gerade **Sachtypen** können besonders rücksichtsvoll miteinander umgehen und sind darauf bedacht, auch im schlimmsten Krach den anderen nicht zu sehr zu verletzen. Sie mögen eine gleichberechtigte, partnerschaftliche Beziehung und können die Leistungen des anderen voll anerkennen. Wenn beide ins kraftvolle Wollen starten, übernehmen sie Verantwortung, sind fürsorglich und liebevoll zu ihrem Partner.

Ihre fatale Tendenz zu Opfer-Spielen kehrt sich dann ins Gegenteil: Sie zeigen eine große intuitive Begabung, das Richtige zum richtigen Zeitpunkt zu tun, und sind auf eine schöpferische Weise erfolgreich. Sie finden zu echter Autonomie, gehen dann auf den Partner zu und sagen ihm ihre Bedürfnisse, ohne aus übergroßer Abhängigkeit ständig Druck auf ihn ausüben zu müsen.

Damit sie diese Energie zur Selbstverantwortlichkeit nicht buchstäblich vergessen, kann sich der **Sachtyp 1** immer wieder sagen: »Meine Zukunft ist schon da!« oder bei Problemen: »Die Lösung ist schon vorhanden!« Und der **Sachtyp 2**: »Meine Zukunft, das bin ich!« oder bei Problemen: »Die Lösung bin ich!«

Die Beziehung zwischen **Handlungstyp** und **Handlungtyp** hat viel Power im gemeinsamen Machen, ist aber schaumgebremst in den Gefühlen. **Handlungtypen** »arbeiten« eher korrekt und kameradschaftlich zusammen, als daß sie allzu flirtend mit dem Partner umgehen. Das kann ein **Handlungstyp** etwa so audrücken: »Wenn ich meinem Partner einmal gesagt habe, daß ich ihn liebe, dann weiß er das. Das muß ich dann nicht ständig wiederholen!«

Wenn **Handlungstypen** nach heftigem Beziehungsstreben eine nach außen intakte und vorzeigbare Partnerschaft eingegangen sind, ist die Sache oft ein Leben lang o.k. Eine Partnerschaft ist für sie wie Gartenarbeit: Sie machen sie gewissenhaft und beständig, haben ihre stille Freude und ihren heimlichen Stolz daran, machen aber nicht viel Aufhebens darum. Daß Leidenschaft und Romantik (ein wenig) zu kurz kommen, ist ihnen nicht unlieb. Behagliche Ofenwärme ist ihnen lieber als lodernde Flammen, an denen man sich die Finger verbrennen könnte. – **Handlungstypen** haben die längsten und stabilsten Beziehungen, die mit einer guten Portion Kameradschaft und gesundem Menschenverstand auch den einen oder anderen leidenschaftlichen Ausbruch gut überstehen.

Ihr Arbeitsethos und die oft suchtartige Tendenz zur Pflichterfüllung läßt manchen **Handlungstyp** rücksichtslos gegen sich selbst sein. Sie, die sich nie erlauben, krank zu sein, erleiden dann häufiger als die anderen Persönlichkeitstypen unerwartet schwere Erkrankungen. Manche haben danach ihre Einstellung zum Leben grundlegend geändert, lassen sich nicht nur von Pflicht und Arbeit bestimmen, sondern gönnen sich zusammen mit dem Partner mehr Freude und Genuß.

Die Beziehung zwischen **Sachtyp** und **Beziehungstyp** kann für beide eine großartige Ergänzung und Bereicherung sein. Der **Sachtyp** wird durch das lebendige, überschwengliche und gefühlsbetonte Wesen des **Beziehungstyps** angezogen und mitgerissen. Und dem **Beziehungstyp** tut die Gelassenheit und Nachdenklichkeit des **Sachtyps** gut. Er bekommt von ihm ja »Erkenntnisfutter« und wird darum seine denkerischen Fähigkeiten neidlos bewundern.

181

Doch wenn es sich um wenig entwickelte Partner handelt, wird der **Beziehungstyp** zu wenig liebevoll und fürsorglich behandelt. Der **Sachtyp** gibt ihm nicht das Gefühl, etwas Besonderes zu sein, und läßt ihn auch gefühlsmäßig »ausbrennen«, weil er die emotionale Ebene rationalisiert.

Dabei drängt er selbst den **Beziehungstyp** in eine väterliche oder mütterliche Rolle, weil er sich hilflos, ungeschickt oder unaufmerksam gibt. Zuerst bewundert er den **Beziehungstyp** und deutet dessen Selbstkontrolle (besonders beim **Beziehungstyp 1**) als Souveränität. Später sieht er darin Arroganz und leidet in der Rolle des Unterlegenen. Dann rebelliert er oder sucht Hilfe und Verständnis bei anderen, die er wieder bewundern kann – und drückt sich weiter vor Initiative, Verantwortung und einer klärenden Aussprache.

Diesen Zustand unterstützt der **Beziehungstyp** durch seine unbewußte Tendenz zu Macht- und Retter-Spielchen. Zu Anfang ist er angerührt von dem hilflosen und ungeschützten Verhalten des **Sachtyps**. Doch später wird er ihn wegen seiner laschen Art (seinem Opfer-Spiel) verachten und ihm bittere Vorhaltungen machen. Der **Sachtyp** reagiert darauf verwirrt, zieht sich zurück und fängt an zu mauern. Den heftigen Attacken des **Beziehungstyps** begegnet er vernünftig, schweigend oder mit endlosen Erklärungen und »wissenschaftlichen« Analysen, was den in schroffe Distanz oder hysterische Überreaktionen treibt.

Spitzt sich die Situation weiter zu, kann es dann zu einem seltsamen Showdown mit Rollentausch kommen: Der **Sachtyp** wird laut und cholerisch und schlägt mit harten Argumenten gnadenlos zu, während der **Beziehungstyp** mit schneidender Schärfe eiskalt und ruhig kontert und zur hilflosen Empörung seines Kontrahenten die Fakten so zurechtbiegt, wie er sie gerade braucht, um gut dazustehen.

Die Beziehung zwischen **Sachtyp** und **Beziehungstyp** stabilisiert sich, wenn der **Sachtyp** liebevolle Fürsorglichkeit zeigt und der **Beziehungstyp** seinen Verstand aktiviert. Dann verhält sich der **Sachtyp** klar und selbstverantwortlich. Das entlastet den **Beziehungstyp**, der dann nicht in eine überkontrollierende und überfürsorgliche Rolle abdriftet. Er nimmt sich zurück, gewinnt an Gelassenheit, Genußfähigkeit und Realitätssinn, kann seinem Partner besser zuhören, in Ruhe über das Gehörte nachdenken und ihn mehr akzeptieren und als gleichwertig ansehen.

Die Beziehung **Sachtyp 1 – Beziehungstyp 1**: Beide wirken kühl, der **Beziehungstyp**, weil er sich im Griff hat, und der **Sachtyp**, weil er meist gedankenverloren mit sich beschäftigt ist. Die Beziehung gewinnt an Wärme, wenn der **Beziehungstyp** sich vertrauensvoll einlassen wird und der **Sachtyp** in seinem Selbstbewußtsein gestärkt ist.

Die Beziehung **Sachtyp 2 – Beziehungstyp 2**: Beide wirken weich, der **Beziehungstyp** durch seine Einfühlsamkeit und der **Sachtyp** durch seine Selbstvergessenheit und sein Harmoniebedürfnis. Wenn sich beide selbst stärker wahrnehmen, gewinnt die Beziehung an Dynamik.

Die Beziehung **Sachtyp 1 – Beziehungstyp 2**: Ersterer will wichtig genommen, der zweite hofiert werden. Eine Verbindung, in der jeder etwas für den anderen tun muß, damit die Beziehung in der Balance bleibt.

Die Beziehung **Sachtyp 2 – Beziehungstyp 1**: Der Weiche und der Zurückhaltende. Der **Sachtyp** muß sich selbst aktivieren, um mit dem dynamischen **Beziehungstyp** gleichziehen zu können. Der **Beziehungstyp** sollte sein »Ja, aber ...!« seinlassen und sich darin üben, interessiert zuzuhören.

In der Beziehung zwischen **Beziehungstyp** und **Handlungstyp** kommen zwei recht gegensätzliche Charaktere zusammen. Gerade die Kombination männlicher **Handlungstyp** und weiblicher **Beziehungstyp** entspricht den traditionellen Rollen: Er ist tüchtig, bestimmend, fürsorglich, sie gefühlvoll, liebenswürdig und spontan.

Zunächst wird der **Beziehungstyp** beim **Handlungstyp** die Verläßlichkeit, Fürsorglichkeit und Großzügigkeit schätzen, besonders der weibliche, der sich nach turbulenten Beziehungskisten (endlich) Sicherheit und Geborgenheit erhofft. Umgekehrt ist der **Handlungstyp** fasziniert von der Spontaneität, Liebenswürdigkeit und Lebendigkeit des **Beziehungstyps**. Er verkörpert für ihn genau das, was ihm selbst am meisten fehlt: Gefühlsüberschwang, Herzlichkeit und Liebe. – Tüchtig sind sie beide: der **Handlungstyp** auf seine beständige, solide und fleißige Art, der **Beziehungstyp**, weil er seinen eigenen hohen Ansprüchen gerecht werden will.

Probleme entstehen, wenn sich der **Beziehungstyp** durch die Unbeweglichkeit und Überfürsorglichkeit des **Handlungstyps** eingeengt fühlt, so als würde er mit seinem emotionalen Elan und seiner Begeisterungsfähigkeit immer gegen eine Wand laufen. Den **Handlungstyp** irritieren die Ausbrüche und Kritik des **Beziehungstyps**, er klammert sich noch mehr an seine Rollen- und Moralvorstellungen oder flüchtet in die Arbeit und deckt sich damit zu. Er ist überzeugt, daß der **Beziehungstyp** »spinnt«, er hält ihn für weltfremd, hochfahrend, arrogant, unmoralisch oder unzuverlässig. Und er ist verärgert darüber, daß seine guten Ratschläge und sein wohlmeinendes Verhalten nicht ankommen und so gründlich mißverstanden werden. Er kapiert nicht, daß ihn der **Beziehungstyp** durchaus gern hat oder liebt, denn die Beständigkeit und Sicherheit des **Handlungstyps** erlauben ja manchem **Beziehungstyp** erst, seine Launen auszuleben.

Es ist für die Beziehung wesentlich konstruktiver, wenn sich der **Beziehungstyp** verständiger gibt und der **Handlungstyp** freier denkt und seine Emotionen zuläßt. Der überschießende **Beziehungstyp** wird dadurch gelassener und vernünftiger, der **Handlungstyp** spontaner und einfühlsamer. Durch diese Entwicklung gehen die ursprünglichen positiven Eigenschaften keineswegs verloren, also weder die Tüchtigkeit des **Handlungstyps** noch die Sensibilität und Lebendigkeit des **Beziehungstyps**.

Die Beziehung **Beziehungstyp 1 – Handlungstyp 1**: Der Kühle und der Förmliche. Diese nach außen attraktive Beziehung gilt es nach innen zu vertiefen. Dazu ist für beide angesagt, sich auf den anderen einzulassen.

Die Beziehung **Beziehungstyp 2 – Handlungstyp 2**: Der Charmante und der Herzliche. Ein Duett der Gefühle, wenn der **Handlungstyp** nicht vor lauter Arbeitswut den **Beziehungstyp** vernachlässigt und der die festgefügten Meinungen des **Handlungstyps** irgendwie ignorieren kann.

Die Beziehung **Beziehungstyp 1 – Handlungstyp 2**: Der Kontrollierte und der herzliche Schaffer. Wenn sich der **Beziehungstyp** öffnet und der **Handlungstyp** zurücknimmt, sind beide gefühlvoll und sich zugetan. Doch auch hier sind Toleranz und Mäßigung gefragt.

Die Beziehung **Beziehungstyp 2 – Handlungstyp 1**: Der Emotionale und das Energiebündel. Der **Beziehungstyp** darf nicht mit seinem Gefühlsüberschwang den Partner überfordern. Und der **Handlungstyp** sollte Verständnis für die Stimmungsschwankungen des Partners zeigen.

Die Beziehung zwischen **Sachtyp** und **Handlungstyp** macht einen ausgeglichenen und soliden Eindruck. Der **Sachtyp** kann sich vertrauensvoll am **Handlungstyp** anlehnen (der ist ja da, wo der **Sachtyp** hinwill), und der **Handlungstyp** schätzt die Klugheit und die Gelassenheit des **Sachtyps**. Es ist eher eine bestätigende (und weniger herausfordernde) Beziehung, besonders effizient als berufliche Verbindung oder bei der gemeinsamen Lösung von Aufgaben.

Gefahr besteht, daß diese Verbindung konventionell und langweilig wird. Im **Handlungstyp** wird eher die Seite des braven, angepaßten Kindes vom Partner berührt und weniger die des lebendigen, freien Menschen. Und der **Sachtyp** zeigt neben dem eifrigen **Handlungstyp** wenig Lust, selbst initiativ sein Leben zu planen und aktiv zu gestalten. Der **Sachtyp** bremst den **Handlungstyp** im Gefühl und in seiner Leidenschaftlichkeit, der **Handlungstyp** den **Sachtyp** in seiner erfrischend erfinderischen und zu Blödsinn aufgelegten Art. So wird's öd, und Anreize von außen gewinnen an Attraktivität: Das Verführerische verkörpert für beide häufig ein **Beziehungstyp**!

Vielleicht mehr noch als bei anderen Kombinationen hängt die Stimmigkeit der Beziehung von der Entwicklung beider Partner ab. Für den **Sachtyp** ist es wichtig, aktiv zu werden. Dabei darf er sich vom umtriebigen und willensstarken **Handlungstyp** nicht überfahren lassen. Der zweite Schritt ist dann, sein introvertiertes und symbiotisches Beziehungsverhalten aufzugeben, sich (endlich) zu entfalten, Gefühle zu zeigen und kommunikativer und autonomer zu werden. Dann fällt es auch dem **Handlungstyp** leichter, seine Gefühle vom Moralin zu säubern. Diese Weichenstellung puscht sein Erleben, seine Kreativität und Spontaneität enorm.

Die Beziehung **Sachtyp 1 – Handlungstyp 1**: Kann sein, daß beide sehr aktiv sind. Wenn sie sich aufeinander einstellen, entfaltet sich diese Beziehung von selbst.

Die Beziehung **Sachtyp 2 – Handlungstyp 2**: Der **Sachtyp** darf sich die Initiative nicht aus der Hand nehmen lassen, der **Handlungstyp** sollte Lebensfreude zu seinem Pflichtfach machen.

Die Beziehung **Sachtyp 1 – Handlungstyp 2**: Der Wichtigtuer und der Schaffer. Sie dürfen die spielerische Seite ihrer Beziehung nicht vernachlässigen.

Die Beziehung **Sachtyp 2** – **Handlungstyp 1**: Der **Sachtyp** ist herausgefordert, seine Entscheidungs- und Arbeitsfreude zu fördern, der **Handlungstyp** aber seine zu bremsen, und beide, ihre Beziehung liebevoll zu pflegen.

13. Zeit und Beziehung

Wir sagten schon: Unsere drei Ich-Bausteine sind spezialisiert auf die drei Lebensbereiche Erleben, Erkennen und Handeln. Diese Bereiche sind eigengesetzlich, das heißt, sie sind so verschieden voneinander wie ein freudiges Gefühl, eine Nachricht in einer alten Zeitung und das Geräusch eines startenden Motors. Ich habe diese drei Lebensbereiche 1976 beschrieben, als ich noch nichts von Eric Berne und seinen drei Ich-Zuständen wußte.[1] Und auch dann, als ich sie in meiner Ausbildung in Transaktionsanalyse kennenlernte und später damit therapeutisch arbeitete, hat es Jahre gedauert, bis der entscheidende Zusammenhang mit den Persönlichkeitstypen klar formuliert war.[2] Dann erkannte ich, daß sich auch die Zeitdimensionen Vergangenheit, Gegenwart und Zukunft den drei Lebensbereichen und Persönlichkeitstypen zuordnen lassen.[3]

Beziehung ist auf die *Gegenwart* gerichtet: Liebevolle Gefühle sind etwas sehr Gegenwärtiges. Ich fühle *jetzt*, bin *jetzt* traurig oder glücklich oder froh, und wenn ich liebe, so liebe ich *jetzt*. Das Beziehungs-Ich lebt, geht auf in der Gegenwart, und darum sind Kinder, die noch viel mehr im Beziehungs-Ich zu Hause sind, so hingegeben an das Gegenwärtige, sind glücklicher oder unglücklicher als die Erwachsenen, die viel

---

[1] Dietmar Friedmann: Die transzendentalen Bedingungen oder das dialektische Verhältnis von Emanzipation, Identität und Erkenntnis. Heidelberg 1976.

[2] Dietmar Friedmann: Der andere. München 1990.
Dietmar Friedmann: Die Entdeckung der eigenen Persönlichkeit. München 1991.

[3] Dietmar Friedmann: Ich-Modell und Zeitdimensionen. In: Laß dir nichts vormachen! München 1993.

mehr Vergangenem nachhängen oder Zukünftiges planen. Erkennen ist auf die *Vergangenheit* bezogen: Nachrichten, Erkenntnisse und Wissen beziehen sich immer auf etwas, das bereits da ist. Selbst wenn wir daraus auf Zukünftiges schließen, leitet es sich von Entwicklungen aus der Vergangenheit her. Ein Beispiel ist die Zeitung: Sie berichtet fast ausschließlich von vergangenem Geschehen – abgesehen vom Wetterbericht und Veranstaltungsankündigungen.

Handeln ist immer auf die *Zukunft* bezogen: Wenn man handelt, will man etwas verändern oder herstellen, also etwas erreichen, das jetzt noch nicht so ist oder da ist. Wer ins Auto steigt und den Motor startet, will in der Regel irgendwohin fahren. Man handelt nicht nur »um zu«, wie Martin Heidegger sagte, also zweckmäßig, sondern auch »im Hinblick auf etwas«, das heißt zielorientiert und damit zukunftsorientiert.

In das Psychographie-Dreieck übertragen:

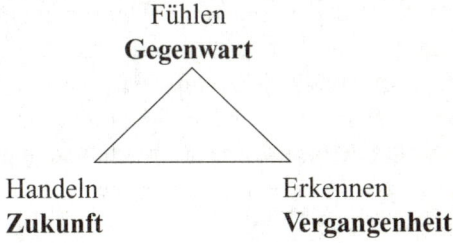

Fühlen
Gegenwart

Handeln   Erkennen
Zukunft   **Vergangenheit**

Über die Vergangenheit kann ich nachdenken, doch ich kann nicht mehr in ihr handeln. Man kann geschehene Dinge nicht mehr ungeschehen machen. Umgekehrt: Auf die Zukunft hin kann ich zwar handeln, sie einplanen oder verplanen, doch sie verschließt sich dem Erkennen. Wer Börsengeschäfte macht, weiß, wie leicht sich auch Fachleute mit ihren Prognosen irren können. Und ob wir Vergangenes nachvollziehen oder uns

Künftiges ausmalen, unser Erleben ist immer fühlbar gegenwärtig.

Für die Grunderfahrungen der Persönlichkeitstypen ergeben sich daraus interessante Erlebnisvarianten: Der **Beziehungstyp** lebt, fühlt und macht seine Erfahrungen intensiv in der (flüchtigen) Gegenwart und hat sich darum in seiner Spontaneität etwas Kindliches bewahrt. Das hat den verblüffenden Nebeneffekt, daß Menschen dieses Persönlichkeitstyps für ihr Alter bemerkenswert jung aussehen. – Uns scheint: Viele amerikanische TV-Serienstars erinnern an den wenig entwickelten **Beziehungstyp**: makellos und knackig, ohne ein Fünkchen Persönlichkeit. Sie wirken, als wären sie gerade einer Fabrik für synthetische Menschen entschlüpft und hätten keine Vergangenheit.

Seine (Beziehungs-)Gefühle halten den **Beziehungstyp** aber auch in der Gegenwart fest, denn seine positiven und negativen Emotionen sind seine momentane, aktuelle »Wahrheit« und durch ihre gegenwärtige Präsenz für ihn wirkungsmächtiger als bei den anderen Typen. Er kann sich nicht so leicht wie der **Sachtyp** aus schmerzlichen Gefühlen ins neutrale Erkennen zurückziehen oder wie der **Handlungstyp** auf das Morgen gerichtete Handeln. Das erklärt auch, warum der abgelehnte **Beziehungstyp** existentiell so dumpf oder dramatisch leidet, daß er sogar Todeswünsche hegt. Gefangen in seinen gegenwärtigen Gefühlen, vermag er schwer zu realisieren, daß auch früher sein Schmerz vergangen ist und daß er bald seine Situation viel positiver erleben wird. (Der **Sachtyp** fürchtet, daß man sich für ihn nicht interessiert, und verspürt dann vernichtende Auflösungsgefühle; den **Handlungstyp** ängstigt Unterdrückung, und er meint dann zu erstarren.)

Weil der **Beziehungstyp** seine Vergangenheit weitgehend negiert, nutzt er sein Erinnerungsvermögen auch kaum als

Möglichkeit und lernt deshalb zu wenig aus seinen Erfahrungen. Vor der Zukunft – der Planung und Gestaltung seines Handelns und Lebens – verschließt er die Augen (nach dem Motto: »Es wird schon gutgehen«), oder er läßt sich fremdbestimmen und wetteifert mit anderen um eine dekorative oder brillante Lebensgestaltung. Der **Beziehungstyp** verschenkt viel von seinen eigenen Intentionen und Erwartungen an den Beifall anderer. Und darum ist er auch meist eher pessimistisch eingestellt und zynisch.

Der ich-bezogene **Beziehungstyp 1** wird darum sagen: »Ich bin so, ich empfinde mich so, mir geht es so, wie meine Gefühle im Augenblick sind!« Der ich-vergessene **Typ 2** ist mehr fixiert auf die Gegenwart des anderen und auf dessen emotionale Äußerungen, und er beurteilt ihn (positiv wie negativ) aus dieser momentan so definierten Situation heraus. Beide, **Typ 1** und 2, vergessen oft, daß sie eine Vergangenheit und eine Zukunft haben, und sitzen in ihrer Zeitfalle Gegenwart fest.

Der **Sachtyp** grübelt viel über Vergangenes, ist durch sein Hintersinnen besonnen und lernt so (von allen Persönlichkeitstypen am meisten) aus seinen Erfahrungen. Er wird tatsächlich durch Schaden klug. Doch er vernachlässigt seine zukünftigen Perspektiven. Dadurch fehlt es ihm an Motivationen, beflügelnden Hoffnungen und kraftvollen Energien. So wirkt er unschlüssig, schlaff und antriebslos, weiß oft nicht, was er will, setzt sich keine Ziele und trifft auch zu wenig Vorsorge.

Und in der Gegenwart läßt sich der **Sachtyp** fremdbestimmen, kehrt Probleme unter den Teppich, macht auf Harmonie, reagiert auf die Gefühle der anderen, paßt sich ihnen an und ist dann freilich selbst oft unbefriedigt und unglücklich. Der **Sachtyp** verschenkt viel an Lebenskraft und Intensität in der Gegenwart.

Der **Sachtyp 1** erzählt endlos Storys aus seiner Vergangenheit. Damit macht er sich seine Identität bewußt (»Schaut her, da bin ich!«), seine Eigenart ist also mehr als nur Selbstbeweihräucherung. Der **Typ 2** sieht den anderen aus dessen Vergangenheit heraus und versäumt dabei, daran zu denken, daß dieser ebenso Gegenwart und Zukunft in sich trägt. Zum Beispiel kann er noch rasend eifersüchtig auf längst vergangene Amouren seines Partners sein.

Der **Handlungstyp** arbeitet für die Zukunft und sichert sich dabei doppelt und dreifach ab. Doch dadurch vernachlässigt er die Gegenwart und sein gefühlsmäßiges Erleben, kurz: Er arbeitet zu viel und lebt zu wenig. Seine Identität ist fremdbestimmt, denn statt Erfahrungen eigenständig zu durchdenken und zu relativieren, übernimmt er vorgegebene Interpretationen und (Vor-)Urteile, nach denen er sich und andere im nachhinein taxiert. Der **Handlungstyp** vergeudet viel von dem, was ihm eigentlich aus seiner Lebenserfahrung und seiner Vergangenheit erwachsen könnte. Umgekehrt: Seine positive Grundhaltung (»Was vorbei ist, ist vorbei!«) läßt den **Handlungstyp** nach einem Streit schnell versöhnlich sein. Indem er selbst leicht vergibt und vergißt, setzt er einen guten Neuanfang.

Der **Handlungstyp 1** wird sich sagen: »Ich selbst bin meine Zukunft!« Er identifiziert sich also stark mit seinen eigenen Zukunftsperspektiven. Sind die Aussichten schlecht, dann wird er also auch darunter leiden. Der **Typ 2** wird zum anderen sagen: »Du ganz allein bist deine Zukunft, du selbst hast dein Schicksal in der Hand!« Was den Partner nicht gerade aufbaut, wenn der vielleicht auf dem absteigenden Ast ist.

Diesen typischen Schwächen der Persönlichkeitstypen wirken die Schlüsselenergien entgegen: Der **Beziehungstyp** erkennt, beginnt aktuelle und zurückliegende Erfahrungen genau und bewußt zu registrieren und festzuhalten, konsequent zu durchdenken und neue Perspektiven für sich zu gewinnen. Er lernt dann aus Vergangenem, kann so Realitäten besser akzeptieren, findet darin Halt für sein Ich und seine Gefühle. Und sein (zukünftiges) Handeln wird jetzt individueller und qualitativer. Die rasante Kurve seiner emotionalen Höhenflüge verläuft nun sanfter, und das bewahrt ihn vor dem allzu tiefen Fall. Das Motto des **Beziehungstyps** wird jetzt sein: »Ich bin vertrauensvoll gelassen – gegenüber dem, was in der Vergangenheit geschehen ist und was mir die Zukunft bringen wird.«

Der **Sachtyp** geht ins Handlungs-Ich, verwirklicht sich, setzt sich klare Ziele, gewinnt an Entschlußkraft und Tatkraft und gestaltet aktiv und erfolgreich sein Leben und seine Zukunft. In seinem (gegenwärtigen) Beziehungsverhalten wird er selbstbestimmter, fürsorglicher und gefühlvoller werden. Sein Motto wird sein: »Ich bin gelassen zuversichtlich – gegenüber dem, was auf mich zukommt.«

Der **Handlungstyp** lernt durch Sympathie, sich auf seine Gefühle einzulassen und ihnen nachzugeben – und sie nicht mehr moralisierend zu übergehen. Er wird das (gegenwärtige) Leben mehr lieben und genießen. Das kann im Einzelfall zu großen Spannungen führen, weil er dann **handlungstypisch** seine Fesseln radikal und leidenschaftlich sprengt – so wie im Fall der bislang biederen Hausfrau, die ihre Familie völlig vor den Kopf stößt, weil sie entdeckt hat, was Leben tatsächlich heißt und ihren Erlebnishunger **handlungstypisch** stillt. Das Motto des **Handlungstyps** wird lauten: »Ich habe zuversichtliches Vertrauen!« Das ist die positive, gewährende Energie sich selbst, den Menschen und ihren Emotionen gegenüber.

Weil sich die verschiedenen Persönlichkeitstypen kaum auf ein und derselben zeitlichen Ebene treffen, ist auch die Beziehung zwischen ihnen spannungsreicher, schwieriger, aber auch faszinierender. Wie gesagt, der **Beziehungstyp** lebt viel in seinem gegenwärtigen Fühlen, der **Sachtyp** denkt meist nach, beschäftigt sich also mit der Vergangenheit, und der **Handlungstyp** handelt und plant für die Zukunft. Insofern ergänzen sich die unterschiedlichen Partner (vielleicht merken sie das lange nicht oder sogar nie), doch irgendwann wird sich der **Beziehungstyp** in seinen Emotionen, der **Sachtyp** in seinen Überlegungen und der **Handlungstyp** in dem, was er (für den anderen) tut, gründlich unverstanden fühlen.

Der **Beziehungstyp** hat etliche Probleme, neben einem **Sachtyp** als Partner in seinen Entwicklungsbereich Erkennen zu gehen, weil der ihm immer wieder klarmacht, daß er das Denken doch nicht so gut kann. Und ein **Handlungstyp** als Partner hält (kritisches) Denken eher für überflüssig und gefährlich, weil die »richtigen« Denkergebnisse doch schon längst (aus der Vergangenheit) vorliegen und nur übernommen werden müssen.

Dem **Sachtyp** geht es mit seinem Entwicklungsbereich Handeln ähnlich. Der **Handlungstyp** ist darin so viel besser, daß er ihm gegenüber kaum eine Chance hat. Und vom **Beziehungstyp** muß der **Sachtyp** mit Kritik rechnen, weil er viel zuwenig beachtet, wie sein Tun überhaupt bei anderen ankommt.

Der **Handlungstyp** ist überfordert, in den Gefühlen und auf der kommunikativen Ebene (also in der Gegenwart) mit dem **Beziehungstyp** gleichzuziehen. Und der **Sachtyp** wird den **Beziehungstyp** eher bremsen, weil ihm die vulkanartigen Ausbrüche an Emotionen und Lebensfreude bedrohlich erscheinen oder er nicht weiß, wie er mit dem wechselhaften **Beziehungstyp** eigentlich dran ist. – So sind Beziehungen zwischen unterschiedlichen Persönlichkeitstypen eher entwicklungshemmend, und die gestaute Kraft der Schlüsselenergien wird auch noch häufig zum Sprengstoff für die Beziehung.

Besser sieht es beim Thema Selbstbestimmung aus: Der **Handlungstyp** wird dem **Beziehungstyp** viel (zukünftigen) Handlungsspielraum geben, und der **Sachtyp** wird den **Beziehungstyp** von seinen Zwängen freisprechen, es anderen »immer recht machen« zu müssen. Der **Sachtyp** wird vom **Beziehungstyp** in seinen Gefühlen nicht eingeengt, und der **Handlungstyp** macht dem **Sachtyp** viel Mut, zu den eigenen Gefühlen zu stehen. Der **Handlungstyp** kann beim **Sachtyp** mit viel Toleranz beim Denken rechnen, und vom **Beziehungstyp** wird er darin bestärkt, aus seinen Erfahrungen eigene Schlüsse zu ziehen.

14. Wie schütze ich mich vor Psycho-Spielen?

Man kann Menschen von außen betrachten und ihre Merkmale und Eigenschaften beschreiben und katalogisieren – so hat man es in der Psychologie bisher gemacht. Das ist für die Praxis weder besonders genau noch besonders brauchbar. Es ist vielleicht ganz unterhaltsam, aber doch eher Literatur und keine exakte Wissenschaft. Die Psychographie beschreibt den inneren Prozeß und die »Stationen«, die eine Persönlichkeit geformt haben. Das nannten wir den »persönlichkeitstypischen Psycho-Code«.

Für den persönlichkeitstypischen Psycho-Code ist es notwendig, Schritt um Schritt diese inneren Verhaltensmuster aufzudecken und empirisch zu überprüfen. Die Idee dabei war: Es gibt im Drama-Dreieck einen typischen Einstieg, ein typisches Vermeiden und ein typisches Ziel. Doch zuerst: Was ist das Drama-Dreieck?

Es ist ein Modell von Stephen Karpman, entwickelt aus der Transaktionsanalyse. Er erhielt dafür 1972 den Eric-Berne-Gedächtnispreis. Man kann mit dem Drama-Dreieck Problemsituationen ausgezeichnet beschreiben. Immer wenn jemand Schwierigkeiten hat (sei es mit sich selbst oder mit anderen), können wir beobachten, daß er – und häufig auch die anderen – eine Rolle im Drama-Dreieck spielt. Diese Rollen sind »Retter«, »Opfer« und »Verfolger«:

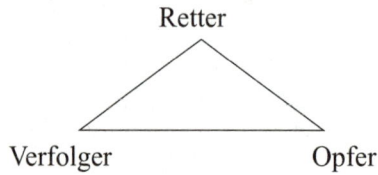

Der Retter leidet am sogenannten »Helfer-Syndrom«, das heißt, er sieht überall potentielle Opfer, die er meint retten zu müssen. Das sind zum Beispiel überfürsorgliche Mütter; das sind überängstliche Zeitgenossen, die bei anderen nur Probleme und Schwierigkeiten sehen; das können Ärzte oder Psychotherapeuten sein, die ihren Patienten oder Klienten einreden, wie schrecklich krank sie sind und wie dringend sie auf ihre Hilfe angewiesen sind. Diese Retter machen andere schwächer, als sie sind, nehmen ihnen ihr letztes bißchen Selbstbewußtsein noch vollends und machen sie eventuell von sich abhängig. – Ein Beispiel dafür ist die frühere Art, Entwicklungshilfe zu leisten: Je mehr Hilfe man gab, desto schlechter erging es diesen Völkern, weil man ihre Selbsthilfekräfte zerstörte.

Was ist die Opfer-Position? Opfer spielt jemand, der sich hilflos gibt, der vermeidbare Fehler macht oder sich ungeschickt anstellt, damit andere ihm zu Hilfe kommen, damit sie ihn bedauern oder bemitleiden. Das sind Menschen, die ständig Probleme und Schwierigkeiten haben, die immer wieder Fehler machen und so dafür sorgen, daß man sich Sorgen um sie macht oder sich über sie ärgert. Ein relativ hoher Prozentsatz jener Menschen, die regelmäßig soziale Einrichtungen in Anspruch nehmen, sind wohl potentielle Opfer-Spieler. Sie geraten auch häufiger in finanzielle Nöte, sie verlieren öfter ihren Arbeitsplatz, ihnen stoßen mehr Unglücke zu. Sie werden betrogen, ausgenutzt oder ungerecht behandelt. Vom Opfer-Spieler sagt man: »Was ist das für ein Pechvogel!« Und der Opfer-Spieler fragt sich: »Warum passiert das immer wieder mir?«

Verfolger sind Menschen, die andere durch Moral, Regeln und Vorschriften unterdrücken und einengen. Sie haben einen übertriebenen Sinn für Recht, Ordnung und Sauberkeit und setzen ihn durch. Lebendige, vitale Gefühle und Bedürfnisse sind

197

ihnen verdächtig. Man findet sie häufig in überkommenen Institutionen. Denn hier haben sie viele Möglichkeiten, ihre Rolle auszuleben, etwa in der Kirche, bei der Polizei, im Finanzamt, beim Militär etc. Da es immer noch genügend Institutionen gibt, die ein Verfolger-Spiel für eine Tugend halten, ist es weit weniger auffällig als das Retter- oder Opfer-Spiel. In unserer Gesellschaft sorgen diese Spiele dafür, daß sich nichts verändert, alles beim alten bleibt und daß mit gutem Gewissen Dinge gemacht werden, die eigentlich inhuman sind.

Jede der drei Rollen kann man auch mit sich selbst spielen, das heißt, man kann sich selbst retten (das kann eine Form der Isolation sein), sich (sich) selbst opfern (eine besondere Form der Depression) und sich selbst verfolgen (eine Form der Bestrafung).

Selbstretter sind jene, die meinen, sie müßten alles selbst machen, weil sie sich auf niemanden verlassen können; oder Menschen, die sich mit ausgefallenen Diäten, der heilsamen Wirkung von Edelsteinen, Blüten und ätherischen Ölen »am Leben halten«. Das kann auch die Villenbesitzerin sein, die selber putzt, weil es ihr die Putzfrau nicht recht machen kann. Das mag der ständig überlastete Chef oder Manager sein, der keine verantwortungsvollen Aufgaben an seine Mitarbeiter delegieren kann. Das sind die Mütter oder Väter, die sich ständig in das Leben und den Verantwortungsbereich ihrer schon erwachsenen Kinder einmischen, die auch im Alter nichts an Kompetenz abgeben können und weiter über die Köpfe ihrer Kinder hinweg bestimmen wollen.

Ein Opfer-Spiel mit sich selbst ist eine besondere Form der Depression. Erfolgreich spielt es, wer die Schultern hängen läßt und ausdauernd zu Boden schaut, mit traurigem Ton spricht und sich ständig die allerschlimmsten Dinge, die einem passieren könnten, eindringlich vorstellt.

Spielt man ein Verfolger-Spiel mit sich selbst, dann markiert man zum Beispiel den »harten Typ« oder spielt den Helden, oder man kommt immer eine halbe Stunde früher zu jedem Termin. So ein Tick ist freilich noch recht harmlos, wenn wir an religiöse, kulturelle und soziale Riten und Gebräuche denken, denen sich viele Menschen zwanghaft unterwerfen.

Was ist nun das Persönlichkeitstypische am Drama-Dreieck? Jeder Persönlichkeitstyp bevorzugt eine der drei Rollen: der **Beziehungstyp** die Retter-Rolle, der **Sachtyp** die Opfer- und der **Handlungstyp** die Verfolger-Rolle. Auch **Typ 1** und **Typ 2** lassen sich im Drama-Dreieck aufzeigen:

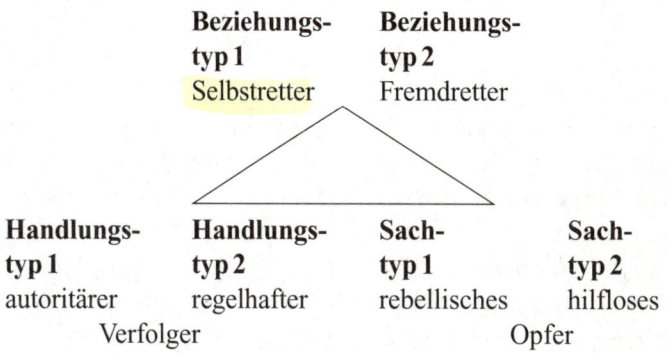

Beziehungstyp 1	**Beziehungstyp 2**		
Selbstretter	Fremdretter		
Handlungstyp 1	**Handlungstyp 2**	**Sachtyp 1**	**Sachtyp 2**
autoritärer	regelhafter	rebellisches	hilfloses
Verfolger		Opfer	

Der **Beziehungstyp 1** spielt den Selbstretter: Er glaubt, er müsse stark, brillant, der Beste sein, und verhält sich daher oft kritisch, mißtrauisch und egozentrisch. Der **Beziehungstyp 2** spielt den Fremdretter: Er bemüht sich, immer liebenswürdig zu sein, und opfert sich für andere auf. Er ist betont zutunlich und freundlich, und er sucht andere, denen es schlechter geht, um sie zu retten, damit er sich danach besser fühlen kann.

Der **Sachtyp 1** spielt das rebellische Opfer: Er ist recht egoistisch und aufsässig, wirkt wichtigtuerisch, und er diskutiert und polemisiert gern. Der **Sachtyp 2** tendiert dazu, das hilflose Opfer zu spielen: Er macht (vermeidbare) Fehler, vergißt etwas, wirkt weich, nachdenklich und selbstvergessen. Der **Handlungstyp 1** spielt den autoritären Verfolger: Er ist abhängig von Hierarchien und drängt auch andere in diese Abhängigkeit. Der **Handlungstyp 2** ist der regelhafte Verfolger: Er hält sich selbst an Normen, Moralvorstellungen, Regeln und versucht auch anderen diese Maßstäbe beizubringen. Doch gehen wir zurück zum einfachen Modell:

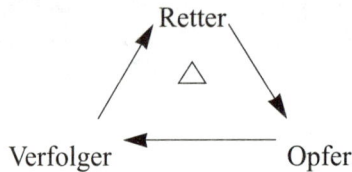

Die Verbindungslinien zwischen den einzelnen Positionen haben zweierlei Bedeutung: Erstens, daß die drei Rollen zusammenspielen, das heißt, ein Retter braucht ein Opfer, ruft aber auch Verfolger auf den Plan, die meinen, daß er die anderen verwöhne. Das Opfer sucht einen Retter und findet in der Regel einen Verfolger, der ihm eins draufgibt. Und der Verfolger sucht Opfer, hat es aber auch mit Rettern zu tun und streitet sich mit ihnen herum, ob aus seiner Sicht Härte oder aus ihrer Sicht Verständnis weiterführen.

Zweitens hat man bald festgestellt, daß wir nicht immer in einer Rolle bleiben, sondern gewissermaßen im Drama-Dreieck herumlaufen. Unseren Beobachtungen nach geschieht dies in einer ganz bestimmten Richtung, nämlich im Uhrzeigersinn, und zwar so, daß der Retter – um nicht selbst zum Opfer zu werden – als Verfolger endet; das Opfer möglichst die Verfolger-Position meidet und in die Retter- oder Selbstretter-Rolle geht; und der Verfolger die Retter-Position übergeht und zum Opfer wird.

Doch zurück zu der ursprünglichen Hypothese, die dann zur Beschreibung der inneren psychographischen Prozesse der Persönlichkeiten geführt hat: Es gibt für jeden Typ eine Lieblingsrolle, und es gibt das typische Vermeiden der jeweils zweiten Position:

Der Retter fürchtet also nichts mehr, als selbst in die Opfer-Rolle zu kommen, denn er ist ja ein Macht-Spieler, und die hilflose Situation eines Opfers macht ihm angst. Das Opfer tut sich ganz besonders schwer mit der Verfolger-Rolle: Da müßte es nämlich konsequent sein, eine gewisse Härte zeigen und sich anderen gegenüber durchsetzen. Das ist etwas, das das Opfer scheut und das ja auch seine Opfer-Rolle ausmacht. Und der Verfolger kommt schlecht mit der Retter-Rolle zurecht, denn Mitleid und Gefühle sind nicht seine Stärke.

Das Vermeiden der zweiten Position erfordert, dafür einen Ersatzspieler zu finden: Damit der Retter die ungeliebte Rolle nicht selbst übernehmen muß, sucht er sich ein Opfer, das Opfer einen Verfolger und der Verfolger einen Retter.

Schließlich gibt es auch noch ein typisches Ziel: Der Retter strebt letztlich die Verfolger-Position an, das Opfer die Retter-Position, und der Verfolger wird schließlich selbst zum Opfer (im Sinne von: »Undank ist der Welt Lohn!«)

Der nächste Schritt in der Entwicklung der Psychographie war, die Rollen des Drama-Dreiecks durch die drei Ichs unserer Psyche zu ersetzen. An die Retter-Position tritt das Beziehungs-Ich, an die Opfer-Position das Erkenntnis-Ich und an die Verfolger-Position das Handlungs-Ich:

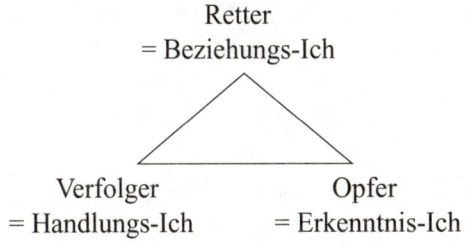

Retter
= Beziehungs-Ich

Verfolger   Opfer
= Handlungs-Ich   = Erkenntnis-Ich

Nun läßt sich auch genau beschreiben, was Eric Berne »Spiele« genannt hat, jene manipulativen Verhaltensweisen sich selbst und/oder anderen gegenüber: Der Retter benützt zunächst sein Beziehungs-Ich, um andere einzuladen, meidet das Erkenntnis-Ich und endet im abwertenden Handlungs-Ich. Jemand, der den Retter spielt, gibt sich einfühlend, blendet Beobachtung und Denken aus, überschwemmt den anderen mit mitleidvollen Gefühlen und handelt aus diesen sentimentalen Impulsen heraus.

Das Opfer beginnt im Erkenntnis-Ich und zeigt sich unsicher, hilflos oder wichtigtuerisch, vermeidet das Handlungs-Ich und endet im erschrockenen Beziehungs-Ich. Es gibt sich zunächst einsichtig, objektiv, sachlich, vermeidet aber zu handeln. Ein Beispiel ist jemand, der einen Vortrag zu halten hat, sich jedoch nicht richtig darauf vorbereitet oder sein Manuskript zu Hause vergißt. Er bringt sich durch das Nicht-Handeln in eine Opfersituation und endet schließlich im Beziehungs-Ich, das heißt im Selbstmitleid: »Wie konnte mir das nur passieren?«

Der Verfolger stützt sich auf sein Handlungs-Ich. Er gibt sich großzügig und fürsorglich. Da er seine Gefühle und das Einfühlungsvermögen ausblendet, setzt er am Ende des Spiels emotionslos seine Regeln (oder Befehle) durch. Doch gewöhnlich bekommt er für sein Verhalten von den anderen keinen Beifall. Er endet schließlich im Erkenntnis-Ich, aber seine Devise wird sein: »Ich habe es doch nur gut gemeint!« Die Übersetzung von Eric Bernes Begriff »games« mit »Spiele« ist nicht sehr glücklich gewählt, denn diese Psycho-Spiele, die nach festen Regeln ablaufen, sind destruktiv, unehrlich und leidvoll, auch dann, wenn sie (für eine gewisse Zeit) mit großer Hoffnung, Faszination und Erregung gespielt werden. Manche Menschen spielen auf diese Art ein ganzes Leben lang mit- und gegeneinander. Und ähnlich wie beim Konsum von Drogen können auch diese Spiele ihnen ein trügerisches Gefühl der Zusammengehörigkeit vorgaukeln, das aber mit Selbsttäuschung und Skrupellosigkeit in eine psychische Leere und Abhängigkeit führt. Doch sie werden aus einem suchtartigen Verlangen heraus immer wieder neu inszeniert.

Psycho-Spiele werden nach folgendem Muster begonnen: Der **Beziehungstyp** lädt andere mit seinen Beziehungsqualitäten zum Spiel ein, indem er unrealistische Hoffnungen im Bereich Beziehung weckt; der **Sachtyp** mit seinen Erkenntnisfähigkeiten, indem er übertriebenes Verständnis im Bereich Erkennen zeigt; und der **Handlungstyp** mit seinem Handlungstalent, indem er Großzügigkeit im Bereich Handeln vortäuscht. Und weil alle drei kompetent in ihren Persönlichkeitsbereichen auftreten, ist ihrer Einladung so schwer zu widerstehen.

Während des Spiels beutet jeder Persönlichkeitstyp seine Mitspieler dort aus, wo er selbst Defizite hat, das heißt, der **Beziehungstyp** läßt seine Mitspieler für sich denken, der **Sachtyp** andere die Verantwortung für sich übernehmen und handeln, und der **Handlungstyp** läßt andere für sich fühlen. Doch damit tut sich keiner der Persönlichkeitstypen selbst einen Gefallen, denn er handelt gegen seine Schlüsselenergien und sein unterbewußtes Wertesystem: Der **Beziehungstyp** will erkennen, der **Sachtyp** erfolgreich sein und der **Handlungstyp** fühlen und Sympathie empfinden.

Der Spieler betrügt sich also selbst und fühlt sich um das betrogen, was ihm am wertvollsten ist: Der **Beziehungstyp** um den Schlüssel Erkennen, der **Sachtyp** um den Schlüssel Erfolg und der **Handlungstyp** um den Schlüssel Sympathie. All dies läuft unbewußt oder halbbewußt ab. Auf der bewußten Ebene meint der **Beziehungstyp** noch immer, liebenswürdig zu sein, der **Sachtyp** gutmütig, und der **Handlungstyp** ist nach wie vor vom eigenen Wohlwollen überzeugt.

Doch die Stimmung des Spielers (und bald auch die seiner Mitspieler) schlägt noch vor Erreichen des Spielziels überraschend um. Hat er erst die anderen zum Mitspielen gebracht, so bestraft er sie jetzt, indem er einen schnellen Wechsel von Rolle und Ich-Zustand macht: Wenn der **Beziehungstyp** nämlich vom Beziehungs-Ich direkt ins Handlungs-Ich springt, ändert er damit auch die Spielregeln. Unbewußt macht er sich dabei die völlig unterschiedlichen Bedingungen dieser Bereiche zunutze. Hat er sich zunächst freundlich und einladend auf der Beziehungsebene gegeben und eine entsprechende Belohnung durchblicken lassen, so tut er nach dem Ich-Zustandswechsel so, als sei es ihm immer nur um Zusammenarbeit auf der Handlungsebene gegangen. Hinter seinem verführerischen Lächeln lauern jetzt Frust oder auch Schadenfreude.

Der **Sachtyp** signalisierte zu Spielbeginn noch, daß die Regeln für den Bereich Erkennen gelten, und genoß die Fürsorglichkeit der Mitspieler. Doch nach dem Wechsel wirft er ihnen vor, daß sie sich, gemessen an den Regeln des Bereichs Beziehung, ihm gegenüber lieblos und egoistisch verhalten hätten.

Der **Handlungstyp** gab sich zunächst großzügig und fürsorglich. Die Mitspieler nahmen dieses Angebot dankbar an, und der **Handlungstyp** sonnte sich in Zuwendung. Doch dann, wenn die Großzügigkeit von ihnen eingefordert wird, kehrt er sein einschränkendes, pseudo-realistisches Denken hervor und konfrontiert die Mitspieler mit seinen gefühllosen Maßstäben und Vorurteilen.

Schließlich ist auch das Ende des Spiels typisch: Das Spiel des **Beziehungstyps** endet im Handeln. Er strebt Macht, Überlegenheit und eine (Pseudo-)Souveränität an. Dabei zählen für ihn auch Spielgewinne aus unfairem Verhalten.

Die Spielziele des **Sachtyps** liegen im Bereich Beziehung:

negative Zuwendung, Mitleid und verärgerte Reaktionen der Mitspieler, Selbstvorwürfe und eine (Pseudo-)Autonomie durch einen Rückzug voller Ressentiments.

Die Spielziele des **Handlungstyps** liegen im Erkennen: Bestätigung seiner Vorurteile und ein (Pseudo-)Identitätsgewinn durch Identifikation mit Rollen.

Doch im Zielbereich all dieser Spiele werden statt bereichsadäquater Ziele Spielziele angestrebt, das heißt, der Spieler begnügt sich mit etwas, das »so aussieht, als ob«: der **Beziehungstyp** beispielsweise mit guten Zeugnissen statt echter Leistung, der **Sachtyp** mit erzwungenem Mitleid statt sponaner Sympathie, der **Handlungstyp** mit Image statt Persönlichkeit.

Alle diese Spielziele werden den Bedingungen des jeweiligen Bereichs nicht gerecht: Im Handeln geht es nicht um den persönlichen Sieg, sondern um das gemeinsame Erreichen von Zielen. Im Bereich Beziehung geht es nicht um Mitleid, sondern um Erfüllung. Im Bereich Erkennen geht es nicht um Identifikation, sondern um ein »Loslassen«, indem das scheinbar Sichere verlassen und aufgegeben wird.

Wir fassen zusammen: Macht- und Retter-Spiele sind die Lieblingsspiele des **Beziehungstyps 1** und **2**. Sie nützen seinem Streben nach Überlegenheit auf Kosten anderer, die er in eine Position der Schwäche und Unterlegenheit drängt. Seine Spiele beginnen »verführerisch« aus dem Beziehungs-Ich heraus und beuten die Erkenntnisse des Mitspielers aus, versprechen Belohnung, wecken Hoffnung und Phantasien, um die der Mitspieler gegen Ende des Spiels betrogen wird. Doch zuvor genießt der **Beziehungstyp 1** so lange wie möglich dessen Aufmerksamkeit; und der **Beziehungstyp 2** beschäftigt so lange wie möglich dessen Verstand.

Opfer- und Zuwendungs-Spiele inszeniert der **Sachtyp**. Er provoziert andere zu Mitleid oder Ärger durch ein unklares, hilfloses, ungeschicktes, unsensibles und verletzendes Verhalten. In Situationen, in denen es darauf ankäme, selbst Stellung zu beziehen, sich zu entscheiden, Verantwortung zu zeigen, also zu handeln, bleibt er im Erkenntnis-Ich. Und so handeln fast automatisch die anderen, übernehmen sie die Entscheidung und Verantwortung für ihn. Doch damit bringt er sich selbst um Erfolgserlebnisse, wird unzufrieden, und plötzlich schlägt seine Gutmütigkeit und Harmlosigkeit in Groll und Rebellion (aus dem Beziehungs-Ich) um.

Verfolger- und Identitäts-Spiele benützt der **Handlungstyp** zur Absicherung seiner eigenen Identität. Zunächst öffnet er die Gefühlsschleusen der Mitspieler, lockt sie mit großzügigen, fürsorglichen Versprechungen. Doch nach dem Wechsel in sein kleinkariertes Denken weist er ihre Gefühle ab und wendet sich gegen jede Eigeninitiative, Spontaneität und Kreativität, argumentiert pseudo-rational und drängt den anderen seine kleinliche und eingeschränkte Sicht auf.

Was sind die Alternativen zu den Psycho-Spielen? Welche Möglichkeiten haben wir, uns davor zu schützen, in Spiele verwickelt zu werden oder in die eigene Lieblingsrolle einzusteigen – der **Beziehungstyp** in seine Retter-Rolle, der **Sachtyp** in seine Opfer-Rolle und der **Handlungstyp** in seine Verfolger-Rolle? Oder wie können wir notfalls wieder aus den Spielrollen aussteigen beziehungsweise andere motivieren, aus ihrer Rolle herauszukommen, wenn sie dazu bereit sind? – das ist keineswegs selbstverständlich. Nicht nur, daß manche um keinen Preis aus ihrer Rolle herauswollen: Sie werden ziemlich sauer oder aggressiv, wenn andere nicht bereit sind mitzuspielen.

Die Antwort wird Sie nicht überraschen: Es ist die Realisierung der Schlüsselenergien.

Wer realitätsbezogen denkt, Zusammenhänge erkennt, interessiert, begeistert, konzentriert und entspannt ist, hat keine

Veranlassung, die Retter-Rolle zu spielen. Wenn er jemandem hilft, dann gibt er allenfalls Hilfe zur Selbsthilfe, aber er rettet nicht!

Wenn jemand weiß und sagt, was er will, sich auch dafür einsetzt, auf sich selbst aufpaßt, eine aktive Haltung einnimmt, kann er nicht gleichzeitig in einer Opfer-Haltung sein. Das eine schließt das andere aus.

Wer mitfühlend und einfühlend ist, lebendig, voller Lebensfreude und Humor, kann nicht gleichzeitig den Verfolger spielen.

Das Drama-Dreieck und die Spielanalyse stammen aus einer Zeit, in der man problemorientiert dachte. Da glaubte man, wenn ein Problem richtig verstanden wäre, so hätte man es bereits gelöst. Ich (D. F.) habe dann die Psycho-Spiele 1990 persönlichkeitstypisch weiter differenziert. Doch ich stellte in diesem Zusammenhang auch fest, daß allein das Wissen über Psycho-Spiele wenig hilft, um diese Spiele zu stoppen, aus ihnen herauszukommen oder sie zu vermeiden.

Heute denkt und arbeitet man lösungsorientiert. Man hat die Erfahrung gemacht, daß die Konzentration auf Lösungen um vieles erfolgreicher ist als die Beschäftigung mit Problemen. Dabei hat man viele Zugänge zu Lösungen gefunden. Hier drei Möglichkeiten: erstens über Ausnahmen, zweitens über Ziele, drittens über hypothetische Lösungen.

Ausnahmen sind Situationen oder Zeiten, in denen der beklagte Sachverhalt nicht oder nur abgeschwächt auftritt. Ziele sind das, was jemand erreichen möchte. Und hypothetische Lösungen sind Bilder und Vorstellungen, wie die Lösung aussehen könnte.

Sicher ist Ihnen aufgefallen, daß das etwas mit den drei Ichs und ihren spezifischen Zeitdimensionen zu tun hat. Aus den verschiedenen Zugangsmöglichkeiten zu Lösungen lassen sich persönlichkeitstypische Lösungsansätze ableiten:

Ausnahmen (und frühere Erfolge) liegen in der Vergangenheit. Sie müssen jedoch erkannt und genau analysiert werden, um als Lösungsansatz genutzt werden zu können. Hier ist das Erkenntnis-Ich gefordert, und hier liegen die Schlüsselenergien des **Beziehungstyps** – also sollte er sich besonders seine früheren Erfolge und Ausnahmen ansehen, analysieren und daraus Lösungsstrategien entwickeln.

Ziele liegen in der Zukunft. Sie müssen definiert werden, erfordern Planung, Entscheidungen und Verantwortung. Sie aktivieren Handlungs-Ich-Energien: die Schlüsselenergien des **Sachtyps**. Ihm tut es besonders gut, wenn er Entscheidungen trifft, wenn er weiß, was er will.

Hypothetische Lösungen haben etwas Spielerisches, und die (vorweggenommene gelungene) Zukunft wird für die Gegenwart bedeutsam. Stellen Sie sich vor, ein Wunder wäre geschehen, und Ihr Problem wäre gelöst! Was hätte sich verändert, wie anders würde Ihre Situation aussehen, und wie würden Sie sich fühlen? Geben Sie dieser Phantasie viel Raum. Denken Sie genau nach. Sie stellen Veränderungen fest. Welche würden sich am ehesten und leichtesten realisieren lassen? Fangen Sie damit an! Damit wird Ihr spontanes Beziehungs-Ich angesprochen, die Schlüsselenergie des **Handlungstyps**. Warten Sie nicht auf morgen, sondern erlauben Sie sich schon jetzt, sich wohlzufühlen.

So wie man persönlichkeitstypisch ein Problemverhalten aufzeigen kann – etwa wenn der **Beziehungstyp 1** übermäßig konkurriert, der **Typ 2** es allen recht machen möchte, der **Sachtyp 1** sich angeberisch, der **Typ 2** sich schattenhaft verhält, der **Handlungstyp 1** autoritär und der **Typ 2** regelhaft ist –, gibt es durch die Schlüsselenergien ebenso ein persönlichkeitstypisches Lösungsverhalten:

Dann verhält sich der **Beziehungstyp 1** sachlich, hört interessiert zu, fragt nach und läßt sich mit allen Sinnen auf die objektive Wirklichkeit ein. Der **Typ 2** ruht in sich, denkt klar und konsequent auf eine subjektive Weise, indem er seine eigenen Bedürfnisse und Interessen mit einbezieht.

Der **Sachtyp 1** »macht« dann, handelt kollegial, entwickelt Teamgeist und unterstützt andere. Er stellt sich in den Dienst gemeinsamer Ziele. Der **Typ 2** lernt sich zu behaupten und entwickelt einen gesunden Egoismus. Er übernimmt für sich Verantwortung und gewinnt an Profil, wirkt kraft- und schwungvoll.

Der **Handlungstyp 1** verhält sich jetzt einfühlsam, weich und herzlich. Er kann mit anderen miterleben, sich mitfreuen und mitleiden und ihnen erlauben, ihre eigenen Lebenserfahrungen zu machen. Der **Typ 2** wird spontan sein und dafür sorgen, daß er seine Bedürfnisse realisiert, Spaß und Lebensfreude findet und gesund lebt.

Bei den folgenden drei Kapiteln, die die Spiele der einzelnen Persönlichkeitstypen noch ein wenig genauer unter die Lupe nehmen, sollten Sie immer daran denken, daß sich die Aussagen auf Personen beziehen, die noch deutliche Spielneigungen zeigen, also nicht für alle Menschen in gleicher Weise gültig sind. Wenn beispielsweise der Beziehungstyp Vertrauen und Liebe spürt und ins Erkennen geht, wird er kaum mehr Spiele inszenieren. Sachtypen, die selbstbewußt und tatkräftig sind, sind für Spiele ebenfalls weniger anfällig. Und auch der Handlungstyp ist weniger »spielfreudig«, je nachdem, wie großzügig und liebevoll er oder sie mit sich und anderen umgeht.

15. Die verführerischen Spiele des Beziehungstyps

In den Spielen des **Beziehungstyps** geht es um »Verführung« mit dem Zweck, die Aufmerksamkeit und gedankliche Zuwendung des Mitspielers zu gewinnen, um dann am Ende des Spiels – auf Kosten des anderen – in der überlegenen Position zu landen.

Ein pikantes Beispiel für ein verführerisches Spiel eines weiblichen **Beziehungstyps**: Eine sehr attraktive Frau – nennen wir sie Brigitte – zeigte gerne ihren hübschen Busen her, und so stillte sie immer ihr Kind, wenn ausgerechnet männlicher Besuch im Hause war. Folglich verlangte das Kind regelmäßig nach Nahrung, wenn ein Mann zu Besuch kam. Eines Tages war sie zusammen mit dem Kind zu einer Party eingeladen. Dort erschien eine andere Dame mit einem atemberaubend ausgeschnittenen Kleid. Doch als alle bei Tisch saßen, war Brigittes Stunde gekommen. Sie legte ihr Kind an die Brust – und konnte sich der wohlmeinenden Aufmerksamkeit (fast) aller erfreuen.

Was ist an diesem Beispiel das Spieltypische? Nun, diese beiden Damen benützen ihre weiblichen Reize nicht, um Männer tatsächlich zu verführen, sondern um die Aufmerksamkeit auf sich zu lenken und schließlich die Konkurrenz auszustechen. Brigitte spielt dabei »die Unschuld« und kann so jederzeit auf Harmlosigkeit plädieren. Und sie spielt »verführerisch«, doch sie will in Wirklichkeit Aufmerksamkeit und Überlegenheit.

Auf eine kurze Formel gebracht, könnte man das Gros der Psycho-Spiele des **Beziehungstyps** als Ja-aber-Spiele bezeichnen: Der Spieler tut erst so, als würde er uneingeschränkt Ja sagen, doch er macht dann mit dem Aber einen wohlkalkulierbaren Rückzieher.

Im Vergleich dazu: Der **Sachtyp** zielt auf mitleidige Zuwendung (aus dem Beziehungs-Ich) ab, indem er zuvor gekonnt durch ungeschicktes Verhalten Aggressionen provozierte. Er verführt nicht zum Spiel wie der **Beziehungstyp**, sondern zieht andere mit hinein. Haben die Spiele des **Beziehungstyps** oft einen glänzenden Showcharakter und sind häufig dramatisch und erotisch angehaucht, so wirken die Spiele des **Sachtyps** eher mitleiderregend und tragikomisch. Es tut weh zu sehen, wie sich jemand in Schwierigkeiten bringt und dadurch seine Chancen vergibt. Der Zuschauer weiß nicht, ob er schadenfroh lachen, Mitleid empfinden oder sich ärgern soll.

Die Spiele des **Handlungstyps** geben sich einen biederen, rechtschaffenen und verantwortungsbewußten Anstrich. Sie bemänteln sich mit ethischem Pathos, werden im Namen der Jugend, der Tüchtigkeit, der Bildung, des Fortschritts, der Ehre, des Volkes, der Moral, des rechten Glaubens, des Vaterlandes, der höheren Werte, des Wahren, Schönen und Guten gespielt, doch in Wirklichkeit sind sie menschenverachtend. Gesellschaft, Politik und Geschichte zeigen ihr wahres (Spiel-) Gesicht durch Langeweile, Monotonie, Bürokratismus, Unterdrückung, Folter und Krieg.

Schauen wir uns dazu den typischen Ablauf eines Ja-aber-Spiels von einem anderen weiblichen **Beziehungstyp** genauer an: Die Spielerin lädt mit ihrem liebenswürdigen Beziehungs-Ich ein und sagt: »Ich habe da ein großes Problem ...« Die Einladung wirkt deshalb so verführerisch, weil ein märchenhaftes Versprechen unausgesprochen dahintersteht: »Ich bin in einer schlimmen Lage, rette mich, und ich werde dich dafür belohnen!« Die Spielerin wendet sich mit dieser Bitte an das Erkenntnis-Ich des Mitspielers. Auf der emotionalen Ebene von Beziehungs-Ich zu Beziehungs-Ich signalisiert sie: »Ich habe dich gern!« An das Handlungs-Ich des Mitspielers richtet sie die Botschaft: »Ich bin ein liebes Kind, das alles bereitwillig macht, was du mir vorschlägst!«

Welcher (männliche) Mitspieler fühlt sich da nicht zur Hilfe aufgerufen? Und er wird sich selbstverständlich alle Mühe geben, das anstehende Problem zu lösen. Sie bleibt dabei im verführerischen Beziehungs-Ich und beschäftigt das Erkenntnis-Ich ihres Gesprächspartners. Das ist für sie so wie ein Flirt durch eine Schaufensterscheibe oder am Telefon, weil keine »echte« Beziehung stattfindet – denn der Mitspieler ist ja im Erkenntnis-Ich.

Mit den »Versprechungen« und dem permanent erwiderten »Ja, aber ...«, mit dem sie alle Lösungsvorschläge als (leider) nicht realisierbar zurückweist, doch auch gleichzeitig neue initiiert, fesselt sie die Aufmerksamkeit des Mitspielers und hält ihn bei Laune, zieht so das Spiel in die Länge und badet sich in seinen (Erkenntnis-Ich-)Zuwendungen.

Wenn dann aber irgendwann die Einlösung ihrer Versprechen fällig wird, weil die Bereitwilligkeit des Mitspielers erlahmt, wechselt sie in ihr abwertendes Handlungs-Ich. Nun spricht sie aus (oder signalisiert): »Also, du siehst ja selbst, du kannst mein Problem nicht lösen!« Die Botschaft ihres Handlungs-Ichs an das des Mitspielers lautet: »Du bist unfähig! Ich bin dir überlegen!« Und die Botschaft an sein Beziehungs-Ich heißt: »Zur Strafe gehst du leer aus und bekommst keine ›Süßigkeiten‹!« Der Mitspieler reagiert dementsprechend enttäuscht, niedergeschlagen oder auch verärgert.

Die Macht- und Retter-Spiele des **Typs 1** und **2** gehen immer von einem (scheinbar) liebenswürdigen und einladenden Beziehungsverhalten aus, wecken illusorische Erwartungen und verwehren so eine realistische Definition der Situation. Der Antrieb des **Beziehungstyps** zu diesem verführerischen

Verhalten ist sein tiefsitzender, gravierender Zweifel am eigenen Liebreiz, seine typische Schwachstelle. Verstärkt wird sein Spielverhalten durch die Antreiber »Sei stark!« beziehungsweise »Mach's den anderen recht!« Das »Sei stark!« zwingt den **Typ 1** dazu, brillant, überlegen und gewinnend zu sein, das »Mach's den anderen recht!« veranlaßt den **Typ 2**, besonders liebenswürdig und herzlich zu wirken. Doch weil beide **Beziehungstypen** auch den anderen Typ in sich tragen, kommen sie mit dem Zielkonflikt »Wie kann ich gleichzeitig überlegen und liebenswert sein?« in Schwierigkeiten. Der **Typ 1** lädt ein mit seiner Körpersprache, dem Klang seiner Stimme und seiner verführerischen Ausstrahlung, der **Typ 2** durch gewandten Ausdruck und gekonnte Sprache. Da das verführerische Moment die Spiele einleitet und vorantreibt, wird es als Mittel zum Zweck von Frauen viel prononcierter eingesetzt.

Typ 1 und **2** holen sich während des Spiels Energie aus dem Erkenntnis-Ich der Mitspieler, also ihre Aufmerksamkeit und sinnenhafte Zuwendung. Ihr eigenes Erkenntnis-Ich ist weitgehend ausgeblendet, das heißt, sie registrieren weder das eigene vielversprechende Verhalten bewußt, noch gehen sie wirklich auf die vorgeschlagenen Problemlösungen ein. Um diese »einträgliche« Spielphase möglichst in die Länge zu ziehen und die Mitspieler bei der Stange zu halten, geben sich **Typ 1** und **2** weiterhin bezaubernd und signalisieren Belohnungen, die sie aber keineswegs einzuhalten gedenken.

Wenn dann die Mitspieler ein wenig ungeduldig auf die Einlösung der Versprechungen drängen, wechselt der Spieler in eine überlegene und abwertende Position, und der weibliche **Beziehungstyp** wird dem männlichen Mitspieler sogar noch sagen (oder zumindest andeuten): »Sie mißverstehen mich!« – »Ihr Männer wollt doch immer nur das eine!« Oder: »Wissen Sie nicht, daß ich verheiratet bin!«

Damit ist der Wechsel vom Beziehungs-Ich ins Handlungs-Ich, vom Persönlichkeitsbereich in den Zielbereich, geschehen, und die Mitspieler sind endgültig um ihre Erwartungen betrogen. Der spieltypische Wechsel ins Handlungs-Ich ist beim **Typ 1** schroff und verletzend, wenn er das Begehren der Mitspieler zum Beispiel als ungehörig und unverschämt zurückweist. Darum haben seine Spiele eher den Charakter von Macht-Spielen.

Der Wechsel beim **Typ 2** ist verbindlicher, denn er verpackt sein abwertendes Verhalten in höfliches Bedauern, hat »plötzlich keine Zeit mehr« oder ähnliches. Weil er Retter-Spiele bevorzugt, nimmt er zwar auch die überlegene Position ein, doch mit edlerem Anstrich. Mit dieser harten (**Typ 1**) oder sanften Zurückweisung (**Typ 2**) gibt der **Beziehungstyp** die Ablehnung und Enttäuschung weiter, die er als Kind selbst erfahren hat.

Das unterschiedliche Rollenverständnis der Geschlechter läßt den männlichen **Beziehungstyp** eher Macht-Spiele, den weiblichen eher Sich-Aufopferungs- und Retter-Spiele inszenieren. (Die wohl prominenteste Retterin: Liz Taylor, die bei Rock Hudson, Malcolm Forbes und Michael Jackson zur Stelle war – um nur die bekanntesten Namen ihrer Geretteten zu nennen.)

Die Wendung »ja, aber« hat fast immer Spielcharakter, denn das Aber entwertet das zuvor gesagte Ja und hat die taktische Wirkung, daß sich der Gegner beim Ja öffnet, so daß dann der Schlag, der mit dem Aber folgt, um so besser sitzt. Das (imaginäre) Ausrufezeichen steht für eine nonverbale Geste der Überlegenheit, zum Beispiel ein geringschätziges Lächeln oder ein Hochziehen der Augenbraue. – »Ja, aber ....!« ist das Kürzel für das Verführungs-Frustrations-Macht-Spiel des **Beziehungstyps**.

Wenn ein Opfer spielender **Sachtyp** »ja, aber« benützt,

dann in der verdeckten Form eines »ja, ja (aber)«. Überträgt man ihm zum Beispiel eine unangenehme Aufgabe, so wird er »um des lieben Friedens willen« Ja sagen, dann aber den Auftrag sicher liegenlassen, vergessen oder fehlerhaft erledigen. Hier wird das Aber nicht ausgesprochen, sondern ausagiert. Der **Sachtyp** wiegt seinen »Gegner« in Sicherheit, täuscht Bereitwilligkeit vor, um ihn dann (aber) auflaufen zu lassen oder die Aufgabe heimlich zu sabotieren. – Der **Sachtyp** benützt das »ja, ja (aber)«, um sich vor einer klaren Entscheidung und selbstverantwortlichem Handeln zu drücken.

Beim **Handlungstyp** ist das »ja, aber« belehrend und einschränkend, wobei dem Ja ein hypothetischer Charakter zukommt, etwa in der Aussage: »Man könnte das so machen, aber es käme viel zu teuer!« Oder (als Verkäufer): »Sie können diesen Anzug gerne haben. Aber ob man den im nächsten Jahr noch sehen kann, das ist die Frage.« Man könnte beim **Handlungstyp** das Ja gleich besser durch ein Nein ersetzen, also: »Nein, das ist zu teuer!« oder: »Nein, dieser Anzug ist nichts für Sie!« Der **Handlungstyp** bringt es fertig, auch ein Ja so einzuschränken, daß ein Nein daraus wird, etwa: »Das gilt zwar für XY, aber nicht für Sie!« – Das »(ja) aber, aber« des **Handlungstyps** wehrt Zwischenmenschliches, Gefühle, Bedürfnisse, Spontaneität ab und ist immer belehrend.

Der Ja-aber-Spieler genießt den Spielverlauf mindestens so sehr wie den Spielausgang, nämlich den großen Triumph über die anderen und die Erleichterung, daß er die vorher angekündigten Versprechungen nicht einlösen muß. Doch dem **Beziehungstyp 2** kann der Ausgang eher peinlich sein, da er ja die subtilere Form der Macht-Spiele, zum Beispiel das Sich-Aufopfern und Retten, bevorzugt. Das Aber bringt ihn nämlich in Konflikt mit seinem Antreiber »Mach's den anderen recht!«

Wenn der Ja-aber-Spieler das Spiel durch Freundlichkeiten in die Länge zieht (»Das ist eine großartige Idee von dir, ausgezeichnet, nur leider ...«), so tut er das, um den Verstand der Mitspieler zu beschäftigen und sich etwas von dem zu holen, was ihm selbst fehlt: Aufmerksamkeit, Sammlung, konzentriertes, ruhiges, realitätsbezogenes Nachdenken sowie entspanntes Bei-sich-selbst-Sein. Das täte ihm gut, und er gleicht nur vorübergehend seine eigene Schwäche und sein Defizit aus. Der Mangel dieser Qualitäten wird vom **Beziehungstyp** nämlich als innere Leere empfunden.

Doch wie reagieren die Mitspieler aus ihrer unterschiedlichen Persönlichkeitsstruktur auf ein Ja-aber-Spielangebot? Bei manchen Führungsseminaren erleben wir, daß Teilnehmer sofort Gegenfragen stellen. Damit fordern sie den Spieler heraus, durch Antworten sein eigenes Erkenntnis-Ich zu benützen, und durchkreuzen seine Spieloferte. Doch ein **Beziehungstyp** wird möglicherweise dem Ja-aber-Spieler bestätigen: »Ihr Problem hat mich tief bewegt, mir geht es da ganz ähnlich ...«, um dann die Aufmerksamkeit auf sich und die eigene Situation beziehungsweise Problematik zu lenken und dem Spieler die Schau zu stehlen. Oder er solidarisiert sich mit dem Spieler und blockt mit ihm zusammen alle Versuche der anderen, das Spiel zu durchkreuzen, ab.

Der »dankbarste« Mitspieler für ein Ja-aber-Spiel ist der geduldige und gutmütige **Sachtyp 2**. Er bringt sein gut entwickeltes Denken ins Spiel mit ein. Die Hoffnung, für seine klugen Ratschläge anerkannt und belohnt zu werden, macht ihn bereit für schier endlose Anstrengungen. Wenn dann die halbherzig eingeforderte Belohnung ausbleibt, streicht der **Sachtyp 2** die Segel und übernimmt auch noch relativ bereitwillig die Verliererrolle, denn seine Spiele »Warum muß das ausgerechnet immer mir passieren!« und/oder »Los, mach(t) mich fertig!« sind passende Ergänzungen zu den Macht-Spielen des **Beziehungstyps**. Daß er es wieder einmal nicht geschafft hat und leer ausgegangen ist, rechnet er seiner eigenen

Unfähigkeit zu. Immerhin kann er sich in der Opferrolle ja noch von den anderen bedauern und trösten lassen. Auch der **Sachtyp 1** wird gute Ratschläge geben. Doch er wird durch das fortwährende Aber gereizt und polternd vorzeitig aus dem Spiel aussteigen und so dem **Beziehungstyp** das Ende des Spiels gründlich versalzen.

Gerät ein Ja-aber-Spieler an einen **Handlungstyp**, so ergeht es ihm wie im Märchen ›Vom Hasen und dem Igel‹. Der eitle Hase wurde nicht nur um die Aufmerksamkeit betrogen, auch das Siegertreppchen war immer schon besetzt, und es tönte ihm entgegen: »Ich bin schon da!« Der Spieler erhält vom **Handlungstyp** nicht die begehrte Erkenntnis-Zuwendung, sondern der antwortet aus seinem (belehrenden) Handlungs-Ich und hat damit zugleich die überlegene Position besetzt.

Berne hat viele Verführungsspiele des **Beziehungstyps** angeführt, die sich alle auf das Muster von Ja-aber-Spielen reduzieren lassen. Nicht Intimität oder sexuelle Befriedigung ist ihr Ziel, sondern sie sind eher Mittel zur Ausübung von Macht. Das Spiel endet damit, daß der Verführte der Dumme ist und/oder in der Falle sitzt. So zum Beispiel ein Lehrer, der sich mit einer Schülerin, ein Angestellter, der sich mit der Frau seines Chefs, ein Politiker, der sich mit einer Frau zweifelhaften Rufs eingelassen hat. Die Verführerin selbst erlebt sich als bemitleidenswertes Opfer eines Wüstlings und unterrichtet den unnachsichtigen Vorgesetzten, den rachsüchtigen Ehemann oder die Öffentlichkeit.

Die Verführungsspiele zeigen, daß ihr Spieler in der ödipalen Phase (viertes bis fünftes Lebensjahr) »hängengeblieben« ist. Das Kind hat die Erfahrung gemacht, daß Erwachsene auf sein Flirten erregt oder eifersüchtig reagieren, daß es mit erotischem Verhalten Macht über sie hat, zugleich aber fürchtet es sich vor den Folgen seines Tuns. Diese Furcht wird ihm vermutlich über die Ängste und das schlechte Gewissen der Erwachsenen vermittelt und erklärt das zwanghafte Verführungsverhalten, verbunden mit der großen Angst vor tatsächlicher Zuwendung und Nähe.

Anzumerken wäre noch, daß es für männliche Vorgesetzte wichtig ist, das verführerische Verhalten von Mitarbeiterinnen richtig einzuschätzen. Der Vorgesetzte ist, psychologisch gesehen, in der Vaterrolle. Eventuell werden auf ihn alte Bedürfnisse und Erfahrungen übertragen. Dann lauern hinter dem liebenswürdigen Lächeln der Mitarbeiterin Zorn und Verachtung gegenüber dem schwachen, verführbaren »Vater«, der das Mädchen um die gesunde Entwicklung betrogen hat. Verhält sich der Vorgesetzte korrekt, ignoriert er die verführerischen Einladungen, so kann es zu einer guten Zusammenarbeit kommen. Die Mitarbeiterin hat durch ihn die Chance, etwas von ihrer versäumten Entwicklung nachzuholen, und kann die Erfahrung machen, »daß nicht alle Männer so sind« – nämlich so schwach und verführbar.

Das am häufigsten zu beobachtende Spiel des **Beziehungstyps 1** als Führungskraft ist das Selbst-Retter-Spiel, beim **Typ 2** das Fremd-Retter-Spiel. Beide kranken an ihrem tiefsitzenden Mißtrauen und ihrem (falschen) Glauben, man könne den Mitarbeitern wenig oder gar nichts zutrauen und sich auch nicht auf sie verlassen. Der **Typ 1** zieht daraus den Schluß: »Ich muß so gut wie alles selber machen!« Damit drängt er seine Mitarbeiter in eine eher passive, unterverantwortliche Rolle, demotiviert sie und erlebt dann als »Bestätigung« seiner negativen Erwartung, daß er sich tatsächlich nicht auf sie verlassen kann.

Der **Typ 2** will andere retten: Er bietet seine Hilfe an, unterstützt sie, nimmt ihnen Arbeit ab. Dieses »Verwöhnen« führt zu ähnlichen Ergebnissen, denn die Eigeninitiative und Selbstverantwortung, der Einsatz und die Ausdauer der Mitarbeiter werden geschwächt, für sie ist diese Überfürsorge Einmischung und Kontrolle. Sie spüren, daß dieses Retten keine echte Unterstützung ist, sondern ein Vorwand für den Chef, alle Fäden in der Hand zu behalten und nicht wirklich Verantwortung an sie delegieren zu müssen.

Das verführerische Element beim Retten liegt darin, daß **Beziehungstypen** gegenüber ihren Mitarbeitern die Beziehungsebene überbetonen, als käme es darauf an, ganz besonders liebenswürdig und freundlich zu sein. Doch das ist ein typisches Ablenkungsmanöver: Sie selbst sind insgeheim ehrgeizig und (über)tüchtig und setzen sich und anderen hohe Maßstäbe. Und der naive Mitspieler, der glaubt, einen besonders zuvorkommenden und hilfsbereiten Menschen vor sich zu haben, sieht sich unvermutet abgewertet.

Wie lassen sich Retter- und Macht-Spiele stoppen? Die Bezeichnung »Spiele« verleitet übrigens dazu, daß man die Energie und die (Eigen-)Dynamik immer wieder unterschätzt, die bei solchen Transaktionen wirken. Sie entstammen einer tieferliegenden Schicht des Unbewußten, so daß es kaum ausreicht, sie durch Verhaltenstherapie zu behandeln, sondern sie müssen »tiefenpsychologisch« angegangen werden, auch weil der Spieler über intuitive Geschicklichkeit und eine fast lebenslange Erfahrung verfügt.

Es gibt einige wichtige Regeln für den Umgang mit Spielen: Harmlose Spiele sind konsequent zu ignorieren, ernste Spiele zu konfrontieren und dem Spieler einsichtig zu machen, harte Spiele sind zu stoppen (wenn man dazu in der Lage ist).

Wenn man Spielern gegenüber ihr Spiel aufdeckt, muß man mit erheblichem Widerstand und Ärger rechnen. Ob es damit gelingt, Spielen vorzubeugen oder Spiele zu stoppen, hängt von der Individualität des Spielers ab. Mit den normalen sozialen Möglichkeiten kann man harmlose und ernste

Spiele günstig beeinflussen; bei ernsten und gefährlichen Spielen sind psychiatrische, polizeiliche oder militärische Maßnahmen erforderlich, geht es doch hier um Leben und Tod, um schwere Kriminalität, fortgeschrittenes Suchtverhalten, Terrorismus oder Suizid.

Wenn man ein Spiel ausschlägt, gibt das dem Spieler die Chance, sich schrittweise von seinem Spielverhalten und seinen regressiven Tendenzen zu lösen. Voraussetzung ist freilich, daß er diese Chance erkennt und konstruktiv für sich nutzt. Es ist aber auch gut möglich, daß er die Verweigerung als Kränkung wertet und sein Spielverhalten erst recht verschärft. Da so ein Verhalten keineswegs das psychische Defizit bei ihm kuriert, aus dem heraus der Spieler spielt, ist es auch nur bedingt erfolgreich. Ist man vielleicht schon darin geschult, Spiele zu erkennen und den Spieler damit zu konfrontieren, heißt das noch lange nicht, seine Spielneigung auch »heilen« zu können. Es kann unter anderem sein, daß der Spieler kein Interesse an der Spielanalyse beziehungsweise Aufarbeitung hat, weil er bereits therapeutische Mißerfolge (und dementsprechende narzißtische Kränkungen) erlebt hat.

Gerade bei Spielen ist »vorbeugen besser als heilen«. Im Umgang mit den unterschiedlichen Persönlichkeitstypen gibt es deshalb spezifisch vorbeugende Verhaltensweisen: Zeigen Sie dem **Beziehungstyp**, daß Sie ihn mögen, dem **Sachtyp**, daß Sie ihn anerkennen, dem **Handlungstyp**, daß Sie freundschaftlich zu ihm stehen.

Die Heilsamkeit klaren Denkens wurde von der Psychotherapie viel zu wenig beachtet. Doch gerade der **Beziehungstyp** braucht es für seine Schlüsselenergien besonders. Dieses Verhalten, das akzeptiert und den anderen so sieht und annimmt, wie er ist, resultiert in erster Linie aus einer sachlichen, objektiven, nicht wertenden Erkenntnishaltung. Es ist ein waches und gelassenes Hinsehen auf den anderen, die Bereitschaft, ihn eben so sein zu lassen. Dieses Akzeptieren soll mit Sympathie und Wohlwollen verbunden sein.

Elke, eine Seminarteilnehmerin (**Beziehungstyp**), formulierte das so: »Zu erfahren und davon überzeugt zu sein, daß man so geliebt und angenommen wird, wie man ist, ohne sich anstrengen und sich Liebe »verdienen« zu müssen, und sich selbst ebenso zu mögen, ohne sich ständig kontrollieren, kritisieren und abwerten zu müssen, das ist *das* elementare Erlebnis für uns.«

Eine annehmende und vertrauensvolle Atmosphäre (auch in der Zusammenarbeit) ist die beste Voraussetzung dafür, daß der **Beziehungstyp** erst gar kein Bedürfnis hat, Spiele zu spielen. So läßt sich bei ihm am ehesten vermeiden, daß die Erinnerungen an Zurückweisung und Lieblosigkeit wieder in ihm aktiviert werden. Gerade in Auseinandersetzungen und Konflikten ist der **Beziehungstyp** besonders darauf angewiesen, daß der »Beziehungsfaden« zu ihm nicht abreißt. Das schaffen Botschaften, die ihn aus dem Zielbereich Handeln zurückholen in seinen Persönlichkeitsbereich Beziehung: »Bleib bei dir (laß die Macht- und Retter-Spiele) – und versuche, dieses gute Gefühl zu spüren, das du mit dir selbst hast!«

Noch ein Tip: Passen Sie auf, daß Sie nicht durch zuviel Spielanalysen den »bösen Blick« bekommen und nur noch Spiele sehen. Die Spielanalyse bietet hochinteressante Einblicke in menschliches und allzu menschliches Verhalten, doch bleiben Sie selbst nicht daran kleben: Schalten Sie rasch auf Ihre eigenen Schlüsselenergien um, und zeigen sie dem **Beziehungstyp**, daß sie ihn sympathisch finden, sprechen dann vorsichtig sein Erkenntnis-Ich an, zum Beispiel durch Informationsfragen. Fragen Sie ihn doch nach wohltuenden Erfahrungen, die er zu diesem Thema schon gemacht hat.

Und wie kann man sich vor dem »bösen Blick« schützen? Als **Beziehungstyp**, indem man neugierig und interessiert ist;

als **Sachtyp**, indem man die Kreativität eines Spielers bewundert: »Aha, so macht er/sie das!«; und als **Handlungstyp**, indem man (kräftig) darüber lacht.

16. Die Opfer-Spiele des Sachtyps

Der **Sachtyp** beginnt das Spiel nicht offensiv wie der **Beziehungstyp** oder **Handlungstyp**, sondern er gibt sich in einer Situation, in der er selbst handeln sollte, gutwillig, sinnend, ruhig und vernünftig, aber ziemlich hilflos oder ungeschickt, und er lädt mit diesem Verhalten andere zum Spiel ein. Finden sich passende Mitspieler, so werden sie diese Einladung annehmen.

Zwischen ihnen und dem Spieler entsteht eine Art positives Lehrer-Schüler- oder Eltern-Kind-Verhältnis. Die Mitspieler genießen ihre überlegene Rolle und geben dem Spieler bereitwillig Hilfe, gute Ratschläge oder bemuttern ihn. Ihr »Kind« oder »Schüler« berechtigt ja auch durch seine vernünftige Einstellung und den guten Willen zu den allerschönsten Hoffnungen, und sie meinen: »Da läßt sich was draus machen!«

Der **Sachtyp** wiegt seine Mitspieler gekonnt in diesem Gefühl der Überlegenheit und Harmonie. Sie merken nicht, daß er aus ihrem Handlungs- und Beziehungs-Ich Zuwendung für sich sucht: Er läßt sie nämlich für sich Verantwortung übernehmen, sucht bei ihnen Fürsorge und Anerkennung, Hilfe und Erlaubnis, Schutz und Rückhalt.

Doch plötzlich fängt der so brave »Zögling« an, Schwierigkeiten zu machen, brüskiert seine Mitspieler, ärgert oder enttäuscht sie. Hat er damit keinen Erfolg, und provoziert er bei ihnen nicht den erwünschten Frust, dann können seine Spielzüge noch destruktiver werden, und er wirft seinen »Zieheltern« schließlich vor: »Seht bloß, was ihr mit mir angerichtet habt!« Die Fehler, die er macht, schiebt er den anderen zu.

Der plötzliche Wechsel von seinem Persönlichkeitsbereich Erkennen in den Zielbereich Beziehung, also in die gekränkte, depressive oder rebellische Kind-Haltung, ist das Spielziel des **Sachtyps**, und diesem Wechsel geht sein ungeschicktes, fehlerhaftes, unsensibles, aufmüpfiges oder trotziges Verhalten voraus. Reagierten seine Mitspieler zuerst mit Sympathie, Hilfsbereitschaft und Mitleid (versuchten ihn also zu «retten«), so fangen sie jetzt an, sich über ihn zu ärgern und ihn zu »verfolgen«. Er aber fühlt sich ungerecht behandelt, ist empört, hat starke Haß- und Rachegefühle.

Die Krux dabei ist: Der wenig entwickelte **Sachtyp** agiert fast ausschließlich aus seinem Erkenntnis-Ich heraus. Doch weil es stark verunsichert ist, kann er es nicht loslassen und in sein Handlungs- und/oder Beziehungs-Ich überwechseln. Und weil er nicht handelt, ist er auch nicht fähig, sich durchzusetzen, und weil er seine Gefühle vernachlässigt, wirkt er auf die anderen gefühlsarm und kalt. Doch seine nicht gelebten Persönlichkeitsanteile lebt er bei den anderen, indem er sie im Handeln und in den Gefühlen ausbeutet.

Seine demonstrierte Pseudo-Willfährigkeit ist ressentimentgeladen und schlägt (immer mehr) in aggressive Streitlust um. Auch wenn es schließlich zum Eklat kommt – die anderen müssen die Verantwortung übernehmen, er ist »nur« das arme Opfer. Schließlich stimmt er auch noch die Klage an: »Seht nur, was ihr angerichtet habt!« So sucht er seinen Mitspielern auch noch ein schlechtes Gewissen zu machen und spielt ein ähnliches Spiel wie zuvor.

So sammelt der **Sachtyp** Minuspunkte, Niederlagen und »Schicksalsschläge«, und es staut sich dementsprechend viel Frust bei ihm an. Statt Situationen zu klären und die Auseinandersetzung und den Dialog mit anderen zu suchen, zieht er sich zurück und »macht Türen zu«. Er ist aber in einem Teufelskreis gefangen: Die Diskrepanz zwischen seiner inneren Wut und der nach außen gezeigten Harmlosigkeit macht ihm nicht nur selbst angst, sondern schadet vor allem seiner Objektivität. So kommt es bei nichtigen Anlässen – etwa wenn er sich benachteiligt, ungerecht behandelt oder hintergangen fühlt – zu seinen typisch cholerischen Ausbrüchen.

Wenn der **Beziehungstyp** beim Rollenwechsel seine Mitspieler enttäuscht und frustriert, so gibt er etwas weiter, was er selbst als Kind schmerzlich verspürt hat: die Erfahrung des Nicht-liebevoll-angenommen-Werdens. – Wenn der **Sachtyp** seinen Mitspielern unterstellt, daß sie ihn benachteiligen, unterdrücken und bevormunden, und ihnen vorwirft, sie seien überheblich, selbstsüchtig und arrogant, so nimmt er ihnen in Wirklichkeit ihre Autonomie übel, genau das, was ihm selbst durch das »Sei nicht du selbst!« verwehrt wurde.

Aus seinem verunsicherten Erkenntnis-Ich heraus »muß« er zu neuen Opfer- und Zuwendungs-Spielen einladen. Außenstehende meinen, sie hätten es mit einem besonders gutmütigen und geduldigen Menschen zu tun. Sie ahnen nichts von der spezifischen Identitätsschwäche, der Unzufriedenheit, der Wut und der Rebellion, die er (ohne es selbst so recht zu merken) mit sich herumträgt.

Dafür macht der zu Spielen neigende **Sachtyp** die anderen wütend, läßt sie seine Wut stellvertretend ausleben. Zum Beispiel vergißt er wichtige Termine, versäumt es, Informationen weiterzugeben, macht dumme Fehler, verhält sich ungeschickt, legt sich mit den falschen Leuten an, mischt sich in Dinge ein, die ihn nichts angehen, verhält sich in emotionalen Angelegenheiten betont sachlich, versetzt andere, verbaut sich Chancen, macht sich auf penetrante Weise wichtig, belehrt andere, stellt sie bloß, macht faule Kompromisse oder äußert überharte Kritik (nach dem Motto: »Man wird ja auch mal was sagen dürfen!«). Kurz, er verfügt über ein nahezu unerschöpfliches Repertoire an Einfällen, wie er andere frustrieren oder ihnen auf den Wecker gehen kann, um sich seine Portion an negativer Zuwendung zu holen.

Nur ein **Sachtyp** bringt es fertig, unvorbereitet bei einer Prüfung, einem Vorstellungsgespräch, einem Treffen mit Geschäftspartnern (bei dem es um einen wichtigen Abschluß geht), einem Risikogeschäft oder gar bei einem Berufswechsel zu erscheinen. Dabei verhält er sich so, als sei er »von allen guten Geistern verlassen« – verlassen nämlich von seinem eigentlich lebensklugen Verstand und der intuitiven Menschenkenntnis. Er selbst spürt wenig davon, wie eingeschränkt und verunsichert er agiert, denn er ist ganz »mit der Sache beschäftigt« und damit, angestrengt und fieberhaft nachzudenken. Erst wenn er alles vermasselt hat, faßt er sich verwundert an den Kopf ...

Dem Opfer-Spiel sehr ähnlich ist das »Schlaumeier«-Spiel. Die Bezeichnung deutet schon an, daß der Spieler gewinnt, daß er sein destruktives Verhalten sanktionsfrei ausleben kann. Voraussetzung ist, daß den Mitspielern die Hände gebunden sind. Das kann an der Situation liegen, ihrem Bedürfnis nach Harmonie oder ihrem Retterverhalten. Ein literarisches Beispiel ist ›Der brave Soldat Schweijk‹. Mit seinem Talent, in allen passenden und unpassenden Situationen Geschichten zu erzählen, unterläuft er die Regeln und das falsche Pathos des Krieges, ärgert seine Vorgesetzten, hat die Lacher auf seiner Seite und rettet auf diese Tour schließlich noch seine Haut.

Schlaumeier-Spieler haben eine intuitive Begabung dafür, die Schwachstellen ihrer Mitspieler herauszufinden und auszunützen. In einem Fortbildungskurs zum Beispiel kann vorgespielter Wissensdurst mit kniffligen Fragen dazu dienen, den Referenten als inkompetent hinzustellen. Eine andere Variante ist die schulterklopfend-plumpvertrauliche Verbrüderung (etwa bei einer Feier unter Arbeitskollegen) mit jemandem, zu dem das Verhältnis bekanntermaßen angespannt ist.

Bei dem Spiel »Ich gebe mir wirklich die größte Mühe!« gibt sich der Spieler tatsächlich die größte Mühe, doch er hat eine besondere »Begabung« dafür, im richtigen Augenblick unauffällig das Falsche zu tun. Niemand kann sich recht erklären, warum die Sache eigentlich schiefging. Der Spieler jedenfalls kann darauf hinweisen, daß es an ihm nicht lag, denn er hat sich ja »die größte Mühe« gegeben.

Wie wirken sich die Spiele des **Sachtyps** im Berufsleben aus? Wenn nicht ernste oder harte Spiele gespielt werden, sind sie weit weniger dramatisch, als es nach der obigen Beschreibung den Anschein hat. Durch seine Berufserfahrung hat der **Sachtyp** gelernt, Fehler zu vermeiden. Und was ihm an persönlichem Durchsetzungsvermögen fehlt, ersetzt er durch Sachkompetenz. Sein Verhältnis zu Kollegen und Mitarbeitern ist meist objektiv, partnerschaftlich und kooperativ. Mit Vorgesetzten hat er häufig Autoritätsprobleme, die er jedoch selten zeigt.

Im Gegensatz zum **Beziehungstyp**, dessen Macht-Spiele eher karriereförderlich sind, erreicht der **Sachtyp** oft nicht die berufliche Position, die seinen Fähigkeiten entspricht. Er ist zwar ein wohlgelittener und geschätzter Mitarbeiter, aber insgeheim fühlt er sich unter Wert gehandelt, ist neidisch und feindselig gegenüber jenen, die sich besser »verkaufen« können. Sind seine Probleme eher privater Natur, können sie doch ungewollt zu fachlichen Fehlleistungen oder sozialem Fehlverhalten führen. Dann ist er erschrocken darüber, daß der Groll, den er innerlich genährt hat, nun freilich als Ärger von außen auf ihn zurückschlägt.

Wie kann man Opfer- und Zuwendungs-Spiele stoppen? Sie provozieren als Gegenreaktion geradezu automatisch ein erzieherisches Verhalten, und damit sind die Beteiligten schon mitten im Spiel. Wie kann man sich also gegen diese Erziehungsreflexe schützen, die man in der Kindheit schon in- und auswendig gelernt hat und die von Generation zu Generation – als Tugenden – weitergegeben werden?

Der **Beziehungstyp** kann folgendes tun: Er sollte versuchen, die Situation realistisch zu sehen und zu erkennen, daß der andere kein kleines Kind mehr ist, sondern ein Mensch, der selbst denken und praktische Schlüsse ziehen kann. Wer für andere denkt und plant, macht sie dümmer, als sie sind oder sein müßten. Für den **Beziehungstyp** ist es besser, das Opfer-Spiel interessiert-beobachtend zu verfolgen, ohne Sentimentalität, ohne Mitleid oder Ärger – distanziert zum Beispiel wie ein Kameramann, der eine Filmszene aufnimmt. Damit wird dem Opfer-Spieler ein Teil der Bestätigung und damit seines Gewinns entzogen.

Es ist dieselbe Methode wie beim Löschen eines Brands: Man sucht dem Feuer die Nahrung zu entziehen. Zwar kann man den Opfer-Spieler nicht daran hindern, sich nun selbst zu bemitleiden, zu bestrafen oder nach anderen Mitspielern zu suchen – doch das ist dann seine Sache. Die Verweigerung allein ist für den Spieler schon eine schmerzliche, aber vielleicht heilsame Erfahrung, die ihm helfen kann, irgendwann sein Spiel aufzugeben. Mitspielen dagegen hieße, ihn in seinem Spiel zu unterstützen und sich mitschuldig an seiner Misere zu machen.

Dem **Sachtyp** hilft es, wenn er die Souveränität und Selbstverantwortung des Opfer-Spielers im Auge behält – gerade dann, wenn sie der Spieler selbst leugnet: Er ist nicht wirklich hilflos, sondern spielt souverän den Hilflosen, er ist nicht wirklich unfähig, sondern spielt gekonnt den Unfähigen, er ist nicht wirklich willensschwach, sondern er spielt mit viel Energie: »Ich kann nicht!« Er ist nicht wirklich dumm, sondern er spielt gewitzt den Dummen. Dazu gehört eine besondere Kompetenz.

Gibt man dem Opfer-Spieler die Verantwortung für sein

Spiel zurück, klappt es nicht mehr, denn das Spiel steht und fällt ja mit der Regel, daß die anderen (oder das Schicksal) für sein Unglück verantwortlich sind. Läßt man sich darauf nicht ein, wird sich der Opfer-Spieler zwar ärgern, doch viel wichtiger ist: Er kann nicht mehr so weiterspielen wie bisher. Dem **Sachtyp** (als potentiellem Mitspieler) hilft es in solchen Situationen, wenn er sich darauf besinnt, was er selbst will, nämlich nicht mitspielen, und an die Verantwortung denkt, die er dabei trägt. Dann kann er auch gelassener mit den Reaktionen des Opfer-Spielers umgehen.

Der **Handlungstyp** kommt mit Opfer-Spielern am besten klar, wenn er das Tragikomische ihres Verhaltens sieht, sich ein heimliches Vergnügen an den komischen Seiten der Opfer-Spiele gönnt und den Spielern mit freundschaftlichem Humor begegnet, zum Beispiel so: »Komm, spiel nicht wieder das beleidigte Kind!« Gelingt es ihm, den Opfer-Spieler zumindest innerlich zum Schmunzeln zu bringen, so kann der aus seinem Opfer-Spiel aussteigen, auch wenn er – um sein Gesicht zu wahren – zum Schein noch ein bißchen weiterspielt. – Der trockene Humor des **Sachtyps** ist wahrscheinlich selbst ein natürliches Mittel gegen seine eigene Tendenz zu Opfer-Spielen.

Eine wirksame und vorbeugende Medizin gegen die Opfer-Spiele des **Sachtyps** ist Anerkennung: Anerkennung für Leistungen, die mit seinen Schlüsselenergien Wollen und Handeln zusammenhängen, und noch wirksamer ist die Anerkennung für Leistungen, die sich auf Ziele, Absichten und Vorhaben beziehen. Das kann Anerkennung dafür sein, daß er erfolgreich, tüchtig und verläßlich ist, daß er tatkräftig eine Aufgabe anpackt und durchführt, daß er sich fürsorglich, rücksichtsvoll und verantwortlich verhält, daß er weiß, was er will, und sich für die Verwirklichung seiner Wünsche kraftvoll und energisch einsetzt, daß er gut organisieren und auch improvisieren kann, daß er fleißig, sorgfältig und gewissenhaft arbeitet.

Der Schwachpunkt ist nur: Der **Sachtyp** macht es sich und anderen in puncto Anerkennung nicht immer leicht. In seiner sachlichen, objektiven Welt scheint Anerkennung kein Thema zu sein. Er vergißt auch immer wieder, sich selbst zu vergegenwärtigen, wie gut er ist. Das führt zu der erstaunlichen Erfahrung, daß sogar tüchtige und erfolgreiche **Sachtypen** nicht gänzlich von elementaren Selbstzweifeln frei sind.

Für den **Sachtyp** ist es in erster Linie wichtig, sein Handlungs-Ich positiv umzusetzen, das bedeutet: selbst zu wollen, selbst Verantwortung zu übernehmen, selbst Entscheidungen zu treffen, sich selbst zu beschützen, sich selbst Erlaubnis zu geben, mit sich selbst fürsorglich und anerkennend umzugehen und zu den eigenen Schwierigkeiten und Problemen zu stehen. Ebenso gut tut es ihm, wenn er sich für andere verantwortlich fühlt, sich für sie einsetzt, sich ihnen gegenüber anerkennend und fürsorglich verhält.

Im Umgang mit **Sachtypen** im allgemeinen (und potentiellen Opfer-Spielern im besonderen) ist es angebracht, das Handeln bei ihnen anzusprechen, zu ermutigen und zu fördern. Zwar wird die Realität dem **Sachtyp** Grenzen setzen, doch es kommt ohnehin mehr auf seine innere Einstellung an, die Haltung des »Ich will!«, auf das Gefühl: »Ich übernehme die Verantwortung für ...!«, auf das Wissen: »Ich bin kompetent und zuständig für ...!« – also: »Ich will, ich werde, und ich kann!«

Diese Einstellung kann weiter unterstützt werden durch ein informierendes Beratungsgespräch, in dem positive Ansätze herausgestellt und emotional bestärkt werden. Beim Gespräch sollte man selbst die Handlungs-Ich-Position vermeiden, also nicht »von oben herab« loben und gute Ratschläge geben. Besser ist es, aus einer sachlichen Haltung heraus zu informieren wie: »Mir ist aufgefallen ...«, »Ich habe gesehen ...«, »Ich spüre ...«, und diese Aussagen emotional zu unterstreichen: »Ich freue mich sehr ...«, »Es tut mir leid ...«, »Ich fühle mich gut ...«.

Wenn man selbst auf die Handlungs-Rolle verzichtet, lädt man den Partner ein, ins Handeln – also dorthin, wo man ihn ja haben will – überzuwechseln. Hat er diese zuversichtliche und handlungsorientierte Haltung eingenommen, kann man sich mit ihm solidarisieren, indem man sagt: »Ich bin ziemlich sicher, Sie werden das schaffen!« Wobei das kleine »Fragezeichen« »ziemlich« dafür sorgt, daß er einem nicht das Gegenteil beweist und versagt.

Im Umgang mit **Sachtypen** geht es also darum, ihren Entwicklungsbereich Handeln zu aktivieren und zu stärken. Im Gespräch sorgt dieses Vorgehen für eine erfolgreiche Problemlösung; bei der Motivation eingesetzt, für hochwertige Anerkennung. Wenn der **Sachtyp** kraftvoll »Ich will!« sagt, fühlt er sich selbst um vieles wohler. Aus dieser Haltung heraus erreicht er leichter seine Ziele, er wird erfolgreicher sein und mehr Anerkennung finden.

Der zweite Schritt ist die Stabilisierung des Persönlichkeitsbereichs. Der **Sachtyp** verfügt zwar über ein gut entwickeltes Erkenntnis-Ich und macht deshalb einen ruhigen, vernünftigen und überlegten Eindruck, doch es ist, wie wir gesehen haben, leicht störbar, und diese Schwäche hängt ursprünglich mit seiner Reaktion auf die Verbote »Sei nicht du selbst!« und »Denke nicht!« zusammen. Der gemeinsame Nenner dieser Verbote ist: »Unterscheide (dich) nicht! Bleibe eins mit mir!«

In Situationen, in denen viel auf dem Spiel steht, können diese alten Verbote wieder wirksam werden, und dann werden seine Klugheit und das Selbstbewußtsein wie weggewischt, wird seine Wahrnehmung eingeschränkt, sein Denken gelähmt, die Übersicht verloren sein. Statt dessen ist er von Ängsten der Auflösung und fieberhafter Unruhe erfüllt. Er fühlt sich bedroht und würde sich am liebsten an einem geschützten, sicheren Ort verbergen.

Um diesen schweren Einbrüchen seines Selbstbewußtseins vorzubeugen, muß der **Sachtyp** lernen, sich als unabhängiger und autonomer Mensch zu begreifen, der sich immer wieder neu dafür entscheidet, ein kraftvolles Leben zu führen und gut für sich und die anderen sorgen. Dazu muß er immer wieder von seiner kontemplativen und absorbierenden Haltung in eine aktive, zielbewußte und gebende Haltung wechseln, mit der er Aufgaben anpackt, auf andere zugeht und den Dialog (oder auch die Auseinandersetzung) mit ihnen sucht.

17. Die Verfolger-Spiele des Handlungstyps

Wie ein Politiker vor der Wahl verspricht der **Handlungstyp** vor dem Spiel: »Ich löse dein Problem, ich bringe es für dich in Ordnung. Vertraue mir nur!« Seine Versprechungen wirken seriös, weil er von sich selbst überzeugt ist nach dem Motto: »Ich bin o.k., die anderen sind nicht o.k.!« Und da er die besondere Fähigkeit hat, sich beliebt zu machen und gleichzeitig auch Respekt zu verschaffen, macht sein Auftreten und sein großzügiges Angebot Eindruck: andere schenken ihm bereitwillig ihr Vertrauen, ihre Sympathie oder gleich ihr Herz. Das Spiel beginnt.

Doch diese Sehnsüchte und Wünsche machen dem **Handlungstyp** Angst, denn die verbietet er sich ja selbst. Schon als Kind hat er gelernt, das Lebendige und Emotionale in sich zu unterdrücken, zu mißachten oder zu verleugnen. Wie könnte oder sollte er jetzt die Bedürfnisse anderer erfüllen? Darum übergeht er sein eigenes lebendiges Beziehungs-Ich und »lebt« statt dessen durch die Gefühle des anderen, holt sich von ihm (möglichst viel und lange) Zuneigung, Bewunderung, Dankbarkeit, Freude, Gehorsam, Erotik, Anhänglichkeit, den Charme einer Liebelei etc.

Doch irgendwann wechselt der **Handlungstyp** in sein durch Vorurteile und Mißtrauen getrübtes Erkenntnis-Ich. Jetzt tut er so, als habe der andere seine Großzügigkeit mißbraucht, und er diszipliniert und bestraft den überraschten Mitspieler. Er kommt mit einer für ihn enttäuschend einschränkenden Vernünftigkeit daher und sagt beispielsweise: »Leider sieht die Realität so aus, daß ich deine Wünsche nicht erfüllen kann!« Und er verhält sich wie ein Politiker nach der

Wahl. Jetzt ist die Welt für ihn wieder in Ordnung! Er fühlt sich in seiner Identität bestätigt nach dem Motto: »Ich bin eben jemand, der solide, sauber und seriös ist!«

Der Rollenwechsel ist das Spielziel. Denn wenn **Handlungstypen** zum Beispiel von sich behaupten, sie seien »eine ordentliche (Haus-)Frau« (im Gegensatz zu anderen), »ein gewissenhafter Beamter«, »eine gute Mutter, Krankenschwester« etc., so beziehen sie aus dieser selbstgerechten Über-identifikation mit Rollen, Normen und Regeln (immer wieder) ihre Identität und (Selbst-)Sicherheit.

Analog: Manche **Handlungstypen** versprechen auch immer wieder, daß sie Konflikte menschlich und sachlich klären wollen. Dabei setzen sie ihren Frust mit der ihnen eigenen Konsequenz häufig unterschwellig, aber spürbar durch und kaschieren ihre ablehnende Meinung selbstgerecht und abfällig mit pseudo-rationalen Argumenten. Oder sie teilen unter dem Motto aus: »Wir sind doch Freunde, und Freunde sagen sich die Wahrheit!« Und dann sagen sie dem anderen unverblümt, was sie unter Wahrheit verstehen.

Das Spielverhalten des **Handlungstyps** resultiert aus seiner rigiden Erziehungsperiode etwa im zweiten und dritten Lebensjahr. Elterliche Verbote wie »Spüre nicht!« und »Tu nicht, was du willst!« blockierten seine Gefühle, lähmten seine Spontaneität, sein Wollen und Tun. Er lernte früh, brav zu sein und seine Bedürfnisse einzuschränken (Der **Handlungstyp** weiß nämlich nicht so recht, was er wirklich will!) Folglich wurde aus dem braven Kind auch ein ordentlicher und genügsamer Erwachsener.

Beide, die Unklarheit der eigenen Wünsche und die Maxime, ordentlich und perfekt zu sein, zwingen den **Handlungstyp** dazu, Rollen, Verhaltensmuster, Denkweisen und Regeln unbesehen für sich zu übernehmen. Nun weiß er, woran er ist, wonach er sich ausrichten, was er tun und wie er sich

»richtig« verhalten soll. Und für sein fleißiges, rechtschaffenes und angepaßtes Verhalten wird er schließlich auch noch vom Gros der Mitmenschen belohnt: Der **Handlungstyp** gilt als verläßlicher Sozialfaktor und guter Bürger.

Was in der Literatur als »Verfolger-Spiele« beschrieben wird, sind meist die dramatischen und abwertenden Macht-Spiele des **Beziehungstyps**. Das Auffälligste an den Verfolger- und Identitäts-Spielen des **Handlungstyps** ist nämlich ihre Unauffälligkeit, und darum wurden sie bislang auch übersehen. Sie enden nicht in einer überlegen triumphierenden Machtposition, sondern in einem Sachzwängen, Normen, Moralvorstellungen gehorchenden (Pseudo-)Erkenntnisverhalten.

Der Verfolger ist der Selbstgerechte, der mit zusammengebissenen Zähnen einschränkende und verbietende Maßnahmen durchsetzt. Er kleidet sich in konventionelle Rollen und gesellschaftlich anerkannte Klischees, gibt sich einen bescheidenen, biederen Anstrich und macht obendrein aus seinem Spiel noch eine Tugend, wenn er argumentiert: »Von mir als ... erwartet man, daß ich so und so handle!« Der **Handlungstyp** baut sich durch die Überidentifikation mit einer Rolle oder der »richtigen« Verhaltensweise eine Pseudo-Identität auf und meint so, »perfekt zu sein« und es »perfekt zu machen«.

Welche Schäden wir unserem Erkennen durch Identitäts-Spiele zufügen, wurde bisher weder diskutiert noch erforscht. Vermutlich verliert unser Denken dadurch seine Freiheit und Beweglichkeit, seine schöpferischen Fähigkeiten, seine Tiefe, seine Erfindungskraft und Fähigkeit zu Problemlösungen. Es wird banal, zwanghaft, festhaltend, unbeweglich, oberflächlich, nachahmend, regelhaft und letztlich unmenschlich.

Überhaupt lassen sich hinter ethischen Grundsätzen Verfolger- und Identitäts-Spiele gut verstecken, so hinter Begriffen wie Verantwortlichkeit, Pflichterfüllung, Selbstlosigkeit, Tüchtigkeit, Fleiß, Prinzipien- und Gesetzestreue, Ordnungsliebe, Moral, Gehorsam, Sauberkeit, Vaterlandsliebe und dem »rechten Glauben«. Dazu kommt, daß solche Grundsätze von alten, ehrwürdigen Institutionen repräsentiert werden, deren Funktionäre Inhaber realer Macht und folglich prädestinierte Verfolger- und Identitäts-Spieler sind. So rät die Lebensklugheit, wenn möglich solche Spiele besser zu übersehen und sich mit den Spielern nicht anzulegen.

Die Unauffälligkeit der Identitäts-Spiele darf nicht über ihre negativen Auswirkungen hinwegtäuschen. Da sie das lebendige Beziehungs-Ich mißachten, wenden sie sich gegen das Menschliche, gegen Spontaneität und Kreativität, gegen echte Gefühle und liebevolle Beziehungen, gegen Gesundheit und Lebensfreude. Identitäts-Spieler geben vor, sich um die Lösung praktischer Probleme zu kümmern, doch statt mögliche Entscheidungs- und Handlungsalternativen zu untersuchen und zu erproben (gerade Handeln muß ausprobiert werden), ob sie der Situation und den menschlichen Bedürfnissen gerecht werden, entscheiden sie nach Regeln und Normen. Was daraus entsteht, ist eine verkehrte Welt, in der sich die Menschen nach den Institutionen richten und nicht die Institutionen nach den Menschen. Schwerfälligkeit und Bürokratismus, Realitätsferne und Unmenschlichkeit sind die gravierenden Folgen.

Wie lassen sich Verfolger- und Identitäts-Spiele stoppen? Will man im Umgang mit dem **Handlungstyp** Spielen vorbeugen, so geht das am besten durch ein freundschaftliches, menschliches Verhalten. Gegenseitige Sympathie und Zuneigung können Verfolger-Spiele weitgehend ausschließen. Doch das wird einen zu Spielen tendierenden **Handlungstyp** nicht davon abhalten, Spiele mit anderen zu inszenieren. Deshalb sind für ihn grundlegende Einsichten in die

Ursachen und Folgen seiner Spiele notwendig, damit er sich bewußt von ihnen distanziert und alternatives Verhalten realisiert.

Solche Neuentscheidungen des **Handlungstyps** lassen sich vergleichen mit den fast revolutionären Umbrüchen und Wandlungen in unserer Gesellschaft. In früheren Generationen wurden die Spielneigungen des **Handlungstyps** von der Gesellschaft, von Staat und Kirche, der elterlichen und schulischen Erziehung, dem Militär und der Berufswelt unterstützt. Befehlen und gehorchen, sich ein- und unterordnen, Bescheidenheit und Pflichterfüllung, Prinzipientreue und Sparsamkeit, Ordnungsliebe und Untertänigkeit, »der gute Ruf«, die Hingabe an einen höheren Zweck – all dies waren herrschende Tugenden. Der pflichtbewußte Beamte, der treue Untertan, der strenge Vorgesetzte und der gehorsame Arbeiter waren hoch anerkannt.

Unsere heutige Zeit kommt der Persönlichkeitsentwicklung des **Handlungstyps** stark entgegen. Sie bestärkt ihn darin, seine Gefühle und Bedürfnisse nicht zu übergehen. Vorreiter in unserem Jahrhundert waren der Expressionismus in Kunst und Literatur, Freuds Psychoanalyse, die Reformpädagogik in der Erziehung, die Pädagogik »vom Kinde aus« und die Jugendbewegung mit ihrer Hinwendung zur Natur und zum Natürlichen, später Jazz und Rock-Musik und am nachhaltigsten die Humanistische Psychologie. Man entschloß sich, den natürlichen Regungen, den Bedürfnissen und Gefühlen zu vertrauen.

In den sechziger und siebziger Jahren verbanden sich besonders in Kalifornien die Gedanken der Reformpädagogik und der Psychotherapie mit Einflüssen aus den östlichen Religionen und deren optimistischem Bild vom Menschen und mit dem Lebensgefühl der Rock-Generation – sie wurden wegbereitend für die Humanistische Psychologie. Ihnen gemeinsam ist die Fokussierung auf das Erleben und das Gefühl (Carl Rogers), die Weisheit des Körpers (Frederick Perls) und die Spontaneität des Kind-Ichs (Eric Berne). All dies tut gerade dem **Handlungstyp** besonders gut und bietet ihm eine Alternative zu seinen Verfolger- und Identitäts-Spielen. Erleben und Mitfühlen, Spiel und Spaß, Zuneigung und Freundschaft sind für ihn »besonders empfehlenswert«.

Wenn der **Handlungstyp** seinem Schlüssel Sympathie folgt, braucht er andere nicht zu manipulieren, auszubeuten und zu unterdrücken. Er kann sich statt dessen mit ihnen freuen und sich spontan und kreativ verhalten. Dann wird er das Lebendige, Emotionale schützen und fördern. Er wird zum Anwalt des Kindes und des Natürlichen und will jede Gelegenheit nützen, um mit anderen zusammen Spaß zu haben und zu lachen, kräftig und herzhaft, wie es seiner Art entspricht.

Nun erst wird seine Tüchtigkeit wirklich menschlich. Als Architekt zum Beispiel baut er Häuser und Wohnungen, in denen sich die Menschen wohlfühlen. Als Arzt behandelt er den Menschen und nicht nur die Krankheit. Als Lehrer wird er einen lebendigen, kind- und jugendgemäßen Unterricht halten und nicht nur Stoff vermitteln. Als Führungskraft legt er besonders Wert auf ein gutes Arbeitsklima, schätzt Spontaneität und Kreativität.

Ein entschlossenes und freundliches Handlungs-Ich und ein liebevolles und vertrauensvolles Beziehungs-Ich sind gute Voraussetzungen für eine weiterführende Entwicklung zum wirklich mündigen Erwachsenen. An die Stelle der Über-Identifikation mit Rollen tritt jetzt die Ent-Identifikation, das Erleben, frei und offen zu sein.

Seine positive Entwicklung wirkt auch auf die Erfahrungen des Alltags. Der **Handlungstyp** spürt, wie ihm kontemplative oder meditative Tätigkeiten guttun, die über eine Konzentration auf den Körper zu einer harmonischen und ausgeglichenen Gemütsverfassung führen. – Man sprach früher vom »Seelenfrieden«. Das ist eine durchaus treffende Bezeichnung für diesen heiteren, gelassenen und wachen Gemütszustand, in dem das Selbst uns ahnungsweise spürbar wird.

18. Persönlichkeitstyp und Gesundheit

Für Menschen, die krank sind und wieder gesund werden möchten oder die gesund sind und es auch bleiben wollen, gibt es eine gute Botschaft: »Leben Sie intensiv und konsequent Ihre Schlüsselenergien!« – Wenn Sie zu den Menschen gehören, die selten oder nie krank sind, machen Sie das vermutlich intuitiv. Wenn Sie öfter krank sind, betrachten Sie es als Chance, etwas in Ihrem Leben zu verändern, indem Sie eine neue Seite darin aufschlagen. Für den **Beziehungstyp** heißt die Überschrift für diese Seite: »Entdecke die Qualitäten deines Erkenntnis-Ichs!« Für den **Sachtyp** lautet sie: »Aktiviere die kraftvollen Energien deines Handlungs-Ichs!« Und für den **Handlungstyp**: »Finde zur Spontaneität und Lebensfreude deines Beziehungs-Ichs zurück!«

Dieser psychosomatische Ansatz wird durch Erkenntnisse der alternativen Medizin bestätigt. So beschäftigte sich Samuel Hahnemann, der Vater der Homöopathie, zwischen 1816 und 1835 mit der Frage, warum es bei chronischen Krankheiten trotz gut gewählter Arznei zu keiner dauerhaften Heilung kommt. Er entdeckte den Zusammenhang zwischen drei Typen chronischer Krankheiten und den ihnen entsprechenden Schwächen in der Persönlichkeitsentwicklung. Da er die Geist- und Gemütssymptome nicht als Ursachen, sondern als Auswirkungen dieser Krankheiten sah, blieb ihm der psychosomatische Zugang versperrt. Er suchte die Erklärung in verdeckt chronischen Krankheiten, die seiner Ansicht nach über viele Generationen hinweg vererbt und modifiziert wurden.

Aus heutiger Sicht ist es viel naheliegender, die Gründe für mangelhafte Erfolge ärztlicher Bemühungen bei chronischen und schweren Krankheiten im psychosomatischen Bereich zu suchen. Psychische Fehlhaltungen oder Störungen schlagen ins Somatische durch und machen alle ärztlichen Heilungsversuche auf Dauer zunichte.

Nach dem Modell der Psychographie sind es die zu wenig gelebten Schlüsselenergien. Zum einen fehlen dem Organismus diese lebensfördernden Energien, zum anderen verwandeln sich nicht gelebte Energien in destruktive Kräfte, die sich gegen die eigene Person richten und sie krank machen – psychisch wie somatisch. Dem **Sachtyp** fehlen dann die gesunden und dynamischen Energien seines Handlungs-Ichs. Ihm mangelt es an aktivierender Lebenskraft und seinem Verhalten an Entschlossenheit und Tatkraft, statt dessen fühlt er sich müde, erschöpft, unruhig und bedrückt.

Dafür möchte ich (K. F.) ein Beispiel bringen: Mein Vater war dieser Persönlichkeitstyp. Für meine Mutter und mich war er immer der Mann hinter der Zeitung, wo er sich wohl versteckte. Er war auf eine seltsame Weise präsent – und doch wieder nicht. Ein Leben lang hatte er brav das gemacht, was ihm gesagt wurde. Doch vier, fünf Jahre vor seinem Tod geschah mit ihm eine seltsame Veränderung. Für kurze Momente erst, die sich dann immer mehr dehnten und schließlich zu Stunden wurden, entluden sich Wut und Aggressionen gegen sich und den (dominanten) Ehepartner. Er hatte nichts vergessen. Es war eine Tragödie, und ich denke, daß dieses hemmungslose Abrechnen am raschen Tode meiner Mutter mit schuld war. – Typisch? Immerhin eine Möglichkeit, wie sich nicht gelebte Energien in Destruktivität verwandeln können.

Dem **Beziehungstyp** fehlt es an der entspannenden Ruhe seines Erkenntnis-Ichs, der Gelassenheit und dem In-sich-Ruhen und Mit-sich-eins-Sein, die ebenso seinem Körper wie seiner Psyche wohltun. Statt dessen erlebt er sich getrieben und zerrissen von Hektik und nervöser Unruhe.

Und dem **Handlungstyp** fehlt die lebendige Freude seines Beziehungs-Ichs, fehlen Mitgefühl und Sympathie. Statt daß

241

Leib und Seele davon durchpulst werden, verspannt und verkrampft er sich und reagiert gereizt, aggressiv, gefühllos und mechanisch. – Es ist leicht nachvollziehbar, wie sich diese negativen Energien schädigend auf die Funktion der Organe und die Gesundheit allgemein auswirken.

Bei den homöopathischen Beschreibungen der drei chronischen Krankheiten durch Hahnemann wird deutlich, daß es sich bei den Patienten um recht wenig entwickelte Persönlichkeiten handelt, die ihre Schlüsselenergien kaum leben. Dem einen fehlt es an Energie, dem anderen an Gelassenheit und dem dritten an Mitgefühl. Das sind die typischen Fehlhaltungen der drei Persönlichkeitstypen, des **Sach-, Beziehungs-** und **Handlungstyps**. Die Beobachtungen in der Homöopathie bestätigen unsere These, daß der Mangel dieser lebenserhaltenden Energien und ihre Verkehrung ins Destruktive persönlichkeitstypische Krankheiten auslösen und begünstigen können. Auf der psychischen Ebene finden wir beim **Sachtyp** Minderwertigkeits-, Angst- und Schuldgefühle, beim **Beziehungstyp** Realitätsangst, Selbstkritik und Egozentrik und beim **Handlungstyp** Arbeitssucht, Härte und Engstirnigkeit.

Sie können aus dem, was fehlt, selbst auf den entsprechenden Grundtyp zurückschließen. Versuchen Sie es! Einer der drei Krankheitstypen wird in der Homöopathie so beschrieben:

Wesen und Leiden dieser chronisch Kranken sind durch Schwäche, Reaktionsmangel und -hemmung gekennzeichnet. Diese Patienten sind schnell erschöpft, schwächlich und sehr erkältungsanfällig. Selbst leichte Speisen liegen ihnen schwer im Magen. Sie halten sich nicht aufrecht, bewegen sich langsam und sind schnell ermüdet. Sie zeigen wenig Selbstvertrauen, wirken unentschlossen, ertragen keine Konflikte und Spannungen und wählen den Weg des geringsten Widerstandes. Fehlende Schnelligkeit in den Bewegungen wird durch

Nachdenken und Meditieren ersetzt. Ihr »Schicksal« ertragen sie mit einer Mischung aus Unzufriedenheit und Gottergebenheit.

Sie fühlen sich oft einsam, verlassen und reagieren häufig gekränkt. Oft plagen sie Angst- und Schuldgefühle, oder sie versinken in Selbstmitleid. Verzagt, kleinmütig und gelangweilt ziehen sie sich zurück und haben ein starkes Verlangen, sich oft und lange auszuruhen. Sie wirken ernst, nehmen sich alles zu Herzen. Sie sind geduldig und gelegentlich ein wenig vergeßlich.

Positiv wird angemerkt, daß sie andere mit Respekt behandeln, geduldig und in ihren Ausdrucksformen sanft und mild sind, außerdem zugängliche, vertrauens- und glaubwürdige Menschen, auch, daß sie in ihren Grenzen bleiben und sich vor Exzessen hüten. Ihre wichtigste Kraftquelle wird darin gesehen, daß sie konstant und dauerhaft sind, was sich allerdings auch in einer gewissen Sturheit und Hartnäckigkeit zeigen kann. Doch ihnen wird Tiefgang bescheinigt. Sie brauchen zwar viel Zeit, um etwas zustande zu bringen, dafür erzielen sie jedoch dauerhafte Ergebnisse.

Haben Sie den Persönlichkeitstyp wiedererkannt? In unserem Modell entspricht das dem wenig entwickelten **Sachtyp**, der die kraftvollen Energien seines Handlungs-Ichs meidet, sich statt dessen eher passiv und erwartungsvoll verhält und dann zu Opfer- und Zuwendungs-Spielen neigt. Da er sein Leben nicht zielbewußt und tatkräftig genug gestaltet, bekommt er selten das, was er sich erhofft. Seine Mißerfolge werden ihn um so mehr deprimieren, weil sie seinem erfolgsorientierten Wertesystem widersprechen. Er wird sich bedauern, die Schuld bei andern oder den Umständen suchen und seine Unzufriedenheit unter dem Mantel des rebellischen Aufbegehrens oder der weisen Bedürfnislosigkeit verstecken.

Der zweite Typ wird als sehr kommunikativ, überschwenglich und veränderlich in seinen Gefühlen geschildert. Er schwankt zwischen Lachen und Weinen, Freude und Trauer, wird rasch zornig, wobei sein Ärger meist schnell wieder verraucht. Sein Auftreten ist theatralisch, was durch auffallende Gestik und Mimik unterstrichen wird. Er legt großen Wert auf das eigene Aussehen. Er kann viel Liebe geben und sie deutlich zeigen. Der meist fröhliche und ausgelassene, extrovertierte und umgängliche Mensch feiert gerne und genießt es, im Mittelpunkt zu stehen.

Im Handeln ist er eilig und überstürzt, unruhig und ungeduldig. Vieles wird nur oberflächlich ausgeführt. Der persönliche Ehrgeiz treibt ihn immer weiter nach vorne. Er ist der klassische Gewinner, der überall Vorteile zu haben scheint, im Beruf, in der Liebe, im Spiel. Auf intellektueller Ebene wird er überflutet von Ideenreichtum. Er kann sich schwer konzentrieren, ist hypersensibel, leicht erregbar und neigt zu Schwindeleien.

Kein Zweifel, diese Beschreibung entspricht dem wenig entwickelten **Beziehungstyp**, der vom Gefühl direkt ins Handeln springt und dabei sein Erkenntnis-Ich übergeht. Dadurch wirkt sein Verhalten impulsiv und ein wenig chaotisch, und er neigt zu Macht- und Retter-Spielen. Typisch für ihn sind das Helfer-Syndrom und die Gefahr des emotionalen Ausbrennens. Für ihn kommt es darauf an, daß er sich die Qualitäten seines Erkenntnis-Ichs zunutze macht. Dadurch gewinnt er an Gelassenheit und Klarheit, an Realitätsbezug und gedanklicher Konsequenz.

Wir haben uns bisher sehr eng an die Ausführungen von Ulrich Fischer gehalten, der die chronischen »Miasmen« Hahnemanns beschreibt. Bei der Charakterisierung des dritten Typus unterläuft ihm jedoch, wie wir meinen, ein folgenreicher Fehler, indem er Qualitäten, die nach unserer Auffassung eindeutig dem **Handlungstyp** zugehören, dem **Bezie-**

hungstyp zuordnet. Dadurch fehlt der dritten Charakteristik das Verantwortungsbewußte und Fürsorgliche dieser Persönlichkeit, und es bleiben nur Destruktivität, Streitlust, Grausamkeit und Unmenschlichkeit übrig.

Das ist selbst für den chronisch Kranken ein Zerrbild seiner Persönlichkeit, auch wenn in der Beschreibung noch der unentwickelte **Handlungstyp** erkennbar ist, der sein Beziehungs-Ich mit seinem Einfühlungsvermögen, seiner liebevollen Gefühlswärme und spontanen Lebendigkeit völlig vernachlässigt hat. Seine Heilung liegt darin, diese Energien wieder zum Strömen zu bringen und sich an seinem Leben zu erfreuen.

Für die Psychosomatik bedeutet die Erkenntnis, daß gelebte oder vernachlässigte Schlüsselenergien in einem engen Zusammenhang mit Gesundheit oder Krankheit stehen, einen großen Schritt nach vorne. Dazu müßte allerdings die Schulmedizin weit mehr als bisher persönlichkeitsbezogen denken und behandeln, etwa so, wie dies die Homöopathie seit je anstrebt. Die Beschäftigung mit den homöopathischen Konstitutionstypen bestätigt die zentrale Bedeutung der Schlüsselenergien, und sie macht die unterschiedlichen Ausprägungen der drei Grundtypen noch anschaulicher.

In den Jahren, in denen ich (D. F.) mein eigenes Modell entwickelt und veröffentlicht habe, war mir nicht bekannt, daß in der Homöopathie schon seit Beginn des letzten Jahrhunderts der Zusammenhang von Konstitutionstypen, ihren Krankheiten und ihren je eigenen Wegen zur Gesundheit erforscht wird. Dabei sind anschauliche und psychologisch treffsichere Porträts von Persönlichkeitstypen entstanden. Mein Versäumnis hat jedoch den Vorteil, daß nun zwischen den Beschreibungen meiner Persönlichkeitstypen und den Konstitutionstypen der Homöopathie ein objektiver Vergleich möglich ist, da sie aus unabhängigen Beobachtungen stammen.

In der Homöopathie bezeichnet der Ausdruck »Konstitutionsmittel« beides, die Arznei und den Persönlichkeitstyp, dem dieses Mittel besonders gut hilft. Um dieses Konstitutionsmittel zu finden, achtet der Homöopath auch darauf, wie der Patient sich verhält, auf Eigenschaften, Gewohnheiten und Aussehen. Dann sucht er durch Vergleiche das Mittel, das am besten das Gesamtbild des Patienten ausdrückt. Beim gesunden Menschen kann es dazu beitragen, künftigen psychischen und physischen Krankheiten vorzubeugen.

In diesem Zusammenhang berichten homöopathische Ärzte, daß es ihnen immer wieder gelingt, mit ihren Arzneimitteln nachhaltige Veränderungen auf psychischer Ebene anzuregen. Die Psychotherapie sollte sich mit diesen Möglichkeiten, welche die Homöopathie für eine positive Persönlichkeitsentwicklung bietet, auseinandersetzen.

Während wir von drei Grundtypen ausgehen, die sich tendenziell noch mal in **Typ 1** und **Typ 2** unterscheiden, beschreibt die Homöopathie wesentlich mehr Konstitutionstypen. Auch wenn sich die einzelnen Konstitutionstypen in der Praxis meist deutlich ausprägen, glauben wir doch, daß es sich dabei eher um »Mischtypen« handelt. Beispielweise finde ich (D. F.) bei mir Anteile von allen drei (**Sach**-)Konstitutionstypen, etwa ein Teil Calcium Carbonicum, zwei Teile Sulfur und drei Teile Natrium muriaticum.

Ich vermute, daß es sich dabei um eine weitere Differenzierung nach den drei Körpertypen handelt, die Kretschmer beschrieben hat. Das wird besonders beim **Sachtyp** und **Handlungstyp** deutlich. Danach müßte es in der Homöopathie achtzehn Konstitutionstypen geben. Wir haben uns hier auf zwölf beschränkt, sechs **beziehungstypische** Beschreibungen, drei **sach**- und drei **handlungstypische**. Dabei stützen wir uns vor allem auf die anschaulichen ›Portraits‹ von Catherine R. Coulter. Hier eine Auswahl der Konstitutionstypen:

	leptosom	athletisch	pyknisch
Beziehungs-typ 1	Tuberkulinum unruhig	Arsenicum ehrgeizig	Silicea zart
Beziehungs-typ 2	Ignatia romantisch	Phosphor begeisterungs-fähig	Pulsatilla lieb
Sachtyp	Natrium muriaticum melancholisch	Sulfur wichtig	Calcium carbonicum weich
Handlungs-typ	Sepia stolz	Nux vomica rauh	Lycopodium diplomatisch

Tuberkulinum: Trotz gutem Appetit ist dieser Persönlichkeits-typ von bewundernswert schlanker, schmaler Gestalt mit fei-nen, regelmäßigen Gesichtszügen. Er hat große, wache Au-gen, aus denen ein leidenschaftliches Sehnen nach Erfüllung spricht. Charakteristisch für ihn ist sein rastloses Suchen, oh-ne daß er genau sagen könnte, wonach. Es kann sich auf Er-kenntnisse und Wissen beziehen, oder er ist erfüllt von Fern-weh und Reiselust, sucht das Abenteuer und den Reiz eines vollen intensiven Lebens. Wenn er nicht verreisen kann, ver-schlingt *Tuberkulinum* Reiseberichte oder sieht sich entspre-chende Dokumentationen im Fernsehen an. Er friert leicht und ist anfällig für Erkältungskrankheiten. Trotzdem liebt er frische Luft, weil sie ihn aktiviert und seine Stimmung bes-sert, und darum reißt immer wieder die Fenster auf. Er ist gei-stig sprunghaft, wechselt öfter den Beruf, ist als Kind oft mut-willig und als Erwachsener kultiviert, aufgeweckt und enthu-siastisch, ein Menschentyp, der auch im Alter noch erstaun-lich fit und jugendlich wirkt.

Arsenicum: Dieser Persönlichkeitstyp ist eher von zierlichem, mittelgroßem Körperbau, hat ein auffallend aristokratisches Profil mit hoher Stirn und gebogener Nase, hat blitzende Augen, ein schmales Kinn und einen durchdringenden Blick. *Arsenicum* ist sehr kontrolliert, hält sich aufrecht und möchte sich keine Blöße geben. Dieser Typus spielt eine wichtige Rolle in der Konstitution von künstlerisch begabten Menschen. Der *Arsenicum*-Typ ist wie eine fest gespannte Feder. Seine selbstsichere Haltung, sein kultiviertes Verhalten, seine starke Selbstkontrolle lassen wenig von den vielfachen Ängsten und Sorgen ahnen, mit denen er sich herumplagt. Er ist ein getriebener und andere antreibender Mensch. *Arsenicum* ist ehrgeizig, strebt brillante Leistungen an und arbeitet viel aus nervöser Energie und anspruchsvollen Zielsetzungen heraus. Er ist redegewandt und neigt dazu, zu dominieren.

Silicea ist fein und zart, ein richtiges »Engelskind«, im Inneren doch zäh und voller Energie. In Beziehungen bevorzugt dieser Typ eine gewisse Unverbindlichkeit und scheut sich vor Nähe und Intimität. Er ist sensibel, hat etwas von der »Prinzessin auf der Erbse«, ist leicht verzagt und sehr feinfühlig und rücksichtsvoll anderen gegenüber. Häufig ist er gebildet oder stammt aus kultiviertem Haus, ist kritisch und stellt an sich hohe Anforderungen. *Silicea* hat große Angst zu versagen und daher Scheu vor Verantwortung. Ein *Silicea*-Beispiel ist auch das junge Mädchen oder die Frau, die gefügig und schutzbedürftig erscheint, jedoch ganz genau weiß, was sie will, oder besser, was sie nicht will. Dies kann aus ihrem Mangel an Vitalität resultieren. *Silicea* hat zwar genügend Energie, eigene Wünsche durchzusetzen, aber nicht genügend, um anderen seinen Willen aufzuzwingen oder sich gegen Widerstände durchzusetzen. Da er Zeit braucht, um sich in einer neuen Situation sicher zu fühlen, widersteht er jeder Veränderung.

Ignatia-Menschen sind gefühlvoll, verträumt und nachdenklich, vom Körperbau kräftiger als *Tuberkulinum* – die *Ignatia*-Frau ist die ruhige, romantische Schönheit. Oft wirken sie ein wenig traurig – *Ignatia* wird als Mittel gegen Trauer verordnet. Sie neigen dazu, sich unglücklich zu verlieben. Der gebildete, feine und kultivierte *Ignatia*-Mensch mit seiner Gewissenhaftigkeit hat etwas Künstlerisches und sehr Emotionales und ist eher nachdenklich als intellektuell. Sein Geist ist beweglich, er besitzt große Intuition, empfindsames Urteilsvermögen und die Fähigkeit, andere genau einzuschätzen. Die weibliche *Ignatia* mit ihren übersteigerten Idealen glaubt, daß Liebe Menschen verändern und umformen kann. Weil ihre hohen Ideale oft nicht erfüllbar sind, ist sie entsprechend enttäuscht, zieht sich zurück und wird einsam. Da sie sich sehr mit ihrer Familie identifiziert, fällt es ihr schwer, Zeit und Raum für sich und ihre Bedürfnisse zu finden.

Phosphor: Auffallend an ihm sind seine strahlenden, funkelnden Augen. Man sieht gleich, daß er viel Spaß und Freude am Leben hat. Er ist meist guter Dinge, ist enthusiastisch und begeisterungsfähig und steckt seine Mitmenschen mit seiner guten Laune an. Viele *Phosphor*-Frauen sind anmutig oder attraktiv und wirken sehr verführerisch. *Phosphor*-Männer sind schlank und sportlich. Beide Geschlechter haben klare, feine Gesichtszüge und eine reine, zarte Haut. *Phosphor* ist durchweg großzügig und hilfsbereit. Er liebt den herzlichen Kontakt und die Nähe von Menschen. Er gewinnt sie für sich durch Freundlichkeiten, Komplimente und rührende Anteil- oder Rücksichtnahme. Sein Schwachpunkt: Er ist ein wenig naiv und in sich selbst verliebt. Zwar hat er eine feine Intuition, doch oft umgibt er sich mit Menschen, die ihm nicht gut tun, die ihn emotional einengen und ausnutzen. Er tut sich nicht leicht, auch aus schmerzlichen Erfahrungen zu lernen, so daß er Menschen und Situationen zu seinem Nachteil wiederholt falsch einschätzt.

Pulsatilla: Menschen dieses Typs sind sanft und hübsch, mit zartem Teint und blondem oder hellbraunem Haar. Sie neigen zu raschen Gewichtsschwankungen, wobei sie eher zum wohlgeformt Molligen tendieren. Wechselhaftigkeit ist typisch für *Pulsatilla*. Der Umschwung von strahlend und lebhaft zu müde und erschöpft kann innerhalb weniger Augenblicke passieren. Diese Menschen brauchen frische Luft, um stark und gesund zu bleiben. Auch in der Sonne welken sie dahin. Von Natur aus haben sie einen guten Geschmack, der sich auch in ihrem natürlichen, feinen Verhalten zeigt. Dasselbe gilt für ihre Kleidung. Sie sind zwar nicht nach der allerneuesten Mode angezogen, aber geschmackvoll. *Pulsatilla*-Menschen haben eine freundliche Art, sprechen mit sanfter Stimme, und ihr Feingefühl, ihre Rücksichtnahme und Liebenswürdigkeit lassen sie nie etwas sagen, was andere verletzen könnte. Auch unter widrigen Umständen werden sie weder arrogant noch unangemessen rechthaberisch. Auch der *Pulsatilla*-Mann ist wie die Frau liebevoll und hat zu anderen eine warme, angenehme Beziehung.

Natrium muriaticum ist ein melancholischer, nachdenklicher Mensch – ein Sinnsucher, echt und ehrlich. Er möchte die Welt verbessern und die Menschen erziehen, sehnt sich nach Nähe und zieht sich doch zurück, um nicht verletzt zu werden. Es fällt ihm nicht leicht, die Realität einfach so zu nehmen, wie sie ist. Menschlichen Mut bewundert er, reagiert darauf mit Tränen der Rührung, was ihm in seiner etwas linkischen Art ungemein peinlich ist. Sein scheues Lächeln ist gewinnend, und Lachen ist für ihn erlösend. Deshalb schätzt er guten Witz oder Humor über alles. Verletzungen vergißt er schwer und vergibt kein Unrecht, das ihm widerfahren ist. *Natrium muriaticum* hegt manchmal weltfremde Erwartungen und ist entsprechend oft enttäuscht, gibt aber die Hoffnung nicht auf. Er ist tapfer und beißt die Zähne zusammen, wenn es ihm schlecht geht. Doch er will nicht getröstet, sondern viel lieber als zugehörig anerkannt werden.

Sulfur: Das klassische *Sulfur*-Bild ist der »Philosoph in Lumpen«, ein Mensch, der sein Äußeres vernachlässigt und geistesabwesend in seine großen Gedanken versunken ist. Er lebt in seiner eigenen Welt, in der Erkenntnisse, Lernen und Bücher wichtiger als menschliche Beziehungen und Gefühle sind. Allgemein ist der *Sulfur*-Mensch ein erfinderischer, kreativer Geist, aber auch mit Tendenz zum Egoismus. Meist hält er sich für ein Genie. Sein reiches Wissen kann tatsächlich fast wissenschaftliches Ausmaß haben. *Sulfur* hat einen gesunden Bezug zum Geld, ist eher materialistisch denkend und handelt pragmatisch. Er ißt gerne, gut und oft, gibt sich jovial und ungezwungen, kann im Umgang dickfellig, ungehobelt, explosiv und dabei völlig selbstzufrieden sein. Meist redet er ausführlich, wichtig und unpersönlich. *Sulfur* ist schauspielerisch bis komödiantisch begabt und kann, wenn er in Stimmung ist, sehr pointiert und witzig sein.

Calcium carbonicum ist ein rundlicher, gutmütiger Menschentyp, friedlich und gemütlich, aber auch träge, mit einem Hang zum Weltfremden. Er braucht Ansporn, denn er hat von sich aus wenig Schwung und kann sich schlecht durchsetzen. Da er schlecht für einen erfolgreichen Lebenskampf ausgerüstet ist, neigt er zum Rückzug. Sein erfinderisches Denken, dem es aber an Vorstellungsvermögen mangeln mag, macht ihn eigenwillig. *Calcium carbonicum* ist weder leicht erregt noch leicht bewegt und wäre eigentlich damit zufrieden, das absolute Minimum zu tun. Herausforderungen, die er sich selbst oder die ihm geschätzte Personen stellen, tun ihm jedoch gut. Sein gutmütiges Wesen lädt andere ein, ihn zu bevormunden. Darauf reagiert er mit passivem Widerstand. Doch ist es äußerst selten, daß er wirklich böse wird. Meist lächelt er zufrieden, nur der Klang seiner Stimme hört sich an, als ob er sich über etwas beschweren wolle.

Sepia ist ein willensstarker Mensch mit großer, schlanker Figur, ein verläßlicher Kumpeltyp, stolz und pflichtbewußt. Er ist im Grunde seines Herzens ein liebevoller Mensch, der sich eher bedürfnislos gibt. Seine direkte Art muß man mögen. Er scheut sich nicht, einem »die Wahrheit« auf den Kopf zuzusagen. Der *Sepia*-Mensch braucht nicht viel Gesellschaft, er fühlt sich wohler, wenn er allein ist. Der Beruf steht für ihn im Mittelpunkt, und in seiner Tätigkeit ist er sehr kompetent. Sein Denken ist manchmal durch konventionelle Vorurteile begrenzt. Versucht man, sie ihm auszureden, wird man damit äußerst selten Erfolg haben. Die integre *Sepia*-Frau geht treue und dauerhafte Beziehungen ein. *Sepia* neigt dazu, sich psychisch und körperlich zu übernehmen, und hat Schwierigkeiten damit, sich (schonende) Grenzen zu setzen. Dann kommen Lebensfreude, Spaß, Liebe und Sexualität über lange Zeit zu kurz, und die Folge kann eine lähmende Depression sein.

Nux vomica ist von kräftiger, stabiler Statur und Konstitution. Er wirkt in seinem Verhalten ein wenig rauh, verbirgt jedoch dahinter meist ein warmes Herz. Weil er auf seine Karriere und Arbeit fixiert ist, geht er mit Streß oder Angst so um, daß er sich noch mehr Arbeit auflädt. Häufig ist er deshalb im Beruf erfolgreicher als im Privatleben, da er ihm den Hauptteil seiner Energie widmet. Entspannung von der Arbeit findet er im (übermäßigen) Essen und Trinken. Er trägt autoritäre, aggressive und streitlustige Züge, vor allem ist er aber dann mißgestimmt, wenn er nicht in der Lage ist zu arbeiten, was bei ihm ein Gefühl von Sinnlosigkeit hervorruft. *Nux vomica* ist von schneller Auffassungsgabe und hat ein klares Empfinden für die Kraft, die von abstrakten Ideen ausgeht, doch er ist eher ein Ausführender. Der glücklichere *Nux vomica* lacht gerne, hat großes Feingefühl, moralische Integrität, die zusammen mit seiner hilfsbereiten Art, seiner Sensibilität und fürsorglichen Persönlichkeit einen angenehmen und wertvollen Menschen aus ihm machen.

Lycopodium ist rundlich, kräftig gebaut, wirkt selbstbewußt, umgänglich und möchte respektiert sein. Daß er von sich mehr als von anderen hält, kann er recht gut verbergen. Der *Lycopodium*-Mensch besitzt die erstaunliche Gabe, sich an wechselnde Schauplätze und unterschiedliche Situationen blitzschnell anzupassen. Ereignisse, die für andere traumatisierend sind, überwindet er mit Hilfe seiner denkwürdigen Robustheit und Vitalität. *Lycopodium* gibt sich diplomatisch, gefällig und respektvoll. Er macht einen ausgesprochen vertrauenswürdigen Eindruck, ist freundschaftlich, ordentlich und setzt sich behutsam bis vorsichtig durch. Er zeigt im Umgang mit anderen große Gewandtheit, ist zuverlässig und hilfsbereit. Doch auf eine typische Weise bleibt er distanziert und läßt sich nicht so tief auf andere Menschen ein. Sein Leben kann ihm in einer (Arbeits-)Krise plötzlich sinnlos erscheinen. Doch er wird sich rasch wieder fangen. Sein Sinn für Humor hilft ihm, sich wenigstens zeitweilig von übernommenen Rollen zu distanzieren.

Literaturverzeichnis

Berne, Eric: Die Spiele der Erwachsenen. Reinbek 1970.

Coulter, Catherine R.: Portraits homöopathischer Arzneimittel. Heidelberg 1990.

Fischer, Ulrich: Die Chronischen Miasmen Hahnemanns. Karlsruhe: Deutsche Homöopathie-Union 1993.

Friedmann, Dietmar: Die transzendentalen Bedingungen oder das dialektische Verhältnis von Emanzipation, Identität und Erkenntnis. Heidelberg 1976.

– Der andere. München 1990.

– Die Entdeckung der eigenen Persönlichkeit. München 1991.

– Laß dir nichts vormachen! München 1993.

Hirsch, H.: Rosa Luxemburg. Hamburg 1969.

Luxemburg, Rosa: Gesammelte Briefe. Berlin 1984.

Rogers, Carl: Entwicklung der Persönlichkeit. 1985.

Williams, Arthur L.: Das Prinzip Gewinnen. München 1994.

dialog
und praxis

Psychologie
Analyse
Therapie

Kathrin Asper:
**Verlassenheit und
Selbstentfremdung**
Neue Zugänge zum
therapeutischen
Verständnis
dtv 35018

Verena Kast:
**Wege aus Angst
und Symbiose**
Märchen psycho-
logisch gedeutet
dtv 35020

**Mann und Frau
im Märchen**
Psychologische
Deutung
dtv 35001

**Familienkonflikte
im Märchen**
Psychologische
Deutung
dtv 35034

**Wege zur
Autonomie**
Märchen psycho-
logisch gedeutet
dtv 35014

Frederick S. Perls:
**Das Ich, der Hunger
und die Aggression**
Die Anfänge der
Gestalt-Therapie
dtv/Klett-Cotta
15050

Frederick S. Perls,
Ralph F. Hefferline,
Paul Goodman:
**Gestalttherapie
Grundlagen**
dtv 35010

**Gestalttherapie
Praxis**
dtv/Klett-Cotta
35029

Jean Piaget:
**Das Weltbild des
Kindes**
dtv/Klett-Cotta
35004

**Das Erwachen
der Intelligenz
beim Kinde**
dtv/Klett-Cotta
15098

Jean Piaget:
**Die Psychologie des
Kindes**
dtv/Klett-Cotta
35030

Peter Schellenbaum:
**Die Wunde der
Ungeliebten**
Blockierung und
Verlebendigung
der Liebe
dtv 35015

**Tanz der
Freundschaft**
Eine ungewöhnliche
Annäherung an das
Wesen der
Freundschaft
dtv 35067

Claude Steiner:
**Wie man Lebens-
pläne verändert**
Das Skript-Konzept
in der Transaktions-
analyse
dtv 35053